扫描下方二维码，

立享3大速学服务：

① **题库：**

2500+道·中级超全大题库

② **机考：**

500+道·全真机考模拟系统

③ **密卷：**

1套/科·考前点押密卷

2024 年中级会计资格考试

辅导教材

中级会计实务

东奥会计在线　编

北京科学技术出版社

图书在版编目（CIP）数据

2024年中级会计资格考试辅导教材．中级会计实务／东奥会计在线编．—北京：北京科学技术出版社，2023.10（2024.1重印）

ISBN 978-7-5714-3257-7

Ⅰ.①2… Ⅱ.①东… Ⅲ.①会计实务—资格考试—自学参考资料 Ⅳ.①F23

中国国家版本馆CIP数据核字（2023）第182724号

责任编辑：	韩　晖	**电　　话**：	400-627-5599（编辑部）
			010-66135495（总编室）
责任校对：	贾　荣	**网　　址**：	www.bkydw.cn
装帧设计：	韩文静　晓　莉	**印　　刷**：	湖南天闻新华印务有限公司
责任印制：	张　良	**开　　本**：	787 mm×1092 mm　1/16
出 版 人：	曾庆宇	**字　　数**：	420千字
出版发行：	北京科学技术出版社	**印　　张**：	20
社　　址：	北京西直门南大街16号	**版　　次**：	2023年10月第1版
邮政编码：	100035	**印　　次**：	2024年1月第4次印刷

ISBN 978-7-5714-3257-7

定　价：67.00元

目录 CONTENTS

第一章 概 述

第一节 会计职业道德概述

一、会计人员概述以及从事会计工作的基本要求

（一）会计人员概述

会计人员，是指根据《中华人民共和国会计法》（以下简称《会计法》）的规定，在国家机关、社会团体、企业、事业单位和其他组织（以下统称“单位”）中从事会计核算、实行会计监督等会计工作的人员。

具体包括从事下列会计工作的人员：(1) 出纳；(2) 稽核；(3) 资产、负债和所有者权益（净资产）的核算；(4) 收入、费用（支出）的核算；(5) 财务成果（政府预算执行结果）的核算；(6) 财务会计报告（决算报告）编制；(7) 会计监督；(8) 会计机构内会计档案管理；(9) 其他会计工作。

担任单位会计机构负责人（会计主管人员）、总会计师的人员，属于会计人员。

（二）会计人员从事会计工作应当符合的基本要求

会计人员从事会计工作，应当符合下列要求：

(1) 遵守《会计法》和国家统一的会计制度等法律法规；

(2) 具备良好的职业道德；

(3) 按照国家有关规定参加继续教育；

(4) 具备从事会计工作所需要的专业能力。即会计人员具有会计类专业知识，基本掌握会计基础知识和业务技能，能够独立处理基本会计业务。

（三）会计机构负责人（会计主管人员）和总会计师应当具备的基本条件

会计机构负责人（会计主管人员）应当具备下列基本条件：

(1) 坚持原则，廉洁奉公；

(2) 具备会计师以上专业技术职务资格或者从事会计工作不少于 3 年；

(3) 熟悉国家财经法律、法规、规章和方针、政策，掌握本行业业务管理的有关知识；

(4) 有较强的组织能力；

(5) 身体状况能够适应本职工作的要求。

总会计师行使《总会计师条例》规定的职责、权限，其任命（聘任）、免职（解聘）依照《总会计师条例》和有关法律。

（四）会计人员任用（聘用）管理相关规定

单位负责人对本单位的会计工作和会计资料的真实性、完整性负责。

单位应当对任用（聘用）的会计人员及其从业行为加强监督和管理。单位应当根据有关法律法规、内部控制制度要求和会计业务需要设置会计岗位，明确会计人员职责权限。

因发生与会计职务有关的违法行为被依法追究刑事责任的人员，单位不得任用（聘用）其从事会计工作。

因违反《会计法》有关规定受到行政处罚五年内不得从事会计工作的人员，处罚期届满前，单位不得任用（聘用）其从事会计工作。

县级以上地方人民政府财政部门、新疆生产建设兵团财政局、中央军委后勤保障部、中共中央直属机关事务管理局、国家机关事务管理局应当采用随机抽取检查对象、随机选派执法检查人员的方式，依法对单位任用（聘用）会计人员及其从业情况进行管理和监督检查，并将监督检查情况及结果及时向社会公开。

依法成立的会计人员自律组织，应当依据有关法律法规和其章程规定，指导督促会员依法从事会计工作，对违反有关法律法规、会计职业道德和其章程的会员进行惩戒。

二、会计人员职业道德规范

（一）《会计基础工作规范》关于会计人员职业道德的要求

《会计基础工作规范》指出，会计人员在会计工作中应当遵守职业道德，树立良好的职业品质、严谨的工作作风，严守工作纪律，努力提高工作效率和工作质量。有关要求如下：

（1）会计人员应当热爱本职工作，努力钻研业务，使自己的知识和技能适应所从事工作的要求。

（2）会计人员应当熟悉财经法律、法规、规章和国家统一会计制度，并结合会计工作进行广泛宣传。

（3）会计人员应当按照会计法律、法规和国家统一会计制度规定的程序和要求进行会计工作，保证所提供的会计信息合法、真实、准确、及时、完整。

（4）会计人员办理会计事务应当实事求是、客观公正。

（5）会计人员应当熟悉本单位的生产经营和业务管理情况，运用掌握的会计信息和会计方法，为改善单位内部管理、提高经济效益服务。

（6）会计人员应当保守本单位的商业秘密。除法律规定和单位领导人同意外，不能私自向外界提供或者泄露单位的会计信息。

（二）《会计人员职业道德规范》的规定

《会计人员职业道德规范》将新时代会计人员职业道德要求总结提炼为三条核心表述，即“坚持诚信，守法奉公”“坚持准则，守责敬业”“坚持学习，守正创新”（以下简称“三坚三守”），具体内容如下：

（1）坚持诚信，守法奉公。牢固树立诚信理念，以诚立身、以信立业，严于律己、心存敬畏；学法知法守法，公私分明、克己奉公，树立良好职业形象，维护会计行业声誉。

（2）坚持准则，守责敬业。严格执行准则制度，保证会计信息真实完整；勤勉尽责、爱岗敬业，忠于职守、敢于斗争，自觉抵制会计造假行为，维护国家财经纪律和经济秩序。

（3）坚持学习，守正创新。始终秉持专业精神，勤于学习、锐意进取，持续提升会计专业能力；不断适应新形势新要求，与时俱进、开拓创新，努力推动会计事业高质量发展。

第二节 会计法规制度体系概述

一、会计法规制度体系的构成

会计法规制度是指国家权力机关和行政机关制定的，用以调整会计关系的各种法律、法规、规章和规范性文件的总称。目前，我国已经形成了以《会计法》为主体，由会计法律、会计行政法规、会计部门规章和规范性文件有机构成的会计法规制度体系。

（一）会计法律

会计法律是指由全国人民代表大会及其常务委员会经过一定立法程序制定的有关会计工作的法律，属于会计法律制度中层次最高的法律规范，是制定其他会计法规的依据，也是指导会计工作的最高准则，主要包括《会计法》和《中华人民共和国注册会计师法》。

（二）会计行政法规

会计行政法规是指由国务院制定并发布，或者国务院有关部门拟定并经国务院批准发布，调整经济生活中某些方面会计关系的法律规范，主要包括《总会计师条例》和《企业财务会计报告条例》。

（三）会计部门规章

会计部门规章是指由国家主管会计工作的行政部门即财政部以及其他相关部委根据法律和国务院的行政法规、决定、命令，在本部门的权限范围内制定的、调整会计工作中某些方面内容的法律规范，通常以部令的形式公布。

（四）会计规范性文件

会计规范性文件是除会计行政法规以及部门规章外，由国务院财政部门依照法定权限、程序制定并公开发布，涉及公民、法人和其他组织权利义务，具有普遍约束力，在一定期限内反复适用的公文，通常以财会字文件印发。

二、国家统一的会计核算制度体系概述

根据《会计法》的规定，国家实行统一的会计制度。国家统一的会计制度由国务院财政部门根据《会计法》制定并公布。我国统一的会计核算制度体系主要包括以下内容：

<table>
<tr><th colspan="2">内容</th><th colspan="2">适用对象</th></tr>
<tr><td rowspan="3">企业会计准则制度</td><td>企业会计准则体系</td><td colspan="2">适用于上市公司、金融机构、国有企业等大中型企业</td></tr>
<tr><td>小企业会计准则</td><td colspan="2">适用于符合《中小企业划型标准规定》所规定的小型企业标准的企业，但以下三类小企业除外：（1）股票或债券在市场上公开交易的小企业；（2）金融机构或其他具有金融性质的小企业；（3）企业集体内的母公司和子公司</td></tr>
<tr><td>企业会计制度</td><td colspan="2">适用于执行企业会计准则、小企业会计准则以外的其他企业</td></tr>
<tr><td rowspan="3">政府及非营利组织会计准则制度</td><td>政府会计准则制度体系</td><td colspan="2">适用于政府会计主体，但是军队、已纳入企业财务管理体系的单位和执行《民间非营利组织会计制度》的社会团体除外</td></tr>
<tr><td rowspan="2">非营利组织会计制度</td><td>民间非营利组织会计制度</td><td>适用于在我国境内依法设立的符合该制度规定特征的民间非营利组织</td></tr>
<tr><td>工会会计制度</td><td>适用于各级工会，包括基层工会及县级以上（含县级）工会</td></tr>
<tr><td rowspan="3">其他会计制度</td><td>基金（资金）类会计制度</td><td colspan="2">要求以某项基金或资金作为独立的会计主体进行核算，一般采用收付实现制</td></tr>
<tr><td>村集体经济组织会计制度</td><td colspan="2">适用于按村或村民小组设置的社区性集体经济组织</td></tr>
<tr><td>农民专业合作社会计制度</td><td colspan="2">适用于依照《中华人民共和国农民专业合作社法》设立，并取得法人资格的农民专业合作社和农民专业合作社联合社</td></tr>
</table>

第三节　会计目标、会计要素和会计信息质量要求

一、企业会计目标

企业会计目标即企业财务会计报告目标。按照《企业会计准则——基本准则》的规定，企业财务会计报告目标是向财务会计报告使用者提供与企业财务状况、经营成果和现金流量等有关的会计信息、反映企业管理层受托责任履行情况，有助于财务会计报告使用者作出经济决策。

财务会计报告使用者包括投资者、债权人、政府及其有关部门和社会公众等。

财务会计报告目标要求满足投资者等信息使用者决策等需要，体现为财务会计报告的决

策有用观，财务会计报告目标要求反映企业管理层受托责任的履行情况，体现为财务会计报告的受托责任观。财务会计报告的决策有用观与其受托责任观是有机统一的。

二、企业会计要素及其确认条件

企业会计要素按照其性质分为资产、负债、所有者权益、收入、费用和利润。

其中，资产、负债和所有者权益要素侧重于反映企业的财务状况，收入、费用和利润要素侧重于反映企业的经营成果。

（一）资产及其确认条件

1. 资产的定义

资产，是指企业过去的交易或者事项形成的、由企业拥有或者控制的、预期会给企业带来经济利益的资源，具体含义如下：

（1）过去的交易或者事项，包括购买、生产、建造行为或者其他交易或事项。预期在未来发生的交易或者事项不形成资产。

（2）由企业拥有或者控制，是指企业享有某项资源的所有权，或者虽然不享有某项资源的所有权，但该资源能被企业所控制。

（3）预期会给企业带来经济利益，是指直接或者间接导致现金和现金等价物流入企业的潜力。

2. 资产的确认条件

将一项资源确认为资产，需要符合资产的定义，还应同时满足以下两个条件：

（1）与该资源有关的经济利益很可能流入企业；

（2）该资源的成本或者价值能够可靠地计量。

（二）负债及其确认条件

1. 负债的定义

负债，是指企业过去的交易或者事项形成的，预期会导致经济利益流出企业的现时义务。

现时义务，是指企业在现行条件下已承担的义务。未来发生的交易或者事项形成的义务，不属于现时义务，不应当确认为负债。

2. 负债的确认条件

将一项现时义务确认为负债，需要符合负债的定义，还应当同时满足以下两个条件：

（1）与该义务有关的经济利益很可能流出企业；

（2）未来流出的经济利益的金额能够可靠地计量。

（三）所有者权益及其确认条件

1. 所有者权益的定义

所有者权益又称为股东权益，是指企业资产扣除负债后，由所有者享有的剩余权益。

所有者权益，是所有者对企业资产的剩余索取权，它是企业资产中扣除债权人权益后应由所有者享有的部分，既可反映所有者投入资本的保值增值情况，又体现了保护债权人权益的理念。

2. 所有者权益的来源

所有者权益的来源，包括所有者投入的资本、直接计入所有者权益的利得和损失、留存收益等，通常由实收资本（或股本），资本公积（含资本溢价或股本溢价、其他资本公积）、其他综合收益、盈余公积和未分配利润等构成。

其中，直接计入所有者权益的利得和损失，是指不应计入当期损益、会导致所有者权益发生增减变动的、与所有者投入资本或者向所有者分配利润无关的利得或者损失。利得，是指由企业非日常活动所形成的、会导致所有者权益增加的、与所有者投入资本无关的经济利益的流入。损失，是指由企业非日常活动所发生的、会导致所有者权益减少的、与向所有者分配利润无关的经济利益的流出。

3. 所有者权益的确认条件

所有者权益的确认主要依赖于其他会计要素，尤其是资产和负债的确认；所有者权益金额的确定也主要取决于资产和负债的计量。

【例1-1·单选题】企业发生的下列各项交易或事项中，将导致所有者权益总额发生变动的是（　　）。

A. 提取法定盈余公积

B. 资本公积转增股本

C. 宣告分派现金股利

D. 盈余公积弥补亏损

【解析】选项A、B和D属于所有者权益内部变动，不影响所有者权益总额。

【答案】C

（四）收入及其确认条件

1. 收入的定义

收入，是指企业在日常活动中形成的、会导致所有者权益增加的、与所有者投入资本无关的经济利益的总流入。

其中，日常活动是指企业为完成其经营目标所从事的经常性活动以及与之相关的活动。例如，工业企业制造并销售产品、商业企业销售商品等，均属于企业的日常活动。

2. 收入的确认条件

当企业与客户之间的合同同时满足下列条件时，企业应当在客户取得相关商品控制权时确认收入：

（1）合同各方已批准该合同并承诺将履行各自义务；

（2）该合同明确了合同各方与所转让商品或提供劳务相关的权利和义务；

（3）该合同有明确的与所转让商品或提供劳务相关的支付条款；

（4）该合同具有商业实质；

（5）企业因向客户转让商品或提供劳务而有权取得的对价很可能收回。

3. 收入和利得的相同点和不同点

项目	收入	利得
相同点	①会导致所有者权益增加 ②与所有者投入资本无关	
不同点	①在日常活动中形成的 ②经济利益的总流入	①在非日常活动中形成的 ②经济利益的净流入

（五）费用及其确认条件

1. 费用的定义

费用，是指企业在日常活动中发生的，会导致所有者权益减少的、与向所有者分配利润无关的经济利益的总流出。

2. 费用的确认条件

费用的确认至少应当符合以下条件：

（1）与费用相关的经济利益应当很可能流出企业；

（2）经济利益流出企业的结果会导致资产的减少或者负债的增加；

（3）经济利益的流出额能够可靠计量。

3. 费用和损失的相同点和不同点

项目	费用	损失
相同点	①会导致所有者权益减少 ②与向所有者分配利润无关	
不同点	①在日常活动中发生的 ②经济利益的总流出	①在非日常活动中发生的 ②经济利益的净流出

（六）利润及其确认条件

1. 利润的定义

利润，是指企业在一定会计期间的经营成果。

通常情况下，如果企业实现了利润，表明企业的所有者权益将增加，业绩得到了提升；反之，如果企业发生了亏损（即利润为负数），表明企业的所有者权益将减少，业绩下滑。

2. 利润的内容

利润，具体包括以下两个内容：

（1）收入减去费用后的净额，其反映的是企业日常活动的经营业绩。

（2）直接计入当期利润的利得和损失，是指应当计入当期损益、最终会引起所有者权益发生增减变动的、与所有者投入资本或者向所有者分配利润无关的利得或者损失。其反映的是企业非日常活动的业绩。

3. 利润的确认条件

利润反映的是收入减去费用、利得减去损失后的净额，因此，利润的确认依赖于收入和费用以及利得和损失的确认，其金额的确定也取决于收入、费用、利得和损失金额的计量。

【例 1-2·单选题】 企业发生的下列各项交易或事项中，影响利润总额的是（　　）。

A. 收到股东投入资本

B. 计提存货跌价准备

C. 产生的外币财务报表折算差额

D. 其他权益工具投资公允价值发生变动

【解析】 选项A，收到股东投入资本，计入股本和资本公积——股本溢价等，不影响利润总额；选项B，计提存货跌价准备，计入资产减值损失，影响利润总额；选项C，外币财务报表折算差额，归属于母公司的部分应在“其他综合收益”项目列示，归属于子公司少数股东的部分应并入“少数股东权益”项目列示，不影响利润总额；选项D，其他权益工具投资公允价值变动计入其他综合收益，不影响利润总额。

【答案】 B

三、会计信息质量要求

（一）可靠性

可靠性要求企业应当以实际发生的交易或者事项为依据进行确认、计量和报告，如实反映符合确认和计量要求的各项会计要素及其他相关信息，保证会计信息真实可靠、内容完整。

会计信息要有用，必须以可靠为基础，如果财务报告所提供的会计信息是不可靠的，就会给投资人等使用者的决策产生误导甚至损失。为了贯彻可靠性要求，企业应当做到：

（1）以实际发生的交易或者事项为依据进行确认、计量，如实反映在财务报表中，不得根据虚构的、没有发生的或者尚未发生的交易或者事项进行确认、计量和报告。

（2）在符合重要性和成本效益原则的前提下，保证会计信息的完整性，其中包括应当编报的报表及其附注内容等应当保持完整，不能随意遗漏或者减少应予披露的信息，与使用者决策相关的有用信息都应当充分披露。

（二）相关性

相关性要求企业提供的会计信息应当与投资人等财务报告使用者的经济决策需要相关，有助于投资人等财务报告使用者对企业过去、现在或者未来的情况作出评价或者预测。

相关的会计信息应当能够有助于使用者评价企业过去的决策，证实或者修正过去的有关预测，因而具有反馈价值。

相关的会计信息还应当具有预测价值，有助于使用者根据财务报告所提供的会计信息预测企业未来的财务状况、经营成果和现金流量。

会计信息在可靠性前提下，尽可能地做到相关性，以满足投资者等财务报告使用者的决策需要。

（三）可理解性

可理解性要求企业提供的会计信息应当清晰明了，便于投资人等财务报告使用者理解和使用。

会计信息是一种专业性较强的信息产品，在强调会计信息的可理解性要求的同时，还应假定使用者具有一定的有关企业经营活动和会计方面的知识，并且愿意付出努力去研究这些信息。对于某些复杂的信息，如交易本身较为复杂或者会计处理较为复杂，但其与使用者的经济决策相关，企业就应当在财务报告中予以充分披露。

（四）可比性

可比性要求企业提供的会计信息应当相互可比。主要包括两层含义：

（1）同一企业不同时期可比

会计信息质量的可比性要求同一企业不同时期发生的相同或者相似的交易或者事项，应当采用一致的会计政策，不得随意变更。

但是，满足会计信息可比性要求，并非表明企业不得变更会计政策，如果按照规定或者在会计政策变更后可以提供更可靠、更相关的会计信息的，可以变更会计政策。有关会计政策变更的情况，应当在附注中予以说明。

（2）不同企业相同会计期间可比

会计信息质量的可比性要求不同企业同一会计期间发生的相同或者相似的交易或者事项，应当采用规定的会计政策，确保会计信息口径一致、相互可比，以使不同企业按照一致的确认、计量和报告要求提供有关会计信息。

（五）实质重于形式

实质重于形式要求企业应当按照交易或者事项的经济实质进行会计确认、计量和报告，不仅仅以交易或者事项的法律形式为依据。

例如，在企业合并中，经常会涉及“控制”的判断，有些合并从投资比例来看，虽然投资者拥有被投资企业 50%或 50%以下的股份，但是投资者通过章程、协议等有权决定被投资企业财务和经营政策的，就不应当简单地以持股比例来判断控制程度，而应当根据实质重于形式的原则来判断投资企业对被投资单位的控制程度。

【例 1-3·判断题】企业根据售出商品可能发生的保修义务确认预计负债，体现了实质重于形式的会计信息质量要求。（　　）

【解析】企业根据售出商品可能发生的保修义务确认预计负债，体现谨慎性会计信息质量要求。

【答案】×

（六）重要性

重要性要求企业提供的会计信息应当反映与企业财务状况、经营成果和现金流量有关的所有重要交易或者事项。

在实务中，如果会计信息的省略或者错报会影响投资人等财务报告使用者据此作出决策的，该信息就具有重要性。

重要性的应用需要依赖职业判断，企业应当根据其所处环境和实际情况，从项目的性质和金额大小两方面加以判断。

【例1-4·判断题】 允许商品流通企业将采购商品过程中发生的金额较小的运杂费直接计入当期损益，体现了会计信息的重要性质量要求。（　　）

【答案】 √

（七）谨慎性

谨慎性要求企业对交易或者事项进行会计确认、计量和报告应当保持应有的谨慎，不应高估资产或者收益、低估负债或者费用。

例如，要求企业对可能发生的资产减值损失计提资产减值准备、对售出商品可能发生的保修义务确认预计负债等，就体现了会计信息质量的谨慎性要求。

谨慎性的应用不允许企业设置秘密准备。

【例1-5·判断题】 企业对合同履约成本计提减值准备，体现了谨慎性的会计信息质量要求。（　　）

【答案】 √

（八）及时性

及时性要求企业对于已经发生的交易或者事项，应当及时进行确认、计量和报告，不得提前或者延后。

在会计确认、计量和报告过程中贯彻及时性，一是要求及时收集会计信息；二是要求及时传递会计信息；三是要求及时传递会计信息。

第二章　存　货

第一节　存货的确认和初始计量

一、存货的确认条件

存货同时满足下列条件的，才能予以确认：

1. 与该存货有关的经济利益很可能流入企业

企业在确认存货时，需要判断与该项存货相关的经济利益是否很可能流入企业。

通常情况下，取得存货的所有权是与存货相关的经济利益很可能流入本企业的一个重要标志。

2. 该存货的成本能够可靠地计量

作为企业资产的组成部分，要确认存货，企业必须能够对其成本进行可靠的计量。存货的成本能够可靠地计量必须以取得确凿、可靠的证据为依据，并且具有可验证性。如果存货成本不能可靠地计量，则不能确认为一项存货。

二、存货的初始计量

存货应当按照成本进行初始计量。存货成本包括采购成本、加工成本和其他成本。

不同存货的成本构成内容不同：

（1）原材料、商品、低值易耗品等通过购买而取得的存货的初始成本，由采购成本构成。

（2）产成品、在产品、半成品、委托加工物资等通过进一步加工而取得的存货的初始成本，由采购成本、加工成本以及使存货达到目前场所和状态所发生的其他成本构成。

（一）外购的存货

原材料、商品、低值易耗品等通过购买而取得的存货的初始成本，由采购成本构成。存货的采购成本，包括购买价款、相关税费、运输费、装卸费、保险费以及其他可归属于存货采购成本的费用。

（1）购买价款，是指企业购入材料或商品的发票账单上列明的价款，但不包括按规定可以抵扣的增值税进项税额。

（2）相关税费，是指企业购买、自制或委托加工存货所发生的、应归属于该存货成本的消费税、资源税和不能从增值税销项税额中抵扣的进项税额等。

（3）其他可归属于存货采购成本的费用，即采购成本中除上述各项以外的可归属于存货采购成本的费用，如在存货采购过程中发生的仓储费、包装费、运输途中的合理损耗、入库前的挑选整理费用等。

这些费用能分清负担对象的，应直接计入存货的采购成本；不能分清负担对象的，应选择合理的分配方法，分配计入有关存货的采购成本。分配方法通常包括按所购存货的重量或采购价格的比例进行分配。

但是，对于采购过程中发生的物资毁损、短缺等，除合理的损耗应作为存货的“其他可归属于存货采购成本的费用”计入采购成本外，应区别不同情况进行会计处理：

（1）应从供货单位、外部运输机构等收回的物资短缺或其他赔款，冲减物资的采购成本。

（2）因遭受意外灾害发生的损失和尚待查明原因的途中损耗，不得增加物资的采购成本，应暂作为待处理财产损溢进行核算，在查明原因后再作处理。

【提示】 商品流通企业在采购商品过程中发生的运输费、装卸费、保险费以及其他可归属于存货采购成本的费用等，应当计入存货的采购成本，也可以先进行归集，期末再根据所购商品的存销情况进行分摊。

对于已售商品的进货费用，计入当期损益（主营业务成本）；对于未售商品的进货费用，计入期末存货成本。

企业采购商品成本的进货费用金额较小的可以在发生时直接计入当期损益（销售费用）。

【总结】 下列费用应当在发生时确认为当期损益，不计入存货成本：

（1）非正常消耗的直接材料、直接人工和制造费用。

（2）仓储费用（不包括在生产过程中为达到下一个生产阶段所必需的费用）。

（3）不能归属于使存货达到目前场所和状态的其他支出。

【例2-1·多选题】 下列各项中，应当计入企业外购原材料初始入账金额的有（　　）。

A. 入库前的装卸费用　　B. 运输途中的保险费

C. 入库前的合理损耗　　D. 入库后的仓储费用

【解析】 外购原材料的成本包括购买价款、相关税费、运输费、装卸费、保险费以及可归属于存货成本的其他费用（包括在存货采购过程中发生的仓储费、包装费、运输途中的合理损耗、入库前的挑选整理费用等），选项A、B和C正确；

入库后的仓储费用（不包括在生产过程中为达到下一个生产阶段所必需的仓储费用）计入当期损益，不影响外购原材料成本，选项D错误。

【答案】 ABC

（二）通过进一步加工而取得的存货

通过进一步加工而取得的存货的成本由采购成本、加工成本以及为使存货达到目前场所和状态所发生的其他成本构成。

1. 委托外单位加工的存货

委托外单位加工完成的存货，以实际耗用的原材料或者半成品、加工费、运输费、装卸费等费用以及按规定应计入成本的税金，作为实际成本。其在会计处理上主要包括拨付加工物资、支付加工费用和税金、收回加工物资和剩余物资等环节。

2. 自行生产的存货

自行生产的存货的初始成本包括投入的原材料或半成品、直接人工和按照一定方法分配的制造费用。

制造费用，是指企业为生产产品和提供劳务而发生的各项间接费用，包括企业生产部门（如生产车间）管理人员的薪酬、折旧费、办公费、水电费、机物料消耗、劳动保护费、季节性和修理期间的停工损失等。企业应当根据制造费用的性质，合理地选择制造费用的分配方法。

在同一生产过程中，同时生产两种或两种以上的产品，并且每种产品的加工成本不能直接区分的，其加工成本应当按照合理的方法在各种产品之间进行分配。

（三）其他方式取得的存货

1. 投资者投入的存货

投资者投入存货的成本，应当按照投资合同或协议约定的价值确定，但合同或协议约定价值不公允的除外。

2. 通过提供劳务取得的存货

通过提供劳务取得的存货，其成本按从事劳务提供人员的直接人工和其他直接费用以及可归属于该存货的间接费用确定。

第二节 存货的期末计量

一、存货期末计量原则

资产负债表日，存货应当按照成本与可变现净值孰低计量。即资产负债表日，当存货成本低于可变现净值时，存货按成本计量；当存货成本高于其可变现净值时，应当计提存货跌价准备，计入当期损益。

可变现净值，是指在日常活动中，存货的估计售价减去至完工时估计将要发生的成本、估计的销售费用以及相关税费后的金额。

存货成本，是指期末存货的实际成本。如果企业在存货成本的日常核算中采用计划成本法、售价金额核算法等简化核算方法，则成本应为经调整后的实际成本。本章内容如无特别说明，均假定企业采用实际成本法对存货进行日常核算。

企业预计的销售存货现金流量，并不完全等于存货的可变现净值。存货在销售过程中可能发生的销售费用和相关税费，以及为达到预定可销售状态还可能发生的加工成本等相关支出，构成现金流入的抵减项目。

企业预计的销售存货现金流量，扣除这些抵减项目后，才能确定存货的可变现净值。企业应以确凿证据为基础计算确定存货的可变现净值。

二、存货期末计量方法

（一）存货减值迹象的判断

存货存在下列情况之一的，通常表明存货的可变现净值低于成本：

（1）该存货的市场价格持续下跌，并且在可预见的未来无回升的希望。

（2）企业使用该项原材料生产的产品成本大于产品的销售价格。

（3）企业因产品更新换代，原有库存原材料已不适应新产品的需要，而该原材料的市场价格又低于其账面成本。

（4）因企业所提供的商品或劳务过时或消费者偏好改变而使市场的需求发生变化，导致市场价格逐渐下跌。

（5）其他足以证明该项存货实质上已经发生减值的情形。

存货存在下列情形之一的，通常表明存货的可变现净值为零：

（1）已霉烂变质的存货。

（2）已过期且无转让价值的存货。

（3）生产中已不再需要，并且已无使用价值和转让价值的存货。

（4）其他足以证明已无使用价值和转让价值的存货。

（二）可变现净值的确定

1. 企业确定存货的可变现净值时应考虑的因素

企业确定存货的可变现净值，应当以取得的确凿证据为基础，并且考虑持有存货的目的、资产负债表日后事项的影响等因素。

（1）存货可变现净值的确凿证据，是指对确定存货的可变现净值有直接影响的客观证明。

存货的采购成本、加工成本和其他成本及以其他方式取得的存货的成本，应当以取得外来原始凭证、生产成本资料、生产成本账簿记录等作为确凿证据；产成品或商品的市场销售价格、与产成品或商品相同或类似商品的市场销售价格、销售方提供的有关资料等。

（2）持有存货的目的。由于企业持有存货的目的不同，确定存货可变现净值的计算方法也不同。如用于出售的存货和用于继续加工的存货，其可变现净值的计算方法就不相同。因此，企业在确定存货的可变现净值时，应考虑持有存货的目的。

一般地，企业持有存货的目的：一是持有以备出售，如商品、产成品，其中又分为有合同约定的存货和没有合同约定的存货；二是将在生产过程或提供劳务过程中耗用，如材料等。

（3）资产负债表日后事项等的影响。在确定资产负债表日存货的可变现净值时，应当考虑：一是以资产负债表日取得最可靠的证据估计的售价为基础并考虑持有存货的目的；二是资产负债表日后发生的事项为资产负债表日存在状况提供进一步证据，以表明资产负债表日存在的存货价值发生变动的事项。

2. 不同情况下存货可变现净值的确定

情形	可变现净值的确定
产成品、商品等直接用于出售的存货	(1) 有销售合同的部分：可变现净值=合同价格-估计的销售费用和相关税费 (2) 没有销售合同的部分：可变现净值=一般销售价格（市场价）-估计的销售费用和相关税费 【提示】如果企业持有的同一项存货数量多于销售合同或劳务合同订购的数量的，应分别确定其可变现净值，并与其相对应的成本进行比较，分别确定存货跌价准备的计提或转回金额。超出合同部分的存货的可变现净值，应当以一般销售价格为基础计算
用于出售的材料等	可变现净值=材料的市场价格或合同价格-估计的销售费用和相关税费
需要经过加工的材料存货	可变现净值=该材料所生产的产成品的估计售价-至完工时估计将要发生的成本-估计的销售费用和相关税费

【提示】需要经过加工的材料存货，如原材料、在产品、委托加工材料等，由于持有该材料的目的是用于生产产成品，该材料存货的价值将体现在用其生产的产成品上。

因此，在确定需要经过加工的材料存货的可变现净值时，需要以其生产的产成品的可变现净值与该产成品的成本进行比较，如果该产成品的可变现净值高于其成本，则该材料应当按照其成本计量。如果材料价格的下降表明以其生产的产成品的可变现净值低于成本，则该材料应当按可变现净值计量。

【例 2-2·判断题】企业为执行不可撤销的销售合同而持有的存货，应当以合同价格为基础确定其可变现净值。（ ）

【答案】√

（三）存货跌价准备的计提与转回

1. 存货跌价准备的计提

资产负债表日，存货的可变现净值低于成本，企业应当计提存货跌价准备。

企业通常应当按照单个存货项目计提存货跌价准备。即资产负债表日，企业将每个存货项目的成本与其可变现净值逐一进行比较，按较低者计量存货。其中可变现净值低于成本的，两者的差额即为应计提的存货跌价准备。企业计提的存货跌价准备应计入当期损益。

对于数量繁多、单价较低的存货，可以按照存货类别计提存货跌价准备。

与在同一地区生产和销售的产品系列相关、具有相同或类似最终用途或目的，且难以与其他项目分开计量的存货，可以合并计提存货跌价准备。

存货具有相同或类似最终用途或目的，并在同一地区生产和销售，意味着存货所处的经济环境、法律环境、市场环境等相同，具有相同的风险和报酬，因此可以对其进行合并计提存货跌价准备。

【例 2-3·单选题】2×21 年 1 月 1 日，甲公司存货跌价准备的余额为零。2×21 年 12 月 31 日，甲公司 M 商品的成本为 500 万元，市场售价为 480 万元，预计销售费用为 5 万元。专门用于生产 P 产成品的 N 原材料的成本为 400 万元，市场售价为 380 万元，P 产成品没有发生减值。不考虑其他因素，2×21 年 12 月 31 日，甲公司对存货应计提的跌价准备金额为（　　）万元。

A. 25　　B. 45　　C. 20　　D. 40

【解析】M 商品可变现净值 = 480 - 5 = 475（万元），小于成本 500 万元，计提存货跌价准备金额 = 500 - 475 = 25（万元）。N 原材料专门用于生产 P 产成品，由于 P 产成品未发生减值，所以 N 原材料无须计提存货跌价准备。由于甲公司期初存货跌价准备的余额为零，所以应计提存货跌价准备的金额为 25 万元。

【答案】A

2. 存货跌价准备的转回

以前减记存货价值的影响因素已经消失的，减记的金额应当予以恢复，并在原已计提的存货跌价准备金额内转回，转回的金额计入当期损益。

在核算存货跌价准备的转回时，转回的存货跌价准备与计提该准备的存货项目或类别应当存在直接对应关系。在原已计提的存货跌价准备金额内转回，意味着转回的金额以将存货跌价准备的余额冲减至零为限。

需要注意的是，导致存货跌价准备转回的是以前减记存货价值的影响因素的消失，而不是在当期造成存货可变现净值高于其成本的其他影响因素。如果本期导致存货可变现净值高于其成本的影响因素不是以前减记该存货价值的影响因素，则不允许将该存货跌价准备转回。

【例 2-4·判断题】企业的存货跌价准备一经计提，即使减记存货价值的影响因素已经消失，原已计提的存货跌价准备也不得转回。（　　）

【解析】如果减记存货价值的影响因素已经消失，可以在原已计提的存货跌价准备金额内转回以前因该因素计提的存货跌价准备。

【答案】×

3. 存货跌价准备的结转

企业计提了存货跌价准备，如果其中有部分存货已经销售，则企业在结转销售成本时，应同时结转对其已计提的存货跌价准备。

如果按存货类别计提存货跌价准备的，应当按照发生销售等而转出存货的成本占该存货未转出前该类别存货成本的比例结转相应的存货跌价准备。

第三章　固定资产

第一节　固定资产的确认和初始计量

一、固定资产的定义

固定资产，是指同时具有下列特征的有形资产：

1. 为生产商品、提供劳务、出租或经营管理而持有的。
2. 使用寿命超过一个会计年度。

二、固定资产的确认

（一）固定资产的确认条件

固定资产同时满足下列条件的，才能予以确认：

1. 与该固定资产有关的经济利益很可能流入企业。
2. 该固定资产的成本能够可靠地计量。

（二）固定资产确认条件的具体运用

企业由于安全或环保的要求购入设备等，虽然不能直接给企业带来未来经济利益，但有助于企业从其他相关资产的使用中获得未来经济利益或者获得更多的未来经济利益，也应确认为固定资产。

固定资产的各组成部分，如果具有不同使用寿命或者以不同方式为企业提供经济利益，表明这些组成部分实际上是以独立的方式为企业提供经济利益，企业应当将各组成部分确认为单项固定资产。如飞机的引擎，如果其与飞机机身具有不同的使用寿命，则企业应当将其单独确认为一项固定资产。

【例 3-1 · 判断题】 固定资产的各组成部分具有不同使用寿命且能够单独可靠计量的，企业应当将各组成部分确认为单项固定资产。（　　）

【答案】 √

三、固定资产的初始计量

固定资产应当按照成本进行初始计量。固定资产的成本，是指企业为购建某项固定资产使其达到预定可使用状态前所发生的一切合理、必要的支出。这些支出包括直接发生的价款、相关税费（不包括允许抵扣的增值税进项税额）、运杂费、包装费和安装成本等，也包括间接发生的支出，如应承担的借款利息、外币借款折算差额以及应分摊的其他间接费用。

（一）外购固定资产

企业外购固定资产的成本，包括购买价款，相关税费，使固定资产达到预定可使用状态前所发生的可归属于该项资产的运输费、装卸费、安装费和专业人员服务费等。

外购固定资产是否达到预定可使用状态，需要根据具体情况进行分析判断。如果购入不需要安装的固定资产，则购入后即达到预定可使用状态；如果购入需安装的固定资产，在安装调试后达到设计要求或合同规定的标准，才能达到预定可使用状态。

在实际工作中，企业可能以一笔款项购入多项没有单独标价的固定资产。此时，应当按照各项固定资产的公允价值比例对总成本进行分配，分别确定各项固定资产的成本。

购买固定资产的价款超过正常信用条件延期支付，实质上具有融资性质的，固定资产的成本以购买价款的现值为基础确定。实际支付的价款与购买价款的现值之间的差额，除按照《企业会计准则第 17 号——借款费用》应予资本化的以外，应当在信用期间内计入当期损益。

（二）自行建造固定资产

自行建造的固定资产，其成本由建造该项资产达到预定可使用状态前所发生的必要支出构成，包括工程用物资成本、人工成本、缴纳的相关税费、应予资本化的借款费用以及应分摊的其他间接费用等。企业为建造固定资产通过出让方式取得土地使用权而支付的土地出让金不计入在建工程成本，应确认为无形资产（土地使用权）。

企业将固定资产达到预定可使用状态前或者研发过程中产出的产品或副产品对外销售的，应当按照《企业会计准则第 14 号——收入》《企业会计准则第 1 号——存货》等规定，对试运行销售相关的收入和成本分别进行会计处理，计入当期损益，不应将试运行销售相关收入抵销相关成本后的净额冲减固定资产成本或者研发支出。

企业自行建造固定资产包括自营建造和出包建造两种方式：

1. 自营方式建造固定资产

企业以自营方式建造固定资产，是指企业自行组织工程物资采购、自行组织施工人员从事工程施工完成固定资产建造，其成本应当按照实际发生的材料、人工、机械施工费等计量。

企业为建造固定资产准备的各种物资，包括工程用材料、尚未安装的设备以及为生产准备的工器具等，通过“工程物资”科目进行核算。工程物资应当按照实际支付的买价、运输费、保险费等相关税费作为实际成本，并按照各种专项物资的种类进行明细核算。

建造固定资产领用工程物资、原材料或库存商品，应按其实际成本转入所建工程成本。自营方式建造固定资产应负担的职工薪酬、辅助生产部门为之提供的水、电、修理、运输等劳务，以及其他必要支出等也应计入所建工程项目的成本。

工程完工后，剩余的工程物资转为本企业存货的，按其实际成本或计划成本进行结转。盘盈、盘亏、报废、毁损的工程物资，减去残料价值以及保险公司、过失人等赔款后的差额，计入当期损益。

【例 3-2·多选题】下列各项与企业以自营方式建造办公楼相关的支出中，应计入该办公楼成本的有（　　）。

A. 领用工程物资的实际成本

B. 建造过程中发生的机械施工费

C. 建造期间发生的符合资本化条件的借款费用

D. 通过出让方式取得土地使用权时支付的土地出让金

【解析】选项 D，通过出让方式取得土地使用权时支付的土地出让金应当计入无形资产成本。

【答案】ABC

2. 出包方式建造固定资产

企业以出包方式建造固定资产，其成本由为建造该项固定资产使其达到预定可使用状态前所发生的必要支出构成，包括发生的建筑工程支出、安装工程支出，以及需分摊计入的待摊支出。

待摊支出的具体内容如下：

项目	内容
定义	是指在建设期间发生的、不能直接计入某项固定资产价值，而应由所建造固定资产共同负担的相关费用
举例	为建造工程发生的管理费、可行性研究费、临时设施费、公证费、监理费、应负担的税金、符合资本化条件的借款费用、建设期间发生的工程物资盘亏、报废及毁损净损失，以及负荷联合试车费等
待摊支出分摊率=累计发生的待摊支出÷（建筑工程支出+安装工程支出）×100% ××工程应分摊的待摊支出=（××工程的建筑工程支出+××工程的安装工程支出）×待摊支出分摊率	

（三）其他方式取得的固定资产

1. 接受固定资产投资的企业，在办理了固定资产移交手续之后，应按投资合同或协议约定的价值加上应支付的相关税费作为固定资产的入账价值，但合同或协议约定价值不公允的除外。

2. 非货币性资产交换、债务重组等方式取得的固定资产的成本，应当按照《企业会计准则第 7 号——非货币性资产交换》《企业会计准则第 12 号——债务重组》的有关规定进行会计处理。

（四）存在弃置费用的固定资产

特殊行业的特定固定资产，对其进行初始计量时，还应当考虑弃置费用。

弃置费用通常是指根据国家法律和行政法规、国际公约等规定，企业承担的环境保护和生态恢复等义务所确定的支出，如油气资产、核电站核设施等的弃置和恢复环境义务。对此，企业应当将弃置费用的现值计入相关固定资产的成本，同时确认相应的预计负债。

在固定资产的使用寿命内，按照预计负债的摊余成本和实际利率计算确定的利息费用，应当在发生时计入财务费用。

由于技术进步、法律要求或市场环境变化等原因，特定固定资产的弃置义务可能会发生支出金额、预计弃置时点、折现率等的变动，从而引起原确认的预计负债的变动。此时，应按照以下原则调整该固定资产的成本：

（1）对于预计负债的减少，以该固定资产账面价值为限扣减固定资产成本。如果预计负债的减少额超过该固定资产的账面价值，超出部分确认为当期损益。

（2）对于预计负债的增加，增加该固定资产的成本。

按照上述原则调整的固定资产，在资产剩余使用年限内计提折旧。一旦该固定资产的使用寿命结束，预计负债的所有后续变动应在发生时确认为损益。

【提示】 一般企业的固定资产发生的报废清理费用不属于弃置费用，应当在发生时作为固定资产处置费用处理。

第二节 固定资产的后续计量

一、固定资产折旧

固定资产折旧，是指在固定资产使用寿命内，按照确定的方法对应计折旧额进行系统分摊。

其中，应计折旧额是指应当计提折旧的固定资产的原价扣除其预计净残值后的金额；已计提减值准备的固定资产，还应当扣除已计提的固定资产减值准备累计金额。

预计净残值是指假定固定资产预计使用寿命已满并处于使用寿命终了时的预期状态，企业目前从该项资产处置中获得的扣除预计处置费用后的金额。预计净残值预期能够在固定资产使用寿命终了后收回，计算折旧时应将其扣除。

企业应当根据固定资产的性质和使用情况合理确定固定资产折旧方法、预计净残值和使用寿命，一经确定，不得随意变更。

（一）固定资产折旧范围

《企业会计准则第4号——固定资产》规定，企业应对所有的固定资产计提折旧；但是，已提足折旧仍继续使用的固定资产和单独计价入账的土地除外。

提足折旧，是指已经提足该项固定资产的应计折旧额。固定资产提足折旧后，不论能否继续使用，均不再计提折旧。提前报废的固定资产也不再补提折旧。

已达到预定可使用状态但尚未办理竣工决算的固定资产，应当按照暂估价值确定其成本，并计提折旧；待办理竣工决算后再按实际成本调整原来的暂估价值，但不需要调整原已计提的折旧额。

处于更新改造过程中而停止使用的固定资产，应将其账面价值转入在建工程，不再计提折旧。更新改造项目达到预定可使用状态转为固定资产后，再按照重新确定的使用寿命、预计净残值和折旧方法计提折旧。

（二）固定资产折旧方法

企业应当根据与固定资产有关的经济利益的预期消耗方式，合理选择折旧方法。

需要注意的是，企业不能以包括使用固定资产在内的经济活动所产生的收入为基础进行折旧。因为收入可能受到投入、生产过程、销售等因素的影响，这些因素与固定资产有关经济利益的预期消耗方式无关。企业选用不同的固定资产折旧方法，将影响固定资产使用寿命期间内不同时期的折旧费用，固定资产的折旧方法一经确定，不得随意变更。

【例 3-3·判断题】 对于在用的机器设备，企业可以按其生产产品实现的收入为基础计提折旧。（　　）

【解析】 企业应当根据与固定资产有关的经济利益的预期消耗方式，合理选择折旧方法。企业不能以包括使用固定资产在内的经济活动所产生的收入为基础进行折旧。

【答案】 ×

1. 年限平均法

年限平均法，又称直线法，是指将固定资产的应计折旧额均衡地分摊到固定资产预计使用寿命内的一种方法。采用这种方法计算的每期折旧额相等。计算公式如下：

年折旧率＝（1-预计净残值率）÷预计使用寿命（年）×100%

月折旧率＝年折旧率÷12

月折旧额＝固定资产原价×月折旧率

2. 工作量法

工作量法是根据实际工作量计算每期应计提折旧额的一种方法。计算公式如下：

单位工作量折旧额＝固定资产原价×（1-预计净残值率）÷预计总工作量

某项固定资产月折旧额＝该项固定资产当月工作量×单位工作量折旧额

3. 双倍余额递减法

双倍余额递减法，是指在不考虑固定资产预计净残值的情况下，根据每期期初固定资产原价减去累计折旧后的金额和双倍的直线法折旧率计算固定资产折旧的一种方法。

应用这种方法计算折旧额时，由于每年初固定资产净值没有扣除预计净残值，所以在计算固定资产折旧额时，应在其折旧年限到期前两年内，将固定资产净值扣除预计净残值后的余额平均摊销。计算公式如下：

年折旧率＝2÷预计使用寿命（年）×100%

月折旧率＝年折旧率÷12

月折旧额＝（固定资产原价-累计折旧）×月折旧率

4. 年数总和法

年数总和法，又称年限合计法，是指将固定资产的原价减去预计净残值后的余额，乘以一个以固定资产尚可使用寿命为分子、以预计使用寿命逐年数字之和为分母的逐年递减的分数计算每年的折旧额。计算公式如下：

年折旧率＝尚可使用寿命÷预计使用寿命的年数总和×100%

月折旧率＝年折旧率÷12

月折旧额＝（固定资产原价－预计净残值）×月折旧率

企业应当按月计提固定资产折旧，当月增加的固定资产，当月不计提折旧，从下月起计提折旧；当月减少的固定资产，当月仍计提折旧，从下月起不计提折旧。

（三）企业计提固定资产折旧的账务处理

借：制造费用/管理费用/销售费用等

　贷：累计折旧

（四）固定资产使用寿命、预计净残值和折旧方法的复核

《企业会计准则第 4 号——固定资产》规定，企业至少应当于每年年度终了，对固定资产的使用寿命、预计净残值和折旧方法进行复核。如有确凿证据表明固定资产使用寿命预计数与原先估计数有差异的，应当调整固定资产使用寿命；固定资产预计净残值预计数与原先估计数有差异的，应当调整预计净残值。

在固定资产使用过程中，与其有关的经济利益预期消耗方式也可能发生重大变化。在这种情况下，企业也应相应改变固定资产折旧方法。

固定资产使用寿命、预计净残值和折旧方法的改变按照会计估计变更的有关规定进行处理。

二、固定资产的后续支出

固定资产的后续支出，是指固定资产使用过程中发生的更新改造支出、修理费用等。企业的固定资产在投入使用后，为了适应新技术发展的需要，或者为维护或提高固定资产的使用效能，往往需要对现有固定资产进行维护、改建、扩建或者改良。

后续支出的处理原则：符合固定资产确认条件的，应当计入固定资产成本，同时将被替换部分的账面价值扣除；不符合固定资产确认条件的，应当计入当期损益。

（一）资本化的后续支出

固定资产发生可资本化的后续支出时，企业一般应将该固定资产的原价、已计提的累计折旧和减值准备转销，将其账面价值转入在建工程，并停止计提折旧。

发生的可资本化的后续支出，通过“在建工程”科目核算。在固定资产发生的后续支出完工并达到预定可使用状态时，再从在建工程转为固定资产，并按重新确定的使用寿命、预计净残值和折旧方法计提折旧。

企业发生的一些固定资产后续支出可能涉及替换原固定资产的某组成部分。如对某项机器设备进行检修时，发现其中的电机（未单独确认为一项固定资产）出现难以修复的故障，将其拆除后重新安装一个新电机。在这种情况下，当发生的后续支出符合固定资产确认条件时，应将其计入固定资产成本，同时将被替换部分的账面价值扣除，以避免将替换部分的成

本和被替换部分的成本同时计入固定资产成本，导致固定资产成本重复计算。

企业对固定资产进行定期检查发生的大修理费用，有确凿证据表明符合固定资产确认条件的部分，应予资本化计入固定资产成本，不符合固定资产确认条件的，应当费用化，计入当期损益。

（二）费用化的后续支出

不符合固定资产资本化后续支出条件的固定资产日常修理费用，在发生时应当按照受益对象计入当期损益或计入相关资产的成本。与存货的生产和加工相关的固定资产日常修理费用按照存货成本确定原则进行处理，行政管理部门、企业专设的销售机构等发生的固定资产日常修理费用按照功能分类计入管理费用或销售费用。

【例 3-4·多选题】 下列各项关于固定资产后续计量会计处理的表述中，正确的有（　　）。

A. 因更新改造停止使用的固定资产不再计提折旧

B. 已达到预定可使用状态但尚未办理竣工决算的固定资产应计提折旧

C. 专设销售机构发生的固定资产日常修理费用计入销售费用

D. 行政管理部门发生的固定资产日常修理费用计入管理费用

【答案】 ABCD

第三节　固定资产的处置

一、固定资产终止确认的条件

固定资产处置包括固定资产的出售、转让、报废或毁损、对外投资等。

固定资产满足下列条件之一的，应当予以终止确认：

（1）该固定资产处于处置状态。

（2）该固定资产预期通过使用或处置不能产生经济利益。

二、固定资产处置的会计处理

企业出售、转让、报废固定资产或发生固定资产毁损，应当将处置收入扣除账面价值和相关税费后的金额计入当期损益。固定资产的账面价值是固定资产成本扣减累计折旧和累计减值准备后的金额。固定资产处置一般通过“固定资产清理”科目进行核算。

（一）固定资产出售、报废或毁损的账务处理

1. 固定资产转入清理

固定资产转入清理时，按固定资产账面价值，借记“固定资产清理”科目，按已计提的累计折旧，借记“累计折旧”科目，按已计提的减值准备，借记“固定资产减值准备”科目，按固定资产原价，贷记“固定资产”科目。

2. 发生的清理费用

企业在固定资产清理过程中发生的相关税费及其他费用，应借记“固定资产清理”科目，贷记“银行存款”“应交税费”等科目。

3. 出售收入、残料等的处理

企业收回出售固定资产的价款、残料价值和变价收入等，应冲减清理支出，借记“银行存款”“原材料”等科目，贷记“固定资产清理”“应交税费——应交增值税”等科目。

4. 保险赔偿的处理

企业计算或收到的应由保险公司或过失人赔偿的损失，应借记“其他应收款”“银行存款”等科目，贷记“固定资产清理”科目。

5. 清理净损益的处理

固定资产清理完成后产生的清理净损益，依据固定资产处置方式的不同，分别适用不同的处理方法：

<table>
<tr><th>处置方式</th><th colspan="2">账务处理</th></tr>
<tr><td>属于生产经营期间正常报废清理产生的处理净损益</td><td colspan="2">借：营业外支出
　贷：固定资产清理</td></tr>
<tr><td rowspan="2">属于生产经营期间由于自然灾害等非正常原因造成的净损益</td><td>净损失</td><td>借：营业外支出
　贷：固定资产清理</td></tr>
<tr><td>净收益</td><td>借：固定资产清理
　贷：营业外收入</td></tr>
<tr><td>因出售、转让等原因产生的固定资产处置利得或损失应计入资产处置损益</td><td colspan="2">借：资产处置损益
　贷：固定资产清理
或相反分录</td></tr>
</table>

（二）其他方式减少的固定资产

其他方式减少的固定资产，如以固定资产清偿债务、投资转出固定资产、以非货币性资产交换换出固定资产等，分别按照债务重组、非货币性资产交换等的处理原则进行核算。

第四章　无形资产

第一节　无形资产的确认和初始计量

一、无形资产概述

（一）无形资产定义

无形资产，是指企业拥有或者控制的没有实物形态的可辨认非货币性资产。

无形资产通常包括专利权、非专利技术、商标权、著作权、特许权、土地使用权等。

企业自创商誉以及内部产生的品牌、报刊名等，不应确认为无形资产。

（二）无形资产特征

（1）由企业拥有或者控制并能为其带来未来经济利益；

（2）不具有实物形态；

（3）具有可辨认性，能够区别于其他资产可单独辨认；

（4）属于非货币性资产。

【例 4-1·多选题】下列各项中，应确认为企业无形资产的有（　　）。

A. 外购的用于建造自用厂房的土地使用权

B. 内部产生但尚未申请商标权的品牌

C. 外购的专利权

D. 收到投资者投入的非专利技术

【解析】企业内部产生的品牌、报刊名、刊头、客户名单和实质上类似项目的支出，由于不能与整个业务开发成本区分开来，成本无法可靠计量，不应确认为无形资产，选项 B 错误。

【答案】ACD

二、无形资产的确认条件

无形资产应当在符合定义的前提下，同时满足下列两个条件时，才能予以确认：

（1）与该无形资产有关的经济利益很可能流入企业；

（2）该无形资产的成本能够可靠地计量。

三、无形资产的初始计量

无形资产通常按照实际成本进行初始计量，即以取得无形资产并使之达到预定用途而发生的全部支出作为无形资产的成本。对于不同来源取得的无形资产，其成本构成不尽相同。

（一）外购无形资产的成本

外购无形资产的成本，包括购买价款、相关税费以及直接归属于使该项资产达到预定用途所发生的其他支出。

其中，直接归属于使该项资产达到预定用途所发生的其他支出包括使无形资产达到预定用途所发生的专业服务费用、测试无形资产是否能够正常发挥作用的费用等，但不包括为引入新产品进行宣传发生的广告费、管理费用及其他间接费用，也不包括在无形资产已经达到预定用途以后发生的费用。

购买无形资产的价款超过正常信用条件延期支付，实质上具有融资性质的，无形资产的成本应以购买价款的现值为基础确定。实际支付的价款与购买价款的现值之间的差额作为未确认融资费用，并应在付款期间内采用实际利率法进行摊销，其摊销金额除满足借款费用资本化条件应当计入无形资产成本外，均应当在信用期间内确认为财务费用，计入当期损益。

（二）投资者投入无形资产的成本

投资者投入无形资产的成本，应当按照投资合同或协议约定的价值确定，但合同或协议约定价值不公允的，应按无形资产的公允价值入账。

（三）土地使用权的处理

企业取得的土地使用权，通常应当按照取得时所支付的价款及相关税费之和确认为无形资产。但属于投资性房地产的土地使用权，应当按照投资性房地产进行会计处理。

土地使用权用于自行开发建造厂房等地上建筑物时，土地使用权的账面价值不与地上建筑物合并计算其成本，而仍作为无形资产进行核算，土地使用权与地上建筑物分别进行摊销和计提折旧。但下列情况除外：

（1）房地产开发企业取得的土地使用权用于建造对外出售的房屋建筑物，相关的土地使用权应当计入所建造的房屋建筑物成本。

（2）企业外购房屋建筑物，实际支付的价款中包括土地使用权和建筑物的价值的，应当对实际支付的价款按照合理的方法（例如，公允价值相对比例）在土地使用权与地上建筑物之间进行分配；如果确实无法在土地使用权与地上建筑物之间进行合理分配的，应当全部作为固定资产，按照固定资产确认和计量的原则进行会计处理。

企业改变土地使用权的用途，将其用于赚取租金或资本增值时，应按账面价值将其转为投资性房地产。

第二节　内部研究开发支出的确认和计量

一、研究与开发阶段的区分

对于企业自行进行的研究开发项目，应当区分研究阶段与开发阶段分别进行核算。在实际工作中，关于研究阶段与开发阶段的具体划分，企业应当根据自身实际情况以及相关信息加以判断。

项目	研究阶段	开发阶段
定义	研究，是指为获取并理解新的科学或技术知识等进行的有计划的调查	开发，是指在进行商业性生产或使用前，将研究成果或其他知识应用于某项计划或设计，以生产出新的或具有实质性改进的材料、装置、产品等
举例	意在获取知识而进行的活动；研究成果或其他知识的应用研究、评价和最终选择；材料、设备、产品、工序、系统或服务替代品的研究；以及新的或经改进的材料、设备、产品、工序、系统或服务的可能替代品的配制、设计、评价和最终选择等	生产前或使用前的原型和模型的设计、建造和测试；含新技术的工具、夹具、模具和冲模的设计；不具有商业性生产经济规模的试生产设施的设计、建造和运营；新的或经改造的材料、设备、产品、工序、系统或服务所选定的替代品的设计、建造和测试等
评价	基本上是探索性的，是为进一步的开发活动进行资料及相关方面的准备，已经进行的研究活动将来是否会转入开发、开发后是否会形成无形资产等均具有较大的不确定性，在这一阶段一般不会形成阶段性成果	相对于研究阶段而言，开发阶段应当是已完成研究阶段的工作，在很大程度上具备了形成一项新产品或新技术的基本条件

二、研究与开发阶段支出的确认

（一）研究阶段支出

考虑到研究阶段的探索性及其成果的不确定性，企业无法证明其能够带来未来经济利益的无形资产的存在，因此，对于企业内部研究开发项目，研究阶段的支出应当在发生时全部费用化，计入当期损益（管理费用）。

（二）开发阶段支出

考虑到进入开发阶段的研发项目往往形成成果的可能性较大，如果企业能够证明开发阶段的支出符合无形资产的定义及相关确认条件，则可将其确认为无形资产。

对于企业内部研究开发项目，开发阶段的支出同时满足下列条件的才能资本化，计入无形资产成本，否则应当计入当期损益（管理费用）。

1. 完成该无形资产以使其能够使用或出售在技术上具有可行性。

企业在判断无形资产的开发在技术上是否具有可行性时，应当以目前阶段的成果为基础，并提供相关证据和材料，证明企业进行开发所必需的技术条件等已经具备，不存在技术上的障碍或其他不确定性。

如企业已经完成了全部计划、设计和测试活动，这些活动是使资产能够达到设计规划书中的功能、特征和技术所必需的活动，或经过专家鉴定等。

2. 具有完成该无形资产并使用或出售的意图。

企业研发项目形成成果以后，是对外出售还是供自己使用并从使用中获得经济利益，应当根据企业管理层的意图而定。企业管理层应当能够说明其开发无形资产的目的，并具有完成该项无形资产开发并使其能够使用或出售的可能性。

3. 无形资产产生经济利益的方式，包括能够证明运用该无形资产生产的产品存在市场或无形资产自身存在市场；无形资产将在内部使用的，应当证明其有用性。

如果相关无形资产在形成以后，主要是用于生产新产品或新工艺的，企业应当对运用该无形资产生产的产品的市场情况进行可靠估计，应当能够证明所生产的产品存在市场，并能够带来经济利益的流入。

如果相关无形资产开发以后主要是用于对外出售的，则企业应当能够证明市场上存在对该类无形资产的需求，开发以后存在外部的市场可以出售并能够带来经济利益的流入。

如果无形资产开发以后，不是用于生产产品，也不是用于对外出售，而是在企业内部使用的，则企业应能够证明其对企业的有用性。

4. 有足够的技术、财务资源和其他资源支持完成该无形资产的开发，并有能力使用或出售该无形资产。这一条件主要包括：

（1）为完成该项无形资产的开发具有技术上的可靠性。开发无形资产并使其形成成果在技术上的可靠性，是继续开发活动的关键。因此，必须有确凿证据证明企业有足够的技术支持和技术能力继续开发该项无形资产。

（2）财务资源和其他资源支持。财务资源和其他资源支持是能够完成该项无形资产开发的经济基础，因此，企业必须能够说明为完成该项无形资产开发所需的财务资源和其他资源，是否能够足以支持完成该项无形资产的开发。

（3）能够证明企业可以取得无形资产开发所需的技术、财务资源和其他资源，以及获得这些资源的相关计划等。如企业自有资金不足以提供支持的，应当能够证明存在外部其他方面的资金支持，如银行等金融机构声明愿意为该无形资产的开发提供所需资金等。

（4）有能力使用或出售该项无形资产以取得收益。

5. 归属于该无形资产开发阶段的支出能够可靠地计量。企业对于开发活动所发生的支出应单独核算，如直接发生的开发人员薪酬、材料费以及相关设备折旧费等。

在企业同时从事多项开发活动的情况下，所发生的支出同时用于支持多项开发活动的，应按照合理的标准在各项开发活动之间进行分配；无法合理分配的，应予以费用化计入当期损益，不计入开发活动的成本。

（三）无法区分研究阶段和开发阶段的支出

无法区分研究阶段和开发阶段的支出，应当在发生时费用化，计入当期损益（管理费用）。

三、内部开发的无形资产的计量

内部开发活动形成的无形资产，其成本由可直接归属于该无形资产的创造、生产并使该无形资产能够以管理层预定的方式运作的所有必要支出组成。

可直接归属成本包括：开发该无形资产时耗费的材料、劳务成本、注册费、在开发该无形资产过程中使用的其他专利权和特许权的摊销、按照借款费用的处理原则可以资本化的利息支出等。

在开发无形资产过程中发生的，除上述可直接归属于无形资产开发活动之外的其他销售费用、管理费用等间接费用，无形资产达到预定用途前发生的可辨认的无效和初始运作损失，为运行该无形资产发生的培训支出等，不构成无形资产的开发成本。

值得强调的是，内部开发无形资产的成本仅包括在满足资本化条件的时点至无形资产达到预定用途前发生的支出总和，对于同一项无形资产在开发过程中达到资本化条件之前已经费用化计入当期损益的支出不再进行调整。

四、内部研究开发支出的会计处理

企业自行开发无形资产发生的研发支出，不满足资本化条件的，借记“研发支出——费用化支出”科目，满足资本化条件的，借记“研发支出——资本化支出”科目，贷记“原材料”“银行存款”“应付职工薪酬”等科目。

研究开发项目达到预定用途形成无形资产的，应按“研发支出——资本化支出”科目的余额，借记“无形资产”科目，贷记“研发支出——资本化支出”科目。

期末，应将不符合资本化条件的研发支出转入当期管理费用，借记“管理费用”科目，贷记“研发支出——费用化支出”科目；将符合资本化条件但尚未完成的开发费用继续保留在“研发支出”科目中，待开发项目达到预定用途形成无形资产时，再将其转入无形资产。

外购或以其他方式取得的、正在研发过程中应予资本化的项目，应按确定的金额，借记“研发支出——资本化支出”科目，贷记“银行存款”等科目。以后发生的研发支出，应当比照上述原则进行会计处理。

企业为享受《关于完善研究开发费用税前加计扣除政策的通知》中有关研究开发费用加计扣除优惠政策，可以对享受加计扣除的研究开发费用按研发项目设置辅助账，归集核算当年可加计扣除的各项研究开发费用实际发生额。

第三节　无形资产的后续计量

一、无形资产使用寿命的确定

无形资产的后续计量以其使用寿命为基础。企业应当于取得无形资产时分析判断其使用寿命。无形资产的使用寿命有限的，应当估计该使用寿命的年限或者构成使用寿命的产量等类似计量单位数量；无法预见无形资产为企业带来未来经济利益期限的，应当视为使用寿命不确定的无形资产。

（一）估计无形资产使用寿命应考虑的因素

估计无形资产使用寿命应考虑的主要因素包括：

（1）运用该无形资产生产的产品通常的寿命周期、可获得的类似资产使用寿命的信息。

（2）技术、工艺等方面的现阶段情况及对未来发展趋势的估计。

（3）以该无形资产生产的产品或提供的服务的市场需求情况。

（4）现在或潜在的竞争者预期将采取的行动。

（5）为维持该无形资产产生未来经济利益能力的预期维护支出，以及企业预计支付有关支出的能力。

（6）对该无形资产的控制期限，以及对该资产使用的相关法律规定或类似限制，如特许使用期、租赁期等。

（7）与企业持有的其他资产使用寿命的关联性等。

（二）确定无形资产使用寿命的主要原则

1. 源自合同性权利或其他法定权利取得的无形资产，其使用寿命通常不应超过合同性权利或其他法定权利的期限。

【举例1】企业以支付土地出让金方式取得一块土地50年的使用权，如果企业准备持续持有且在50年期间内没有出售计划，则该项土地使用权预期为企业带来未来经济利益的期间为50年。

但如果企业使用资产的预期期限短于合同性权利或其他法定权利规定的期限的，则应当按照企业预期使用的期限来确定其使用寿命。

【举例2】企业取得的某项实用新型专利权，法律规定的保护期限为10年，企业预计运用该项实用新型专利权所生产的产品在未来6年内会为企业带来经济利益，则该项专利权的预计使用寿命为6年。

如果合同性权利或其他法定权利能够在到期时因续约等延续，当有证据表明企业续约不需要付出重大成本时，续约期才能够包括在使用寿命的估计中。

下列情况下，一般说明企业无须付出重大成本即可延续合同性权利或其他法定权利：

（1）有证据表明合同性权利或法定权利将被重新延续，如果在延续之前需要第三方同意，则还需有第三方将会同意的证据。

（2）有证据表明为获得重新延续所必需的所有条件将被满足，以及企业为延续持有无形资产所付出的成本相对于预期从重新延续中流入企业的未来经济利益相比不具有重要性。

如果企业为延续无形资产持有期间而付出的成本与预期从重新延续中流入企业的未来经济利益相比具有重要性，则从本质上来看是企业获得了一项新的无形资产。

2. 没有明确的合同或法律规定无形资产的使用寿命的，企业应当综合各方面因素判断，如聘请相关专家进行论证、与同行业的情况进行比较以及参考企业的历史经验等，来确定无形资产为企业带来未来经济利益的期限。

3. 企业经过上述努力仍无法合理确定无形资产为企业带来经济利益的期限的，才能将其作为使用寿命不确定的无形资产。

【举例 3】企业取得了一项在过去几年中市场份额领先的畅销产品的商标权，该商标权按照法律规定还有 5 年的使用寿命，但是在保护期届满时，企业可每 10 年以较低的手续费申请延期，同时有证据表明企业有能力申请延期。

此外，有关的调查表明，根据产品生命周期、市场竞争等方面情况综合判断，该商标权将在不确定的期间内为企业带来现金流量。综合各方面情况，该商标权可视为使用寿命不确定的无形资产。

【举例 4】企业通过公开拍卖取得一项出租车运营许可，按照所在地的规定，以现有出租车运营许可权为限，不再授予新的运营许可权，而且在旧的出租车报废以后，有关的运营许可权可用于新的出租车。企业估计在有限的未来，将持续经营出租车行业。对于该运营许可权，由于其能为企业带来未来经济利益的期限从目前情况来看，无法可靠地估计，因而应将其视为使用寿命不确定的无形资产。

【例 4-2 · 判断题】对于为企业带来未来经济利益的期限无法预见的无形资产，企业应当将其视为使用寿命不确定的无形资产。（ ）

【答案】√

（三）无形资产使用寿命的复核

企业至少应当于每年年度终了，对使用寿命有限的无形资产的使用寿命及摊销方法进行复核。如果有证据表明无形资产的使用寿命及摊销方法与以前估计不同的，应当改变其摊销期限和摊销方法，并按照会计估计变更进行处理。

【举例 5】企业使用的某项专利权，原预计使用寿命为 10 年，使用至第 3 年末时，该企业计划再使用 2 年即不再使用，为此，在第 3 年末，企业应当变更该项无形资产的使用寿命，并作为会计估计变更进行处理。

企业应当在每个会计期末对使用寿命不确定的无形资产的使用寿命进行复核。如果有证据表明该无形资产的使用寿命是有限的，应当作为会计估计变更进行处理，并按照使用寿命有限的无形资产的处理原则进行会计处理。

二、使用寿命有限的无形资产

使用寿命有限的无形资产，应以成本减去累计摊销额和累计减值损失后的余额进行后续计量。无形资产的减值参见本书第七章的相关内容。这里仅重点介绍使用寿命有限的无形资产摊销的处理。使用寿命有限的无形资产，应在其预计的使用寿命内采用系统合理的方法对应摊销金额进行摊销。

（一）应摊销金额

无形资产的应摊销金额，是指其成本扣除预计残值后的金额。已计提减值准备的无形资产，还应扣除已计提的无形资产减值准备累计金额。无形资产的残值一般为零，但下列情况除外：

（1）有第三方承诺在无形资产使用寿命结束时购买该无形资产；

（2）可以根据活跃市场得到预计残值信息，并且该市场在无形资产使用寿命结束时很可能存在。

无形资产的残值意味着，在其经济寿命结束之前，企业预计将会处置该无形资产，并且从该处置中获得利益。

估计无形资产的残值应以资产处置时的可收回金额为基础，此时的可收回金额是指在预计出售日，出售一项使用寿命已满且处于类似使用状况下，同类无形资产预计的处置价格（扣除相关税费）。

残值确定以后，在持有无形资产的期间内，至少应于每年年末进行复核，预计其残值与原估计金额不同的，应按照会计估计变更进行处理。如果无形资产的残值重新估计以后高于其账面价值的，则无形资产不再摊销，直至残值降至低于账面价值时再恢复摊销。

（二）摊销期和摊销方法

无形资产的摊销期自其可供使用（即其达到预定用途）时起至终止确认时止。企业选择的无形资产摊销方法，应根据与无形资产有关的经济利益的预期消耗方式作出决定，并一致地运用于不同会计期间。

具体摊销方法包括直线法、产量法等。

受技术陈旧因素影响较大的专利权和专有技术等无形资产，可采用类似固定资产加速折旧的方法进行摊销；有特定产量限制的特许经营权或专利权，应采用产量法进行摊销。无法可靠确定其预期消耗方式的，应当采用直线法进行摊销。

企业通常不应该以包括使用资产在内的经济活动所产生的收入为基础进行摊销，因为收入可能会受到很多因素的影响，比如说投入产出情况以及实际的销售情况，而这些因素实际上与无形资产有关经济利益的预期消耗方式是无关的。但是，下列极其有限的情况除外：

（1）企业根据合同约定确定无形资产固有的根本性限制条款的，当该条款为因使用无形资产而应取得的固定的收入总额时，取得的收入可以成为摊销的合理基础。

其中，固有的根本性限制条款是指因无形资产的使用时间、使用无形资产生产产品的数量或因使用无形资产而应取得固定的收入总额。

【举例 6】甲企业获得了一项勘探开采黄金的特许权，合同明确规定该特许权在销售黄金的收入总额达到某固定的金额时失效。此时甲企业可以销售黄金的收入总额为基础，对该特许权进行摊销。

（2）有确凿的证据表明收入的金额和无形资产经济利益的消耗是高度相关的。

【例 4-3·判断题】企业采用车流量法对高速公路经营权进行摊销的，不属于以包括使用无形资产在内的经济活动产生的收入为基础的摊销方法。（　　）

【答案】√

（三）使用寿命有限的无形资产摊销的会计处理

无形资产的摊销金额一般应当计入当期损益，但如果某项无形资产是专门用于生产某种产品或其他资产的，其所包含的经济利益是通过转入所生产的产品或其他资产中实现的，则该无形资产的摊销金额应当计入相关资产的成本。

例如，一项用于生产某种产品的专利技术，其摊销金额应构成所生产产品成本的一部分，计入生产成本或制造费用。

三、使用寿命不确定的无形资产

根据可获得的相关信息判断，有确凿证据表明无法合理估计其使用寿命的无形资产，才能作为使用寿命不确定的无形资产。

对于使用寿命不确定的无形资产，在持有期间内不需要进行摊销，但应当至少在每个会计期末按照《企业会计准则第 8 号——资产减值》的有关规定进行减值测试。如经减值测试表明已发生减值，则需要计提相应的减值准备，具体账务处理为：

借：资产减值损失

　贷：无形资产减值准备

第四节 无形资产的处置

无形资产的处置，主要是指无形资产出售、对外捐赠、或者是无法为企业带来未来经济利益时，应予转销并终止确认。

一、无形资产出售

企业出售某项无形资产，应当将取得的价款与该无形资产账面价值的差额计入当期损益（资产处置损益）。

二、无形资产报废

如果无形资产预期不能为企业带来未来经济利益，如某无形资产已被其他新技术所替代或超过法律保护期，不能再为企业带来经济利益的，则不再符合无形资产的定义，应将其报废并予以转销，其账面价值转入当期损益（营业外支出）。

第五章　长期股权投资和合营安排

第一节　长期股权投资的范围和初始计量

一、长期股权投资的范围

本章涉及的长期股权投资是指应当按照《企业会计准则第 2 号——长期股权投资》进行核算的权益性投资，主要包括三个方面：

（1）投资方能够对被投资单位实施控制的权益性投资，即对子公司投资。

（2）投资方与其他合营方一同对被投资单位实施共同控制且对被投资单位净资产享有权利的权益性投资，即对合营企业投资。

（3）投资方对被投资单位具有重大影响的权益性投资，即对联营企业投资。

除上述以外其他的权益性投资，包括风险投资机构、共同基金，以及类似主体持有的、在初始确认时按照《企业会计准则第 22 号——金融工具确认和计量》的规定以公允价值计量且其变动计入当期损益的金融资产，投资性主体对不纳入合并财务报表的子公司的权益性投资，以及其他权益性投资，应当按照金融工具章节的相关内容进行会计处理。

二、长期股权投资的初始计量

（一）企业合并形成的长期股权投资

企业合并形成的长期股权投资，应区分同一控制下控股合并与非同一控制下控股合并确定其初始投资成本。

1. 同一控制下企业合并形成的长期股权投资

（1）合并方以支付现金、转让非现金资产或承担债务方式作为合并对价的，应当在合并日按照取得的被合并方所有者权益在最终控制方合并财务报表中的账面价值的份额作为长期股权投资的初始投资成本。

长期股权投资的初始投资成本与支付的现金、转让的非现金资产及所承担债务账面价值之间的差额，应当调整资本公积（资本溢价或股本溢价）；资本公积（资本溢价或股本溢价）的余额不足冲减的，依次冲减盈余公积和未分配利润。

（2）合并方以发行权益性工具作为合并对价的，应按发行股份的面值总额作为股本，长期股权投资的初始投资成本与所发行股份面值总额之间的差额，应当调整资本公积（股本溢价）；资本公积（股本溢价）不足冲减的，依次冲减盈余公积和未分配利润。

【例 5-1·单选题】2×22 年 1 月 1 日，甲公司发行面值为 5000 万元，公允价值为 30000 万元的普通股股票，从其最终控制方处取得乙公司 80%有表决权的股份，能够对乙公司实施控制，该合并属于同一控制下的企业合并。当日，在最终控制方合并财务报表中，乙公司净资产的账面价值为 20000 万元，与乙公司相关的商誉金额为零；乙公司个别财务报表中净资产的账面价值为 15000 万元，不考虑其他因素，甲公司该长期股权投资的初始入账金额是（　　）万元。

A. 30000　　B. 16000

C. 12000　　D. 5000

【解析】同一控制下的企业合并中，长期股权投资的初始入账金额=取得的被合并方在最终控制方合并财务报表中净资产账面价值的份额+最终控制方收购被合并方时形成的商誉=20000×80%+0=16000（万元）。

【答案】B

2. 非同一控制下企业合并形成的长期股权投资

非同一控制下的控股合并中，购买方应当按照确定的企业合并成本作为长期股权投资的初始投资成本。企业合并成本包括购买方付出的资产、发生或承担的负债、发行的权益性工具或债务性工具的公允价值之和。

（二）企业合并以外的其他方式取得的长期股权投资

（1）以支付现金取得的长期股权投资，应当按照实际支付的购买价款作为初始投资成本，包括与取得长期股权投资直接相关的费用、税金及其他必要支出，但不包括应自被投资单位收取的已宣告但尚未发放的现金股利或利润。

（2）以发行权益性证券取得的长期股权投资，应当按照发行权益性证券的公允价值作为初始投资成本，但不包括应自被投资单位收取的已宣告但尚未发放的现金股利或利润。

（3）以非货币性资产交换、债务重组等方式取得的长期股权投资，其初始投资成本的确定应当分别按照《企业会计准则第 7 号——非货币性资产交换》《企业会计准则第 12 号——债务重组》的有关规定进行会计处理。

【总结】相关费用的处理。

相关费用	会计处理	
审计、法律服务、评估咨询等	同控、非同控	计入当期损益
	企业合并以外的其他方式	计入初始投资成本
发行权益性工具相关的交易费用	冲减资本公积，不足的冲减留存收益	
发行债务工具相关的交易费用	计入债务工具的初始确认金额	

第二节　长期股权投资的后续计量

企业持有的长期股权投资，后续计量分为成本法和权益法两种。

一、成本法

投资方持有的对子公司投资应当采用成本法核算，投资方为投资性主体且子公司不纳入其合并财务报表的除外。投资方在判断对被投资单位是否具有控制时，应综合考虑直接持有的股权和通过子公司间接持有的股权。在个别财务报表中，投资方进行成本法核算时，应仅考虑直接持有的股权份额。

成本法核算的长期股权投资，应按照初始投资成本计量。追加或收回投资应当调整长期股权投资的成本。在追加投资时，按照追加投资支付的成本的公允价值及发生的相关交易费用增加长期股权投资的账面价值。

被投资单位宣告分派现金股利或利润的，投资方根据应享有的部分确认当期投资收益。投资企业在确认自被投资单位应分得的现金股利或利润后，应当考虑长期股权投资是否发生减值。如相关长期股权投资存在减值迹象，应当进行减值测试。

二、权益法

对合营企业和联营企业投资应当采用权益法核算。投资方在判断对被投资单位是否具有共同控制、重大影响时，应综合考虑直接持有的股权和通过子公司间接持有的股权。

在持有投资期间，被投资单位编制合并财务报表的，应当以合并财务报表中净利润、其他综合收益和其他所有者权益变动中归属于被投资单位的金额为基础进行会计处理。

（一）初始投资成本的调整

投资方取得对联营企业或合营企业的投资以后，对于取得投资时初始投资成本与应享有被投资单位可辨认净资产公允价值份额之间的差额，应区别下列情况处理：

（1）初始投资成本大于取得投资时应享有被投资单位可辨认净资产公允价值份额的，该部分差额是投资方在取得投资过程中通过作价体现出的与所取得股权份额相对应的商誉价值，这种情况下不要求对长期股权投资的成本进行调整。

（2）初始投资成本小于取得投资时应享有被投资单位可辨认净资产公允价值份额的，两者之间的差额体现为双方在交易作价过程中转让方的让步，该部分经济利益流入应计入取得投资当期的营业外收入，同时调整增加长期股权投资的账面价值。

【例5-2·判断题】投资方取得对联营企业的投资后，如果初始投资成本小于投资时应享有联营企业可辨认净资产公允价值份额，应按其差额调整长期股权投资的账面价值，同时确认营业外收入。（　　）

【答案】√

（二）投资损益的确认

采用权益法核算的长期股权投资，在确认应享有（或分担）被投资单位的净利润（或净亏损）时，在被投资单位账面净利润的基础上，应考虑以下因素的影响进行适当调整：

（1）被投资单位采用的会计政策和会计期间与投资方不一致的，应按投资方的会计政策和会计期间对被投资单位的财务报表进行调整，在此基础上确定被投资单位的损益。

（2）以取得投资时被投资单位固定资产、无形资产等的公允价值为基础计提的折旧额或摊销额，以及有关资产减值准备金额等对被投资单位净利润的影响。

（3）对于投资方或纳入投资方合并财务报表范围的子公司与其联营企业及合营企业之间发生的未实现内部交易损益应予以抵销。即，投资方与联营企业及合营企业之间发生的未实现内部交易损益，按照应享有的比例计算归属于投资方的部分，应当予以抵销，在此基础上确认投资损益。

投资方与被投资单位发生的内部交易损失，按照资产减值准则等规定属于资产减值损失的，应当全额确认。

未实现内部交易损益的抵销，应当分别顺流交易和逆流交易进行会计处理。

①对于投资方向联营企业或合营企业投出或出售资产的顺流交易，在该交易存在未实现内部交易损益的情况下（即有关资产未对外部独立第三方出售或未被消耗），投资方在采用权益法计算确认应享有联营企业或合营企业的投资损益时，应抵销该未实现内部交易损益的影响，同时调整对联营企业或合营企业长期股权投资的账面价值。

投资方因投出或出售资产给其联营企业或合营企业而产生的损益中，应仅限于确认归属于联营企业或合营企业其他投资方的部分。

②对于联营企业或合营企业向投资方投出或出售资产的逆流交易，比照上述顺流交易处理。

应当说明的是，投资方与联营、合营企业之间的顺流交易或逆流交易产生的未实现内部交易损失，其中属于所转让资产发生减值损失的，有关未实现内部交易损失不应予以抵销。

投资方与联营、合营企业之间发生投出或出售资产的交易，该资产构成业务的，应当按照《企业会计准则第 20 号——企业合并》《企业会计准则第 33 号——合并财务报表》的有关规定进行会计处理。

（三）被投资单位其他综合收益变动的处理

被投资单位其他综合收益发生变动的，投资方应当按照归属于本企业的部分，相应调整长期股权投资的账面价值，同时增加或减少其他综合收益。

（四）取得现金股利或利润的处理

按照权益法核算的长期股权投资，投资方自被投资单位取得的现金股利或利润，应抵减长期股权投资的账面价值。在被投资单位宣告分派现金股利或利润时，借记“应收股利”科目，贷记“长期股权投资——损益调整”科目。

【例 5-3 · 单选题】 2×23 年甲公司的合营企业乙公司发生的下列交易或事项中，将对甲公司当年投资收益产生影响的是（　　）。

A. 乙公司宣告分配现金股利

B. 乙公司当年发生的电视台广告费

C. 乙公司持有的其他债权投资公允价值上升

D. 乙公司股东大会通过发放股票股利的议案

【解析】 乙公司宣告分配现金股利，甲公司按照享有份额借记“应收股利”科目，贷记“长期股权投资——损益调整”科目，不影响投资收益，选项 A 错误；

乙公司当年发生的电视台广告费影响净利润，进而影响甲公司的投资收益，选项 B 正确；

乙公司持有的其他债权投资公允价值上升，甲公司按照享有份额借记“长期股权投资——其他综合收益”科目，贷记“其他综合收益”科目，选项 C 错误；

乙公司股东大会通过发放股票股利议案，乙公司所有者权益不变，甲公司不作账务处理，选项 D 错误。

【答案】 B

（五）超额亏损的确认

权益法下，投资方确认应分担被投资单位发生的损失，原则上应以长期股权投资及其他实质上构成对被投资单位净投资的长期权益减记至零为限，投资方负有承担额外损失义务的除外。

投资方在确认应分担被投资单位发生的损失时，应按照以下顺序处理：

首先，减记长期股权投资的账面价值。

其次，在长期股权投资的账面价值减记至零的情况下，考虑是否有其他构成长期权益的项目，如果有，则以其他实质上构成对被投资单位长期权益的账面价值为限，继续确认投资损失，冲减长期应收项目等的账面价值。

最后，在其他实质上构成对被投资单位长期权益的价值也减记至零的情况下，如果按照投资合同或协议约定，投资方需要履行其他额外的损失赔偿义务，则需按预计将承担责任的金额确认预计负债，计入当期投资损失。

除按上述顺序已确认的损失以外仍有额外损失的，应在账外作备查登记，不再予以确认。

（六）被投资单位除净损益、其他综合收益以及利润分配以外的所有者权益的其他变动

被投资单位除净损益、其他综合收益以及利润分配以外的所有者权益的其他变动的因素，主要包括被投资单位接受其他股东的资本性投入、被投资单位发行可分离交易的可转债中包含的权益成分、以权益结算的股份支付、其他股东对被投资单位增资导致投资方持股比例变动等。

投资方应按所持股权比例计算应享有的份额，调整长期股权投资的账面价值，同时计入

资本公积（其他资本公积），并在备查簿中予以登记，投资方在后续处置股权投资但对剩余股权仍采用权益法核算时，应按处置比例将这部分资本公积转入当期投资收益；对剩余股权终止权益法核算时，将这部分资本公积全部转入当期投资收益。

（七）长期股权投资的减值

投资方应当关注长期股权投资的账面价值是否大于享有被投资单位所有者权益账面价值的份额等类似情况。出现类似情况时，投资方应当按照《企业会计准则第 8 号——资产减值》对长期股权投资进行减值测试，确定其可收回金额，可收回金额低于长期股权投资账面价值的，应当计提减值准备。长期股权投资的减值准备在提取以后，不允许转回。

三、长期股权投资核算方法的转换

（一）公允价值计量转权益法核算

原持有的对被投资单位的股权投资（不具有控制、共同控制或重大影响）按照金融工具准则相关内容进行会计处理的，因追加投资等原因导致持股比例上升，能够对被投资单位施加共同控制或重大影响的，在转按权益法核算时，投资方应当按其确定的原股权投资的公允价值加上为取得新增投资而应支付对价的公允价值，作为改按权益法核算的初始投资成本。

原持有的股权投资分类为以公允价值计量且其变动计入当期损益的金融资产的，其公允价值与账面价值之间的差额应当转入改按权益法核算的当期损益；原持有的股权投资指定为以公允价值计量且其变动计入其他综合收益的非交易性权益工具投资的，其公允价值与账面价值之间的差额以及原计入其他综合收益的累计公允价值变动应当直接转入留存收益。

初始投资成本与按照追加投资后全新的持股比例计算确定的应享有被投资单位在追加投资日可辨认净资产公允价值份额比较，前者大于后者的，不调整长期股权投资的账面价值；前者小于后者的，差额应调整长期股权投资的账面价值，并计入当期营业外收入。

（二）公允价值计量或权益法核算转成本法核算

投资方原持有的对被投资单位不具有控制、共同控制或重大影响的按照金融工具准则相关内容进行会计处理的权益性投资，或者原持有对联营企业、合营企业的长期股权投资，因追加投资等原因，能够对被投资单位实施控制的长期股权投资，应按多次交易实现企业合并形成的长期股权投资有关内容进行会计处理。

1. 多次交易实现同一控制下企业合并。

企业通过多次交易分步取得同一控制下被投资单位的股权，最终形成企业合并的，应当判断多次交易是否属于“一揽子”交易。

多次交易的条款、条件以及经济影响符合以下一种或多种情况，通常表明应将多次交易事项作为“一揽子”交易进行会计处理：

（1）这些交易是同时或者在考虑了彼此影响的情况下订立的；

（2）这些交易整体才能达成一项完整的商业结果；

（3）一项交易的发生取决于其他至少一项交易的发生；

（4）一项交易单独看是不经济的，但和其他交易一并考虑时是经济的。

属于“一揽子”交易的，合并方应当将各项交易作为一项取得控制权的交易进行会计处理。

不属于“一揽子”交易的，取得控制权日，应按照以下步骤进行会计处理：

（1）确定同一控制下企业合并形成的长期股权投资的初始投资成本。

（2）长期股权投资初始投资成本与合并对价账面价值之间的差额的处理。

合并日长期股权投资的初始投资成本，与达到合并前的股权投资账面价值加上合并日进一步取得股份新支付对价的账面价值之和的差额，调整资本公积（资本溢价或股本溢价），资本公积不足冲减的，冲减留存收益。

（3）合并日之前持有的股权投资，因采用权益法核算或按照金融工具准则相关内容核算而确认的其他综合收益，暂不进行会计处理，直至处置该项投资时采用与被投资单位直接处置相关资产或负债相同的基础进行会计处理或直接转入留存收益；

因采用权益法核算而确认的被投资单位净资产中除净损益、其他综合收益和利润分配以外的所有者权益其他变动，暂不进行会计处理，直至处置该项投资时转入当期损益。

其中，处置后的剩余股权采用成本法或权益法核算的，其他综合收益和其他所有者权益应按比例结转，处置后的剩余股权不再属于长期股权投资核算范围的，按照金融工具准则的相关内容进行会计处理。

2. 多次交易实现非同一控制下企业合并。

企业通过多次交易分步实现非同一控制下企业合并的，应当区分个别财务报表和合并财务报表进行会计处理。在编制个别财务报表时具体处理如下：

（1）购买日之前持有的股权采用权益法核算的，应当按照原持有的股权投资的账面价值加上新增投资成本之和，作为改按成本法核算的初始投资成本。

①对于权益法核算时确认的相关其他综合收益应当在处置该项投资时采用与被投资单位直接处置相关资产或负债相同的基础进行会计处理。

②对于因被投资方除净损益、其他综合收益和利润分配以外的其他所有者权益变动而确认的所有者权益，应当在处置该项投资时相应转入处置期间的当期损益。

其中，处置后的剩余股权采用成本法或权益法核算的，其他综合收益和其他所有者权益应按比例结转，处置后的剩余股权不再属于长期股权投资核算范围的，按照金融工具准则的相关内容进行会计处理。

（2）购买日之前持有的股权投资，按照金融工具准则的相关内容进行会计处理的，应当将按其确定的股权投资的公允价值加上新增投资成本之和，作为改按成本法核算的初始投资成本。

①对于购买日前持有的股权投资分类为以公允价值计量且其变动计入当期损益的金融资产的，其公允价值与账面价值之间的差额转入改按成本法核算的当期投资收益。

②对于购买日前持有的股权投资指定为以公允价值计量且其变动计入其他综合收益的非交易性权益工具投资的，其公允价值与账面价值之间的差额以及原计入其他综合收益的累计公允价值变动应当直接转入留存收益。

（三）权益法核算转公允价值计量

原持有的对被投资单位具有共同控制或重大影响的长期股权投资，因部分处置等原因导致持股比例下降，不能再对被投资单位实施共同控制或重大影响的，应按照金融工具准则的相关内容对剩余股权投资进行会计处理，其在丧失共同控制或重大影响之日的公允价值与账面价值之间的差额计入当期损益。

原采用权益法核算的相关其他综合收益应当在终止采用权益法核算时，采用与被投资单位直接处置相关资产或负债相同的基础进行会计处理，因被投资单位除净损益、其他综合收益和利润分配以外的其他所有者权益变动而确认的所有者权益，应当在终止采用权益法核算时全部转入当期损益。

（四）成本法核算转权益法核算

1. 因处置投资等原因导致对被投资单位由能够实施控制转为具有重大影响或者与其他投资方一起实施共同控制。

首先，应按处置投资的比例结转应终止确认的长期股权投资成本。

然后，比较剩余长期股权投资的成本与按照剩余持股比例计算原投资时应享有被投资单位可辨认净资产公允价值的份额，前者大于后者的，不调整长期股权投资的账面价值；前者小于后者的，在调整长期股权投资成本的同时，调整留存收益。

对于原取得投资时至处置投资时（转为权益法核算）之间被投资单位实现净损益中投资方应享有的份额，应调整长期股权投资的账面价值，同时，对于原取得投资时至处置投资当期期初被投资单位实现的净损益（扣除已宣告但尚未发放的现金股利和利润）中应享有的份额，调整留存收益；对于处置投资当期期初至处置投资之日被投资单位实现的净损益中享有的份额，调整当期损益。

对于被投资单位其他综合收益变动中应享有的份额，在调整长期股权投资账面价值的同时，应当计入其他综合收益；除净损益、其他综合收益和利润分配外的其他原因导致被投资单位其他所有者权益变动中应享有的份额，在调整长期股权投资账面价值的同时，应当计入资本公积（其他资本公积）。

2. 因其他投资方对其子公司增资而导致的投资方持股比例下降，因而丧失控制权但能实施共同控制或施加重大影响，投资方在个别财务报表中，应当对该项长期股权投资从成本法转为权益法核算。

①按照新的持股比例确认投资方应享有的原子公司因增资扩股而增加净资产的份额，与应结转持股比例下降部分所对应的长期股权投资原账面价值之间的差额计入当期损益。

②按照新的持股比例视同自取得投资时即采用权益法核算进行调整。

（五）成本法核算转公允价值计量

原持有的对被投资单位具有控制的长期股权投资，因部分处置等原因导致持股比例下降，不再对被投资单位实施控制、共同控制或重大影响的，应按照金融工具准则相关内容进行会计处理，在丧失控制权之日的公允价值与账面价值之间的差额计入当期投资收益。

四、长期股权投资的处置

处置长期股权投资时，应相应结转与所售股权相对应的长期股权投资账面价值，一般情况下，出售所得价款与处置长期股权投资账面价值之间的差额，应确认为当期损益。

全部处置权益法核算的长期股权投资时，原权益法核算的相关其他综合收益应当在终止采用权益法核算时采用与被投资单位直接处置相关资产或负债相同的基础进行会计处理，因被投资单位除净损益、其他综合收益和利润分配以外的其他所有者权益变动而确认的所有者权益，应当在终止采用权益法核算时全部转入当期投资收益。

投资方部分处置权益法核算的长期股权投资，剩余股权仍采用权益法核算的，原权益法核算的相关其他综合收益应当采用与被投资单位直接处置相关资产或负债相同的基础处理并按比例结转，因被投资单位除净损益、其他综合收益和利润分配以外的其他所有者权益变动而确认的所有者权益，应当按比例结转计入当期投资收益。

企业通过多次交易分步处置对子公司股权投资直至丧失控制权，如果上述交易属于“一揽子”交易的，应当将各项交易作为一项处置子公司股权投资并丧失控制权的交易进行会计处理。

但是，在丧失控制权之前每一次处置价款与所处置的股权对应的长期股权投资账面价值之间的差额，在个别财务报表中，应当先确认为其他综合收益，到丧失控制权时再一并转入丧失控制权的当期损益。

第三节 合营安排

一、概念及合营安排的认定

（一）合营安排

合营安排是指一项由两个或两个以上的参与方共同控制的安排。合营安排的主要特征包括：

1. 各参与方均受到该安排的约束。

2. 两个或两个以上的参与方对该安排实施共同控制。任何一个参与方都不能够单独控制该安排，对该安排具有共同控制的任何一个参与方均能够阻止其他参与方或参与方组合单独控制该安排。

（二）共同控制及判断原则

合营安排的一个重要特征是共同控制。共同控制是指按照相关约定对某项安排所共有的控制，并且该安排的相关活动必须经过分享控制权的参与方一致同意后才能决策。共同控制不同于控制，共同控制是由两个或两个以上的参与方实施，而控制由单一参与方实施。

在判断是否具有共同控制时，首先判断是否所有参与方或参与方组合集体控制该安排，其次再判断该安排相关活动的决策是否必须经过这些参与方一致同意。

1. 集体控制

如果所有参与方或一组参与方必须一致行动才能决定某项安排的相关活动，则称所有参与方或一组参与方集体控制该安排。在判断集体控制时，需要注意以下几点：

（1）集体控制不是单独一方控制。为了确定相关约定是否赋予参与方对该安排的共同控制，主体首先识别该安排的相关活动，然后确定哪些权利能够赋予参与方主导相关活动的权力。

如果某一个参与方能够单独主导该安排中的相关活动，则为控制。如果一组参与方或所有参与方联合起来才能够主导该安排中的相关活动，则为集体控制。

（2）尽管所有参与方联合起来一定能够控制该安排，但在集体控制下，集体控制该安排的组合指的是那些既能联合起来控制该安排，又使得参与方数量最少的一个或几个参与方组合。能够集体控制一项安排的参与方组合很可能不止一个。

2. 相关活动的决策

主体应当在确定是由参与方组合集体控制该安排，而不是某一参与方单独控制该安排后，再判断这些集体控制该安排的参与方是否控制该安排。当且仅当相关活动的决策要求集体控制该安排的参与方一致同意时，才存在共同控制。

存在共同控制时，有关合营安排相关活动的所有重大决策必须经分享控制权的各方一致同意。一致同意的规定保证了对合营安排具有共同控制的任何一个参与方均可以阻止其他参与方在未经其同意的情况下就相关活动单方面作出决策。

如果存在两个或两个以上的参与方组合能够集体控制某项安排的，不构成共同控制。

3. 争议解决机制

在分析合营安排的各方是否共同分享控制权时，要关注对于争议解决机制的安排。相关约定可能包括处理纠纷的条款，例如，关于仲裁的约定。这些条款可能允许具有共同控制的各参与方在没有达成一致意见的情况下进行决策。这些条款的存在不会妨碍该安排构成共同控制的判断，因此，也不会妨碍该安排成为合营安排。

但是，如果在各方未就相关活动的重大决策达成一致意见的情况下，其中一方具备“一票通过权”或者潜在表决权等特殊权力，则需要仔细分析，很可能具有特殊权力的一方实质上具备控制权。

4. 仅享有保护性权利的参与方不享有共同控制

保护性权利，是指仅为了保护权利持有人利益却没有赋予持有人对相关活动进行决策的一项权利。保护性权利通常只能在合营安排发生根本性改变或某些例外情况发生时才能够行使，它既没有赋予其持有人对合营安排拥有权力，也不能阻止其他参与方对合营安排拥有权力。

5. 一项安排的不同活动可能分别由不同的参与方或参与方组合主导

在不同阶段，一项安排可能发生不同的活动，从而导致不同参与方可能主导不同的相关活动，或者共同主导所有相关活动。不同参与方分别主导不同相关活动时，相关的参与方需要分别评估自身是否拥有主导对回报产生最重大影响的活动的权利，从而确定是否能够控制该项安排，而不是与其他参与方共同控制该项安排。

6. 综合评估多项相关协议

一项安排的各参与方之间可能存在多项相关协议。在单独考虑一份协议时，某参与方可能对合营安排具有共同控制，但在综合考虑该安排的目的和设计等所有情况时，该参与方实际上可能对该安排并不具有共同控制。因此，在判断是否存在共同控制时，需要综合考虑该多项相关协议。

（三）合营安排中的不同参与方

只要两个或两个以上的参与方对该安排实施共同控制，一项安排就可以被认定为合营安排，并不要求所有参与方都对该安排享有共同控制。对合营安排享有共同控制的参与方（分享控制权的参与方）被称为“合营方”；对合营安排不享有共同控制的参与方被称为“非合营方”。

（四）合营安排的分类

合营安排分为共同经营和合营企业。

共同经营，是指合营方享有该安排相关资产且承担该安排相关负债的合营安排。

合营企业，是指合营方仅对该安排的净资产享有权利的合营安排。

合营方应当根据其在合营安排的正常经营中享有的权利和承担的义务，来确定合营安排的分类。对权利和义务进行评价时，应当考虑该合营安排的结构、法律形式以及合营安排中约定的条款、其他相关事实和情况等因素。

合营安排是为不同目的而设立的（例如，参与方为了共同承担成本和风险，或者参与方为了获得新技术或新市场），可以采用不同的结构和法律形式。一些安排不要求采用单独主体形式开展活动，另一些安排则涉及构造单独主体。

在实务中，主体可以从合营安排是否通过单独主体达成为起点，判断一项合营安排是共同经营还是合营企业。

当合营安排未通过单独主体达成时，该合营安排为共同经营。在这种情况下，合营方通常通过相关约定享有与该安排相关资产的权利并承担与该安排相关负债的义务，同时享有相应收入的权利，并承担相应费用的责任，因此该合营安排应当划分为共同经营。

如果合营安排通过单独主体达成，在判断该合营安排是共同经营还是合营企业时通常首先分析单独主体的法律形式，法律形式不足以判断时，将法律形式与合同安排结合进行分析，法律形式和合同安排结合起来仍不足以判断时，进一步考虑其他事实和情况。

1. 单独主体的法律形式

各参与方应当根据该单独主体的法律形式，判断该安排是赋予参与方享有与安排相关资产的权利，并承担与安排相关负债的义务，还是赋予参与方享有该安排的净资产的权利。

在各参与方通过单独主体达成合营安排的情形下，当且仅当单独主体的法律形式没有将参与方和单独主体分离（即单独主体持有的资产和负债是各参与方的资产和负债）时，基于单独主体的法律形式赋予参与方权利和义务的判断，足以说明该合营安排是共同经营。

2. 合同安排

当单独主体的法律形式并不能将合营安排的资产的权利和对负债的义务授予该安排的参与方时，还需要进一步分析各参与方之间是否通过合同安排赋予该安排的参与方对合营安排资产的权利和对合营安排负债的义务。合同安排中常见的某些特征或者条款可能表明该安排为共同经营或者合营企业。

共同经营和合营企业对比：

对比项目	共同经营	合营企业
合营安排的条款	参与方对合营安排的相关资产享有权利并对相关负债承担义务	参与方对与合营安排有关的净资产享有权利，即单独主体（而不是参与方），享有与安排相关资产的权利，并承担与安排相关负债的义务
对资产的权利	参与方按照约定的比例分享合营安排的相关资产的全部利益（例如，权利、权属或所有权等）	资产属于合营安排，参与方并不对资产享有权利
对负债的义务	参与方按照约定的比例分担合营安排的成本、费用、债务及义务。第三方对该安排提出的索赔要求，参与方作为义务人承担赔偿责任	合营安排对自身的债务或义务承担责任。参与方仅以其自身对该安排认缴的投资额为限对该安排承担相应的义务。合营安排的债权方无权就该安排的债务对参与方进行追索
收入、费用及损益	合营安排建立了各参与方按照约定的比例（例如，按照各自所耗用的产能比例）分配收入和费用的机制。某些情况下，参与方按约定的份额比例享有合营安排产生的净损益不会必然使其被分类为合营企业，仍应当分析参与方对该安排相关资产的权利以及对该安排相关负债的义务	各参与方按照约定的份额比例享有合营安排产生的净损益
担保	参与方为合营安排提供担保（或提供担保的承诺）的行为本身并不直接导致一项安排被分类为共同经营	—

3. 其他事实和情况

如果一项安排的法律形式与合同安排均没有将该安排的资产的权利和对负债的义务授予该安排的参与方，则应考虑其他事实和情况，包括合营安排的目的和设计，其与参与方的关系及其现金流的来源等。

综合考虑该合营安排的其他相关事实和情况，表明参与方实质上享有合营安排所持资产几乎全部的经济利益，合营安排所产生的负债的清偿实质上也持续依赖于向参与方收取的产出的销售现金流，该合营安排的实质为共同经营。

在区分合营安排的类型时，需要了解该安排的目的和设计。如果合营安排同时具有以下特征，则表明该安排是共同经营：（1）各参与方实质上有权享有，并有义务接受由该安排资产产生的几乎所有经济利益（从而承担了该经济利益的相关风险，如价格风险、存货风险、需求风险等），如该安排所从事的活动主要是向合营方提供产出等；（2）持续依赖于合营方清偿该安排活动产生的负债，并维持该安排的运营。

在考虑“其他事实和情况”时，只有当该安排产生的负债的清偿持续依赖于合营方的支持时，该安排才为共同经营，即强调参与方实质上是该安排持续经营所需现金流的唯一来源。

4. 重新评估

企业对合营安排是否拥有共同控制权，以及评估该合营安排是共同经营还是合营企业，这需要企业予以判断并持续评估。在进行判断时，企业需要对所有相关的事实和情况加以考虑。

二、共同经营中合营方的会计处理

（一）一般会计处理原则

合营方应当确认其与共同经营中利益份额相关的下列项目，并按照相关企业会计准则的规定进行会计处理：

1. 确认单独所持有的资产，以及按其份额确认共同持有的资产；
2. 确认单独所承担的负债，以及按其份额确认共同承担的负债；
3. 确认出售其享有的共同经营产出份额所产生的收入；
4. 按其份额确认共同经营因出售产出所产生的收入；
5. 确认单独所发生的费用，以及按其份额确认共同经营发生的费用。

合营方可能将其自有资产用于共同经营，如果合营方保留了对这些资产的全部所有权或控制权，则这些资产的会计处理与合营方自有资产的会计处理并无差别。

合营方也可能与其他合营方共同购买资产来投入共同经营，并共同承担共同经营的负债，此时，合营方应当按照企业会计准则相关规定确认在这些资产和负债中的利益份额。如按照《企业会计准则第 4 号——固定资产》来确认在相关固定资产中的利益份额，按照金融工具确认和计量准则来确认在相关金融资产和金融负债中的份额。

共同经营通过单独主体达成时，合营方应确认按照上述原则单独所承担的负债，以及按本企业的份额确认共同承担的负债。但合营方对于因其他股东未按约定向合营安排提供资金，按照我国相关法律或相关合同约定等规定而承担连带责任的，从其规定，在会计处理上应遵循《企业会计准则第 13 号——或有事项》的要求。

有关合营合同的安排通常描述了该安排所从事活动的性质，以及各参与方打算共同开展这些活动的方式。例如，合营安排各参与方可能同意共同生产产品，每一参与方负责特定的任务，使用各自的资产，承担各自的负债。合同安排也可能规定了各参与方分享共同收入和分担共同费用的方式。在这种情况下，每一个合营方在其资产负债表上确认其用于完成特定任务的资产和负债，并根据相关约定确认相关的收入和费用份额。

（二）合营方向共同经营投出或者出售不构成业务的资产的会计处理

合营方向共同经营投出或出售资产等（该资产构成业务的除外），在共同经营将相关资产出售给第三方或相关资产消耗之前（即，未实现内部利润仍包括在共同经营持有的资产账

面价值中时），应当仅确认归属于共同经营其他参与方的利得或损失。交易表明投出或出售的资产发生符合《企业会计准则第 8 号——资产减值》等规定的资产减值损失的，合营方应当全额确认该损失。

（三）合营方自共同经营购买不构成业务的资产的会计处理

合营方自共同经营购买资产等（该资产构成业务的除外），在将该资产等出售给第三方之前（即，未实现内部利润仍包括在合营方持有的资产账面价值中时），不应当确认因该交易产生的损益中该合营方应享有的部分。即，此时应当确认因该交易产生的损益中归属于共同经营其他参与方的部分。

（四）合营方取得构成业务的共同经营的利益份额的会计处理

合营方取得共同经营中的利益份额，且该共同经营构成业务时，应当按照《企业会计准则第 20 号——企业合并》等相关准则进行相应的会计处理，但其他相关准则的规定不能与本章节的规定相冲突。企业应当按照《企业会计准则第 20 号——企业合并》等相关规定判断该共同经营是否构成业务。该处理原则不仅适用于收购现有的构成业务的共同经营中的利益份额，也适用于与其他参与方一起设立共同经营，且由于有其他参与方注入既存业务，使共同经营设立时即构成业务。

合营方增加其持有的一项构成业务的共同经营的利益份额时，如果合营方对该共同经营仍然是共同控制，则合营方之前持有的共同经营的利益份额不应按照新增投资日的公允价值重新计量。

三、共同经营中非合营方的会计处理

对共同经营不享有共同控制的参与方（非合营方），如果享有该共同经营相关资产且承担该共同经营相关负债的，比照合营方进行会计处理。

即，共同经营的参与方，不论其是否具有共同控制，只要能够享有共同经营相关资产的权利、并承担共同经营相关负债的义务，对在共同经营中的利益份额采用与合营方相同的会计处理。否则，应当按照相关企业会计准则的规定对其利益份额进行会计处理。

例如，如果该参与方对于合营安排的净资产享有权利并且具有重大影响，则按照《企业会计准则第 2 号——长期股权投资》等相关规定进行会计处理；如果该参与方对于合营安排的净资产享有权利并且无重大影响，则按照《企业会计准则第 22 号——金融工具确认和计量》等相关规定进行会计处理；向共同经营投出构成业务的资产的，以及取得共同经营的利益份额的，则按照《企业会计准则第 20 号——企业合并》及《企业会计准则第 33 号——合并财务报表》等相关规定进行会计处理。

第六章 投资性房地产

第一节 投资性房地产概述

一、投资性房地产的定义与特征

投资性房地产，是指为赚取租金或资本增值，或两者兼有而持有的房地产。投资性房地产应当能够单独计量和出售。

投资性房地产具有以下特征：

（1）投资性房地产是一种经营性活动。

投资性房地产的主要形式是出租建筑物、出租土地使用权，这实质上属于一种让渡资产使用权行为。房地产租金就是让渡资产使用权取得的使用费收入，是企业为完成其经营目标所从事的经营性活动以及与之相关的其他活动形成的经济利益总流入。

投资性房地产的另一种形式是持有并准备增值后转让的土地使用权，尽管其增值收益通常与市场供求、经济发展等因素相关，但目的是为了增值后转让以赚取增值收益，也是企业为完成其经营目标所从事的经营性活动以及与之相关的其他活动形成的经济利益总流入。

（2）投资性房地产在用途、状态、目的等方面区别于作为生产经营场所的房地产和用于销售的房地产。

二、投资性房地产的范围

（一）属于投资性房地产的项目

投资性房地产主要包括已出租的土地使用权、持有并准备增值后转让的土地使用权和已出租的建筑物。

1. 已出租的土地使用权

已出租的土地使用权，是指企业通过出让或转让方式取得并以经营租赁方式出租的土地使用权。企业计划用于出租但尚未出租的土地使用权，不属于此类。对于租入土地使用权再转租给其他单位的，不能确认为投资性房地产。

2. 持有并准备增值后转让的土地使用权

持有并准备增值后转让的土地使用权，是指企业通过出让或转让方式取得并准备增值后转让的土地使用权。但是，按照国家有关规定认定的闲置土地，不属于持有并准备增值后转让的土地使用权。

3. 已出租的建筑物

已出租的建筑物，是指企业拥有产权并出租的房屋等建筑物，包括自行建造或开发活动完成后用于出租的建筑物。

企业在判断和确认已出租的建筑物时，应当把握以下要点：

（1）用于出租的建筑物是指企业拥有产权的建筑物，企业租入再转租的建筑物不属于投资性房地产。

（2）已出租的建筑物是企业已经与其他方签订了租赁协议，约定以经营租赁方式出租的建筑物。一般应自租赁协议规定的租赁期开始日起，租出的建筑物才作为已出租的建筑物。

（3）企业将建筑物出租，按租赁协议向承租人提供的相关辅助服务在整个协议中不重大的，应当将该建筑物确认为投资性房地产。

例如，企业将其办公楼出租，同时向承租人提供维护、保安等日常辅助服务，企业应当将该办公楼确认为投资性房地产。

（二）不属于投资性房地产的项目

下列房地产不属于投资性房地产：

1. 自用房地产，即为生产商品、提供劳务或者经营管理而持有的房地产，包括自用建筑物和自用土地使用权。

2. 作为存货的房地产，通常指房地产开发企业在正常经营过程中销售的或为销售而正在开发的商品房和土地。

如果某项房地产部分用于赚取租金或资本增值、部分自用（即用于生产商品、提供劳务或经营管理），能够单独计量和出售的、用于赚取租金或资本增值的部分，应当确认为投资性房地产。

不能够单独计量和出售的、用于赚取租金或资本增值的部分，不确认为投资性房地产。该项房地产自用的部分，以及不能够单独计量和出售的、用于赚取租金或资本增值的部分，应当确认为固定资产或无形资产。

【例 6-1 · 多选题】房地产开发企业应将其确认为投资性房地产的有（　　）。

A. 已出租的自用写字楼

B. 转租给其他单位的土地使用权

C. 持有并准备增值后转让的土地使用权

D. 为销售而开发的房地产

【解析】租入再转租的土地使用权，不属于投资性房地产，选项 B 错误；房地产开发企业为销售而开发的房地产应作为存货核算，选项 D 错误。

【答案】AC

第二节　投资性房地产的确认条件和初始计量

一、投资性房地产的确认和初始计量

投资性房地产只有在符合定义，并同时满足下列条件时，才能予以确认：

（1）与该投资性房地产有关的经济利益很可能流入企业。

（2）该投资性房地产的成本能够可靠地计量。

投资性房地产初始计量时，应当按照成本进行计量。

（一）外购投资性房地产的确认条件和初始计量

企业外购投资性房地产时（购入时即对外出租或用于资本增值），应当按照取得时的实际成本进行初始计量。取得时的实际成本，包括购买价款、相关税费和可直接归属于该资产的其他支出。

采用成本模式进行后续计量的，企业应当在购入投资性房地产时，借记“投资性房地产”科目，贷记“银行存款”等科目；采用公允价值模式进行后续计量的，企业应当在购入投资性房地产时，借记“投资性房地产——成本”科目，贷记“银行存款”等科目。

（二）自行建造投资性房地产的确认条件和初始计量

自行建造投资性房地产（自行建造活动完成的同时开始对外出租或用于资本增值），其成本由建造该项资产达到预定可使用状态前发生的必要支出构成，包括土地开发费、建筑成本、安装成本、应予以资本化的借款费用、支付的其他费用和分摊的间接费用等。

采用成本模式进行后续计量的，应按照确定的自行建造投资性房地产成本，借记“投资性房地产”科目，贷记“在建工程”或“开发产品”科目。

采用公允价值模式进行后续计量的，应按照确定的自行建造投资性房地产成本，借记“投资性房地产——成本”科目，贷记“在建工程”或“开发产品”科目。

二、与投资性房地产有关的后续支出

（一）资本化的后续支出

与投资性房地产有关的后续支出，满足投资性房地产确认条件的，应当计入投资性房地产成本。例如，企业为了提高投资性房地产的使用效能，往往需要对投资性房地产进行改建、扩建而使其更加坚固耐用，或者通过装修而改善其室内装潢，改扩建或装修支出满足投资性房地产确认条件的，应当将其资本化。

采用成本模式计量的投资性房地产进入改扩建或装修阶段后，应当将其账面价值转入改扩建工程，借记“投资性房地产——在建”“投资性房地产累计折旧”等科目，贷记“投资性房地产”科目。

发生资本化的改良或装修支出，通过“投资性房地产——在建”科目归集，借记“投资性房地产——在建”科目，贷记“银行存款”“应付账款”等科目。改扩建或装修完成后，

借记“投资性房地产”科目，贷记“投资性房地产——在建”科目。

采用公允价值模式计量的投资性房地产进入改扩建或装修阶段后，应当将其账面价值转入改扩建工程，借记“投资性房地产——在建”科目，贷记“投资性房地产——成本”科目，借记或贷记“投资性房地产——公允价值变动”科目；在改扩建或装修完成后，借记“投资性房地产——成本”科目，贷记“投资性房地产——在建”科目。

企业对某项投资性房地产进行改扩建等再开发且将来仍作为投资性房地产的，再开发期间应继续将其作为投资性房地产，不计提折旧或摊销。

（二）费用化的后续支出

与投资性房地产有关的后续支出，不满足投资性房地产确认条件的，如企业对投资性房地产进行日常维护所发生的支出，应当在发生时计入当期损益，借记“其他业务成本”等科目，贷记“银行存款”等科目。

第三节　投资性房地产的后续计量

投资性房地产的后续计量有成本和公允价值两种模式，通常应当采用成本模式计量，满足特定条件时也可以采用公允价值模式计量。但是，同一企业只能采用一种模式对所有投资性房地产进行后续计量，不得同时采用两种计量模式。

一、采用成本模式计量的投资性房地产

企业通常应当采用成本模式对投资性房地产进行后续计量。采用成本模式进行后续计量的投资性房地产，应当遵循以下会计处理规定：

(1) 按照固定资产或无形资产的有关规定，按期（月）计提折旧或摊销，借记“其他业务成本”等科目，贷记“投资性房地产累计折旧”或“投资性房地产累计摊销”科目。

(2) 取得的租金收入，借记“银行存款”等科目，贷记“其他业务收入”等科目。

(3) 投资性房地产存在减值迹象的，适用资产减值的有关规定。经减值测试后确定发生减值的，应当计提减值准备，借记“资产减值损失”科目，贷记“投资性房地产减值准备”科目。

已经计提减值准备的投资性房地产，其减值损失在以后的会计期间不得转回。

二、采用公允价值模式计量的投资性房地产

只有存在确凿证据表明投资性房地产的公允价值能够持续可靠取得的情况下，企业才可以采用公允价值模式对投资性房地产进行后续计量。企业一旦选择采用公允价值模式计量，就应当对其所有投资性房地产均采用公允价值模式进行后续计量。

（一）采用公允价值模式计量的条件

采用公允价值模式进行后续计量的投资性房地产，应当同时满足以下两个条件：

(1) 投资性房地产所在地有活跃的房地产交易市场。

（2）企业能够从活跃的房地产交易市场上取得同类或类似房地产的市场价格及其他相关信息，从而对投资性房地产的公允价值作出合理的估计。

投资性房地产公允价值的确定可按照“第二十四章　公允价值计量”相关的内容进行掌握。

（二）采用公允价值模式计量的会计处理规定

采用公允价值模式进行后续计量的投资性房地产，应当遵循以下会计处理规定：

（1）不对投资性房地产计提折旧或摊销。企业应当以资产负债表日投资性房地产的公允价值为基础调整其账面价值，公允价值与原账面价值之间的差额计入当期损益。

资产负债表日，投资性房地产的公允价值高于原账面价值的差额，借记“投资性房地产——公允价值变动”科目，贷记“公允价值变动损益”科目；公允价值低于原账面价值的差额，作相反的账务处理。

（2）取得的租金收入，借记“银行存款”等科目，贷记“其他业务收入”等科目。

【例6-2·单选题】企业采用公允价值模式计量投资性房地产，下列各项会计处理的表述中，正确的是（　　）。

A. 资产负债表日应当对投资性房地产进行减值测试

B. 不需要对投资性房地产计提折旧或摊销

C. 取得的租金收入计入投资收益

D. 资产负债表日公允价值高于账面价值的差额计入其他综合收益

【解析】企业采用公允价值模式计量的投资性房地产，不计提折旧或摊销，也不进行减值测试计提减值准备，选项A错误，选项B正确；取得的租金收入计入其他业务收入，选项C错误；资产负债表日公允价值高于账面价值的差额计入公允价值变动损益，选项D错误。

【答案】B

三、投资性房地产后续计量模式的变更

为保证会计信息的可比性，企业对投资性房地产的计量模式一经确定，不得随意变更。只有在房地产市场比较成熟、能够满足采用公允价值模式条件的情况下，才允许企业对投资性房地产从成本模式计量变更为公允价值模式计量。

成本模式变更为公允价值模式的，应当作为会计政策变更处理，不考虑所得税的情况下，将计量模式变更时公允价值与账面价值的差额，调整期初留存收益。

投资性房地产后续计量模式变更的账务处理如下：

借：投资性房地产（变更日公允价值）
　　投资性房地产累计折旧/投资性房地产累计摊销
　　投资性房地产减值准备
　贷：投资性房地产（账面余额）
　　　盈余公积（或借方）
　　　利润分配——未分配利润（或借方）

已采用公允价值模式计量的投资性房地产，不得从公允价值模式变更为成本模式。

第四节　投资性房地产的转换和处置

一、房地产的转换

（一）房地产的转换形式及转换日

房地产的转换是指房地产用途的变更。企业不得随意对自用或作为存货的房地产进行重新分类。企业有确凿证据表明房地产用途发生改变，满足下列条件之一的，才应当将投资性房地产转换为其他资产或者将其他资产转换为投资性房地产：

1. 投资性房地产开始自用，即将投资性房地产转为自用房地产。在此种情况下，转换日为房地产达到自用状态，企业开始将其用于生产商品、提供劳务或者经营管理的日期。

2. 作为存货的房地产改为出租，通常指房地产开发企业将其持有的开发产品以经营租赁的方式出租，存货相应地转换为投资性房地产。在此种情况下，转换日为房地产的租赁期开始日。

3. 自用建筑物停止自用，改为出租。即企业将原本用于生产商品、提供劳务或者经营管理的房地产改用于出租，固定资产相应地转换为投资性房地产。在此种情况下，转换日为租赁期开始日。

4. 自用土地使用权停止自用，改用于赚取租金或资本增值。即企业将原本用于生产商品、提供劳务或者经营管理的土地使用权改用于赚取租金或资本增值，该土地使用权相应地转换为投资性房地产。在此种情况下，转换日为自用土地使用权停止自用后确定用于赚取租金或资本增值的日期。

5. 确凿证据表明房地产企业将用于经营出租的房地产重新开发用于对外销售，从投资性房地产转为存货。在这种情况下，转换日为租赁期满，企业董事会或类似机构作出书面决议明确表明将其重新开发用于对外销售的日期。

以上所指确凿证据包括两个方面：一是企业董事会或类似机构应当就改变房地产用途形成正式的书面决议；二是房地产因用途改变而发生实际状态上的改变，如从自用状态改为出租状态。

（二）房地产转换的会计处理

1. 成本模式下的转换

（1）投资性房地产转换为自用房地产。

账务处理如下：

借：固定资产/无形资产（账面余额）

　　投资性房地产累计折旧/投资性房地产累计摊销

　　投资性房地产减值准备

　贷：投资性房地产（账面余额）

　　　累计折旧/累计摊销

　　　固定资产减值准备/无形资产减值准备

（2）投资性房地产转换为存货。

账务处理如下：

借：开发产品（账面价值）

　　投资性房地产累计折旧/投资性房地产累计摊销

　　投资性房地产减值准备

　贷：投资性房地产（账面余额）

（3）自用房地产转换为投资性房地产。

账务处理如下：

借：投资性房地产（账面余额）

　　累计折旧/累计摊销

　　固定资产减值准备/无形资产减值准备

　贷：固定资产/无形资产（账面余额）

　　　投资性房地产累计折旧/投资性房地产累计摊销

　　　投资性房地产减值准备

（4）作为存货的房地产转换为投资性房地产。

账务处理如下：

借：投资性房地产（账面价值）

　　存货跌价准备

　贷：开发产品（账面余额）

2. 公允价值模式下的转换

（1）投资性房地产转换为自用房地产。

企业将采用公允价值模式计量的投资性房地产转换为自用房地产时，应当以其转换当日的公允价值作为自用房地产的账面价值，公允价值与原账面价值的差额计入当期损益。

账务处理如下：

借：固定资产/无形资产（公允价值）

　贷：投资性房地产——成本

　　　　　　　　　——公允价值变动（或借记）

　　　公允价值变动损益（或借记）

（2）投资性房地产转换为存货。

企业将采用公允价值模式计量的投资性房地产转换为存货时，应当以其转换当日的公允价值作为存货的账面价值，公允价值与原账面价值的差额计入当期损益。

账务处理如下：

借：开发产品（公允价值）

　贷：投资性房地产——成本

　　　　　　　　　——公允价值变动（或借记）

　　　公允价值变动损益（或借记）

(3) 自用房地产转换为投资性房地产。

账务处理如下：

借：投资性房地产——成本（公允价值）

　　累计折旧/累计摊销

　　固定资产减值准备/无形资产减值准备

　　公允价值变动损益（借方差额）

　贷：固定资产/无形资产（账面余额）

　　　其他综合收益（贷方差额）

【提示】待该项投资性房地产处置时，因转换计入其他综合收益的部分应转入当期损益。

(4) 作为存货的房地产转换为投资性房地产。

账务处理如下：

借：投资性房地产——成本（公允价值）

　　存货跌价准备

　　公允价值变动损益（借方差额）

　贷：开发产品（账面余额）

　　　其他综合收益（贷方差额）

【提示】待该项投资性房地产处置时，因转换计入其他综合收益的部分应转入当期损益。

【例 6-3·单选题】 企业将采用公允价值模式计量的投资性房地产转换为自用房地产时，转换日公允价值大于原账面价值的差额，将影响的财务报表项目是（　　）。

A. 其他收益　　　　B. 公允价值变动收益

C. 其他综合收益　　D. 资本公积

【解析】 将采用公允价值模式进行后续计量的投资性房地产转换为自用房地产时，转换日公允价值大于原账面价值的差额，记入“公允价值变动损益”科目，列示于财务报表“公允价值变动收益”项目。

【答案】 B

二、投资性房地产的处置

当投资性房地产被处置或者永久退出使用且预计不能从其处置中取得经济利益时，应当终止确认该项投资性房地产。

企业出售、转让、报废投资性房地产或者发生投资性房地产毁损，应当将处置收入扣除其账面价值和相关税费后的金额计入当期损益。此外，企业因其他原因，如非货币性资产交换等而减少投资性房地产，也属于投资性房地产的处置。

（一）成本模式计量的投资性房地产的处置

处置采用成本模式计量的投资性房地产时，应当按实际收到的金额，借记“银行存款”

等科目，贷记“其他业务收入”科目。

按该项投资性房地产的账面价值，借记“其他业务成本”科目，按其账面余额，贷记“投资性房地产”科目，按照已计提的折旧或摊销，借记“投资性房地产累计折旧”或“投资性房地产累计摊销”科目，原已计提减值准备的，借记“投资性房地产减值准备”科目。

（二）公允价值模式计量的投资性房地产的处置

处置采用公允价值模式计量的投资性房地产时，应当按实际收到的金额，借记“银行存款”等科目，贷记“其他业务收入”科目。

按该项投资性房地产的账面余额，借记“其他业务成本”科目，按其成本，贷记“投资性房地产——成本”科目，按其累计公允价值变动，贷记或借记“投资性房地产——公允价值变动”科目。

同时结转投资性房地产累计公允价值变动。若存在原转换日计入其他综合收益的金额，也一并结转。

【提示】公允价值模式计量的投资性房地产的账面余额一般与成本不是一个金额，因为“投资性房地产——成本”核算的是投资性房地产初始计量时的金额。

例如，自行建造投资性房地产的成本由建造该项资产达到预定可使用状态前发生的必要支出构成，包括土地开发费、建筑成本、安装成本、应予资本化的借款费用、支付的其他费用和分摊的间接费用等。

在公允价值模式计量的投资性房地产后续计量中，应当以资产负债表日投资性房地产的公允价值为基础调整其账面价值，即投资性房地产的账面价值中还包含累计确认的公允价值变动。由于公允价值模式计量的投资性房地产不计提折旧或摊销，也不存在减值问题，因此公允价值模式计量的投资性房地产的账面余额与其账面价值相等。

第七章　资产减值

第一节　资产减值概述

一、资产减值的概念及其范围

资产减值，是指资产的可收回金额低于其账面价值。本章所指资产，包括单项资产和资产组。

由于企业不同的资产特性不同，其减值的会计处理也有差异，适用的会计准则因此也不一样。本章涉及的资产主要是企业的非流动资产，具体包括对子公司、联营企业和合营企业的长期股权投资，采用成本模式进行后续计量的投资性房地产，固定资产，无形资产，探明石油天然气矿区权益和井及相关设施等。

二、资产可能发生减值的迹象

企业应当在资产负债表日判断资产是否存在可能发生减值的迹象。如果资产存在发生减值的迹象，应当进行减值测试，估计资产的可收回金额。

资产存在减值迹象是资产需要进行减值测试的必要前提，但对于企业合并所形成的商誉和使用寿命不确定的无形资产，无论是否存在减值迹象，至少应当每年进行减值测试。

资产可能发生减值的迹象，主要可从企业外部信息来源和企业内部信息来源两方面加以判断。

1. 从企业外部信息来源判断

从企业外部信息来源看，以下情况均属于资产可能发生减值的迹象，企业需要据此估计资产的可收回金额，确定是否需要确认减值损失：

（1）资产的市价当期大幅度下跌，其跌幅明显高于因时间的推移或者正常使用而预计的下跌幅度。

（2）企业经营所处的经济、技术或者法律等环境以及资产所处的市场在当期或者将在近期发生重大变化，从而对企业产生不利影响。

（3）市场利率或者其他市场投资报酬率在当期已经提高，从而影响企业计算资产预计未来现金流量现值的折现率，导致资产可收回金额大幅度降低。

2. 从企业内部信息判断

从企业内部信息来源看，以下情况均属于资产可能发生减值的迹象，企业需要据此估计资产的可收回金额，确定是否需要确认减值损失：

（1）有证据表明资产已经陈旧过时或者其实体已经损坏。

（2）资产已经或者将被闲置、终止使用或者计划提前处置。

（3）企业内部报告的证据表明资产的经济绩效已经低于或者将低于预期，如资产所创造的净现金流量或者实现的营业利润（或者亏损）远远低于（或者高于）预计金额等。

第二节　资产可收回金额的计量和减值损失的确定

一、资产可收回金额计量的基本要求

资产存在可能发生减值迹象的，企业应当进行减值测试，估计可收回金额。可收回金额低于账面价值的，应当按照可收回金额低于账面价值的差额，计提减值准备，确认减值损失。

资产的可收回金额，应当根据资产的公允价值减去处置费用后的净额与资产预计未来现金流量的现值两者之间较高者确定。

因此，估计资产的可收回金额，通常需要同时估计该资产的公允价值减去处置费用后的净额和资产预计未来现金流量的现值。但是在下列情况下，可以有例外或者特殊考虑：

（1）资产的公允价值减去处置费用后的净额与资产预计未来现金流量的现值，只要有一项超过了资产的账面价值，就表明资产没有发生减值，不需要再估计另一项金额。

（2）如果没有确凿证据或者理由表明，资产预计未来现金流量现值显著高于其公允价值减去处置费用后的净额，可以将资产的公允价值减去处置费用后的净额视为资产的可收回金额。

如企业持有待售的非流动资产，该资产在持有期间（处置之前）产生的现金流量可能很少，其最终取得的未来现金流量往往就是资产的处置净流入。在这种情况下，以资产的公允价值减去处置费用后的净额作为其可收回金额是恰当的，因为该类资产的未来现金流量现值通常不会显著高于其公允价值减去处置费用后的净额。

（3）以前报告期间的计算结果表明，资产可收回金额显著高于其账面价值，之后又没有发生消除这一差异的交易或者事项的，资产负债表日可以不重新估计该资产的可收回金额。

（4）以前报告期间的计算与分析表明，资产可收回金额相对于某种减值迹象反应不敏感，在本报告期间又发生了该减值迹象的，可以不因该减值迹象的出现而重新估计该资产的可收回金额。

例如，当期市场利率或市场投资报酬率上升，对计算资产未来现金流量现值采用的折现率影响不大的，可以不重新估计资产的可收回金额。

二、资产的公允价值减去处置费用后净额的确定

资产的公允价值减去处置费用后的净额，通常反映的是资产如果被出售或者处置时可以收回的净现金流入。资产的公允价值，是指市场参与者在计量日发生的有序交易中，出售一项资产所能收到的价格。

有序交易，是指在计量日前一段时期内相关资产或负债具有惯常市场活动的交易。清算等被迫交易不属于有序交易。

处置费用，是指可以直接归属于资产处置的增量成本，包括与资产处置有关的法律费用、相关税费、搬运费以及为使资产达到可销售状态所发生的直接费用等，但是财务费用和所得税费用等不包括在内。

资产的公允价值减去处置费用后的净额，应当按照下列顺序确定：

首先，应当根据公平交易中资产的销售协议价格减去可直接归属于该资产处置费用的金额确定。

其次，在资产不存在销售协议但存在活跃市场的情况下，应当根据该资产的市场价格减去处置费用后的净额确定。资产的市场价格通常应当按照资产的买方出价确定。如果难以获得资产在资产负债表日买方出价的，企业可以将资产最近的交易价格作为其公允价值减去处置费用后的净额的估计基础，其前提是在此期间，有关经济、市场环境等没有发生重大变化。

最后，在既不存在资产销售协议又不存在活跃市场的情况下，企业应当以可获取的最佳信息为基础，根据在资产负债表日假定处置该资产，熟悉情况的交易双方自愿进行公平交易愿意提供的交易价格减去资产处置费用后的净额，估计资产的公允价值减去处置费用后的净额。在实务中，该净额可以参考同行业类似资产的最近交易价格或者结果进行估计。

企业按照上述顺序仍然无法可靠估计资产的公允价值减去处置费用后的净额的，应当以该资产预计未来现金流量的现值作为其可收回金额。

三、资产预计未来现金流量现值的确定

资产预计未来现金流量的现值，应当按照资产在持续使用过程中和最终处置时所产生的预计未来现金流量，选择恰当的折现率对其进行折现后的金额加以确定。预计资产未来现金流量的现值，需要综合考虑资产的预计未来现金流量、资产的使用寿命和折现率三个因素。其中，资产使用寿命的预计与固定资产、无形资产准则等规定的使用寿命预计方法相同。

（一）资产未来现金流量的预计

1. 预计资产未来现金流量的基础

预计资产未来现金流量时，企业管理层应当在合理和有依据的基础上对资产剩余使用寿命内整个经济状况进行最佳估计，并将资产预计未来现金流量的估计，建立在经企业管理层批准的最近财务预算或者预测数据的基础上。

出于数据的可靠性和便于操作等方面的考虑，建立在财务预算或者预测基础上的预计未来现金流量最多涵盖 5 年，企业管理层如能证明更长的期间是合理的，可以涵盖更长的期间。

在经济环境经常变化的情况下，资产的实际现金流量与预计数往往会有出入，而且预计资产未来现金流量时的假设也有可能发生变化，因此，企业管理层在每次预计资产未来现金流量时，应当分析以前期间现金流量预计数与现金流量实际数的差异情况，以评判预计当期现金流量所依据假设的合理性。

通常情况下，企业管理层应当确保当期预计现金流量所依据的假设与前期实际结果相一致。

2. 预计资产未来现金流量应当包括的内容

（1）资产持续使用过程中预计产生的现金流入。

（2）为实现资产持续使用过程中产生的现金流入所必需的预计现金流出（包括为使资产达到预定可使用状态所发生的现金流出）。该现金流出应当是可直接归属于或者可通过合理和一致的基础分配到资产中的现金流出，后者通常是指那些与资产直接相关的间接费用。

对于在建工程、开发过程中的无形资产等，企业在预计其未来现金流量时，应当包括预期为使该类资产达到预定可使用（或可销售）状态而发生的全部现金流出数。

（3）资产使用寿命结束时，处置资产所收到或者支付的净现金流量。该现金流量应当是在公平交易中，熟悉情况的交易双方自愿进行交易时，企业预期可从资产的处置中获取的、减去预计处置费用后的金额。

3. 预计资产未来现金流量应当考虑的因素

（1）以资产的当前状况为基础预计资产未来现金流量。

企业资产在使用过程中有时会因为改良、重组等原因发生变化。在预计资产未来现金流量时，企业应当以资产的当前状况为基础，不应当包括与将来可能会发生的、尚未作出承诺的重组事项或者与资产改良有关的预计未来现金流量。

但是，企业未来发生的现金流出，如果是为了维持资产正常运转或者资产正常产出水平而必要的支出或者属于资产维护支出，应当在预计资产未来现金流量时将其考虑在内。

企业已经承诺重组的，在确定资产的未来现金流量现值时，预计的未来现金流入和流出数，应当反映重组所能节约的费用和由重组所带来的其他利益，以及因重组所导致的估计未来现金流出数。

其中，重组所能节约的费用和由重组所带来的其他利益，通常应当根据企业管理层批准的最近财务预算或者预测数据进行估计；因重组所导致的估计未来现金流出数应当根据或有事项准则确认的因重组所发生的预计负债金额进行估计。

（2）预计资产未来现金流量不应当包括筹资活动和与所得税收付有关的现金流量。

预计资产未来现金流量不应当包括筹资活动产生的现金流入或流出，主要是因为筹资活动与经营活动性质不同，筹资活动产生的现金流量不应当纳入资产的预计未来现金流量，而且，筹集资金的货币时间价值已经通过折现因素考虑在内。

预计资产未来现金流量现值采用的折现率是建立在所得税前的基础上，预计资产未来现金流量也应当以所得税前为基础，从而可以有效地避免计算资产预计未来现金流量现值过程中可能出现的重复计算等问题。

（3）对通货膨胀因素的考虑应当和折现率相一致。

企业预计资产未来现金流量和折现率时，应当在一致的基础上考虑因一般通货膨胀而导致物价上涨等因素的影响。

如果折现率考虑了这一影响因素，预计资产未来现金流量也应当考虑这一影响因素；如果折现率没有考虑这一影响因素，预计资产未来现金流量也不应当考虑这一影响因素。

总之，在考虑通货膨胀影响因素问题上，预计资产未来现金流量和确定折现率，应当保持一致。

（4）对内部转移价格应当予以调整。

在部分企业或企业集团，出于整体发展战略的考虑，某些资产生产的产品或者其他产出可能供企业或者企业集团内部其他企业使用或者对外销售，所确定的交易价格或者结算价格建立在内部转移价格的基础上，而内部转移价格很可能与市场交易价格不同。

在这种情况下，为了如实估计资产的可收回金额，企业不应当以内部转移价格为基础预计资产未来现金流量，而应当采用在公平交易中企业管理层能够达成的最佳未来价格估计数进行估计。

【例 7-1·多选题】下列各项中，企业对固定资产进行减值测试时，预计其未来现金流量应考虑的因素有（　　）。

A. 与所得税收付有关的现金流量

B. 资产使用寿命结束时处置资产所收到的现金流量

C. 筹资活动产生的现金流量

D. 资产持续使用过程中产生的现金流量

【解析】预计资产未来现金流量考虑的因素不应当包括筹资活动和与所得税收付有关的现金流量，选项 A 和 C 不正确。

【答案】BD

4. 预计资产未来现金流量的方法

预计资产未来现金流量，通常应当根据资产未来期间最有可能产生的现金流量进行预测，即，使用单一的未来每期预计现金流量和单一的折现率计算资产未来现金流量现值。

在实务中，如果影响资产未来现金流量的因素较多，不确定性较大，使用单一的现金流量可能并不能如实反映资产创造现金流量的实际情况。此时，如果采用期望现金流量法更为合理，企业应当采用期望现金流量法预计资产未来现金流量，即，资产未来现金流量应当根据每期现金流量期望值进行预计，每期现金流量期望值按照各种可能情况下的现金流量乘以相应的发生概率加总计算。

预计资产未来现金流量现值时，如果资产未来现金流量的发生时间不确定，企业应当根据资产在每一种情况下的现值乘以相应的发生概率加总计算。

（二）折现率的预计

在资产减值测试中，计算资产未来现金流量现值时所使用的折现率应当是反映当前市场货币时间价值和资产特定风险的税前利率。该折现率是企业在购置或者投资资产时所要求的必要报酬率。

预计资产未来现金流量时如果企业已经对资产特定风险的影响作了调整，估计折现率时不需要考虑这些特定风险；如果用于估计折现率的基础是所得税后的，应当将其调整为所得税前的折现率，以便与资产未来现金流量的估计基础相一致。

企业确定折现率时，通常应当以该资产的市场利率为依据。如果该资产的市场利率无法从市场获得，可以使用替代利率估计折现率。在估计替代利率时，企业应当充分考虑资产剩余使用寿命期间的货币时间价值和其他相关因素，如资产未来现金流量金额及其时间的预计离散程度、资产内在不确定性的定价等。如果预计资产未来现金流量已经对这些因素作了有关调整，应当予以剔除。

企业在估计替代利率时，可以根据企业的加权平均资金成本、增量借款利率或者其他相关市场借款利率作适当调整后确定。调整时，应当考虑与资产预计现金流量有关的特定风险以及其他有关货币风险和价格风险等。

企业在估计资产未来现金流量现值时，通常应当使用单一的折现率。但是，如果资产未来现金流量的现值对未来不同期间的风险差异或者利率的期限结构反应敏感，企业应当在未来不同期间采用不同的折现率。

（三）资产未来现金流量现值的确定

在预计资产的未来现金流量和折现率的基础上，企业将该资产的预计未来现金流量按照预计折现率在预计期限内予以折现后，即可确定该资产未来现金流量的现值。

计算公式如下：

$$\text{资产未来现金流量的现值（PV）}=\sum \frac{\text{第 t 年预计资产未来现金流量（}NCF_t\text{）}}{[1+\text{折现率（R）}]^t}$$

（四）外币未来现金流量及其现值的确定

预计资产的未来现金流量如果涉及外币，企业应当按照下列步骤确定资产未来现金流量的现值：

首先，应当以该资产所产生的未来现金流量的结算货币为基础预计其未来现金流量，并按照该货币适用的折现率计算资产预计未来现金流量的现值。

其次，将该外币现值按照计算资产未来现金流量现值当日的即期汇率进行折算，从而折算成按照记账本位币表示的资产未来现金流量的现值。

【总结】先折现，再折算。

最后，在该现值基础上，将其与资产公允价值减去处置费用后的净额相比较，确定其可收回金额，再根据可收回金额与资产账面价值相比较，确定是否需要确认减值损失以及确认多少减值损失。

【例7-2·判断题】资产负债表日，企业对未来现金流量为外币的固定资产进行减值测试时，应当以资产负债表日的即期汇率对未来外币现金流量的现值进行折算。（　　）

【答案】√

四、资产减值损失的确定及其账务处理

（一）资产减值损失的确定

企业在对资产进行减值测试并计算确定资产的可收回金额后，如果资产的可收回金额低于账面价值，应当将资产的账面价值减记至可收回金额，减记的金额确认为资产减值损失，计入当期损益，同时计提相应的资产减值准备。资产的账面价值是指资产成本扣减累计折旧（或累计摊销）和累计减值准备后的金额。

资产减值损失确认后，减值资产的折旧或者摊销费用应当在未来期间作相应调整，以使该资产在剩余使用寿命内，系统地分摊调整后的资产账面价值（扣除预计净残值）。

如固定资产计提了减值准备后，固定资产账面价值为抵减了计提的固定资产减值准备后的金额，因此，在以后会计期间对该固定资产计提折旧时，应当以固定资产的账面价值（扣除预计净残值）为基础计算每期的折旧额。

资产减值准则规定，资产减值损失一经确认，在以后会计期间不得转回。资产报废、出售、对外投资、以非货币性资产交换方式换出、通过债务重组抵偿债务等符合资产终止确认条件的，企业应当将相关资产减值准备予以转销。

【例 7-3·单选题】 企业的下列各项资产中，以前计提减值准备的影响因素已消失的，应在已计提的减值准备金额内转回的是（　　）。

A. 固定资产　　B. 商誉

C. 原材料　　D. 长期股权投资

【解析】 资产减值准则规范的资产（包括固定资产、长期股权投资和商誉等），资产减值损失一经计提，在以后持有资产的会计期间不得转回，选项 A、B 和 D 错误，选项 C 正确。

【答案】 C

（二）资产减值损失的账务处理

借：资产减值损失

　贷：固定资产减值准备/无形资产减值准备/长期股权投资减值准备等

第三节　资产组减值的处理

一、资产组的认定

如果有迹象表明一项资产可能发生减值，企业应当以单项资产为基础估计其可收回金额。在企业难以对单项资产的可收回金额进行估计的情况下，应当以该资产所属的资产组为基础确定资产组的可收回金额，并据此判断是否需要计提资产减值准备以及应当计提多少资产减值准备。

（一）资产组的概念

资产组，是指企业可以认定的最小资产组合，其产生的现金流入应当基本上独立于其他资产或资产组产生的现金流入。资产组应当由与创造现金流入相关的资产构成。

（二）认定资产组应当考虑的因素

1. 资产组的认定，应当以资产组产生的主要现金流入是否独立于其他资产或者资产组的现金流入为依据。资产组能否独立产生现金流入是认定资产组的最关键因素。

【举例 1】 企业的某一生产线、营业网点、业务部门等，如果能够独立于其他部门或者单位等形成收入、产生现金流入，或者其形成的收入和现金流入绝大部分独立于其他部门或者单位，并且属于可认定的最小资产组合的，通常应将该生产线、营业网点、业务部门等认定为一个资产组。

企业在认定资产组时，如果几项资产的组合生产的产品（或者其他产出）存在活跃市场，即使部分或者所有这些产品（或者其他产出）均供内部使用，也表明这几项资产的组合能够独立产生现金流入，在符合其他相关条件的情况下，应当将这些资产的组合认定为资产组。

2. 资产组的认定，应当考虑企业管理层管理生产经营活动的方式（如是按照生产线、业务种类还是按照地区或者区域等）和对资产的持续使用或者处置的决策方式等。

【举例2】 企业各生产线都是独立生产、管理和监控的，则各生产线很可能应当认定为单独的资产组；如果某些机器设备是相互关联、相互依存，且其使用和处置是一体化决策的，则这些机器设备很可能应当认定为一个资产组。

（三）资产组认定后不得随意变更

资产组一经确定，在各个会计期间应当保持一致，不得随意变更，即资产组各项资产的构成通常不能随意变更。

但是，企业如果由于重组、变更资产用途等原因，导致资产组的构成确需变更的，企业可以进行变更，但企业管理层应当证明该变更是合理的，并应当在附注中作出说明。

二、资产组可收回金额和账面价值的确定

资产组的可收回金额，应当按照该资产组的公允价值减去处置费用后的净额与其预计未来现金流量的现值两者之间较高者确定。

资产组账面价值的确定基础应当与其可收回金额的确定方式相一致。资产组的账面价值包括可直接归属于资产组与可以合理和一致地分摊至资产组的资产账面价值，通常不应包括已确认负债的账面价值。这是因为估计资产组可收回金额时，既不包括与该资产组的资产无关的现金流量，也不包括与已在财务报表中确认的负债有关的现金流量。

资产组在处置时如要求购买者承担一项负债（如环境恢复负债等）、该负债金额已经确认并计入相关资产账面价值，而且企业只能取得包括上述资产和负债在内的单一公允价值减去处置费用后的净额的，为了比较资产组的账面价值和可收回金额，在确定资产组的账面价值及其预计未来现金流量的现值时，应当将已确认的负债金额从中扣除。

三、资产组减值测试

资产组减值测试的原理和单项资产相同，即企业需要估计资产组（包括资产组组合）的可收回金额并计算资产组的账面价值，并将两者进行比较，如果资产组的可收回金额低于其账面价值，应当按照差额确认相应的减值损失。减值损失金额应当按照下列顺序进行分摊：

首先，抵减分摊至资产组中商誉的账面价值。

其次，根据资产组中除商誉之外的其他各项资产的账面价值所占比重，按比例抵减其他各项资产的账面价值。

以上资产账面价值的抵减，应当作为各单项资产（包括商誉）的减值损失处理，计入当期损益。

抵减后的各资产的账面价值不得低于以下三者之中最高者：该资产的公允价值减去处置费用后的净额（如可确定的）、该资产预计未来现金流量的现值（如可确定的）和零。因此而导致的未能分摊的减值损失金额，应当按照相关资产组中其他各项资产的账面价值所占比重继续进行分摊。

四、总部资产减值测试

企业总部资产包括企业集团或其事业部的办公楼、电子数据处理设备、研发中心等资产。总部资产的显著特征是难以脱离其他资产或者资产组产生独立的现金流入，其账面价值也难以完全归属于某一资产组。总部资产通常难以单独进行减值测试，需要结合其他相关资产组或者资产组组合进行。

资产组组合，是指由若干个资产组组成的最小资产组组合，包括资产组或者资产组组合，以及按合理方法分摊的总部资产部分。

在资产负债表日，如果有迹象表明某项总部资产可能发生减值，企业应当计算确定该总部资产所归属的资产组或者资产组组合的可收回金额，然后将其与相应的账面价值进行比较，据以判断是否需要确认资产减值损失。

企业在对某一资产组进行减值测试时，应当先认定所有与该资产组相关的总部资产，再根据相关总部资产能否按照合理和一致的基础分摊至该资产组，分别下列情况进行处理：

（1）对于相关总部资产能够按照合理和一致的基础分摊至该资产组的部分，应当将该部分总部资产的账面价值分摊至该资产组，再据以比较该资产组的账面价值（包括已分摊的总部资产的账面价值部分）和可收回金额，并按照前述有关资产组减值损失处理顺序和方法处理。

（2）对于相关总部资产难以按照合理和一致的基础分摊至该资产组的，应当按照下列步骤进行处理：

①在不考虑相关总部资产的情况下，估计和比较资产组的账面价值和可收回金额，并按照前述有关资产组减值损失处理顺序和方法处理。

②认定由若干个资产组组成的最小的资产组组合，该资产组组合应当包括所测试的资产组与可以按照合理和一致的基础将该总部资产的账面价值分摊其上的部分。

③比较所认定的资产组组合的账面价值（包括已分摊的总部资产的账面价值部分）和可收回金额，并按照前述有关资产组减值损失处理顺序和方法处理。

④经上述减值测试并调整相应资产账面价值后，比较包括未分摊的总部资产在内的资产组组合的账面价值与可收回金额，并按照前述资产减值损失处理顺序和方法处理。

第八章　金融资产和金融负债

第一节　金融资产和金融负债的确认和分类

金融工具是指形成一方的金融资产并形成其他方的金融负债或权益工具的合同。金融工具一般包括金融资产、金融负债和权益工具，也可能包括一些尚未确认的项目。

一、金融资产的分类

企业应当根据其管理金融资产的业务模式和金融资产的合同现金流量特征，将金融资产划分为以下三类：①以摊余成本计量的金融资产；②以公允价值计量且其变动计入其他综合收益的金融资产；③以公允价值计量且其变动计入当期损益的金融资产。

上述分类一经确定，不得随意变更。

（一）企业管理金融资产的业务模式

1. 业务模式评估

企业管理金融资产的业务模式，是指企业如何管理其金融资产以产生现金流量。业务模式决定企业所管理金融资产现金流量的来源是收取合同现金流量、出售金融资产还是两者兼有。

企业确定其管理金融资产的业务模式时，应当注意以下方面：

（1）企业应当在金融资产组合的层次上确定管理金融资产的业务模式，而不必按照单项金融资产逐项确定业务模式。

（2）一个企业可能会采用多个业务模式管理其金融资产。例如，企业持有一组以收取合同现金流量为目标的投资组合，同时还持有另一组既以收取合同现金流量为目标又以出售该金融资产为目标的投资组合。

（3）企业应当以企业关键管理人员决定的对金融资产进行管理的特定业务目标为基础，确定管理金融资产的业务模式。

（4）企业的业务模式并非企业自愿指定，通常可以从企业为实现其设定目标而开展的特定活动中得以反映。

（5）企业不得以按照合理预期不会发生的情形为基础确定管理金融资产的业务模式。

此外，只要企业在评估业务模式时已经考虑了当时所有可获得的相关信息，即使金融资产实际现金流量的实现方式不同于评估业务模式时的预期，这并不构成企业财务报表的前期差错，也不改变企业在该业务模式下持有的剩余金融资产的分类。但是，企业在评估新的金融资产的业务模式时，应当考虑这些信息。

2. 以收取合同现金流量为目标的业务模式

在以收取合同现金流量为目标的业务模式下，企业管理金融资产旨在通过在金融资产存续期内收取合同付款来实现现金流量，而不是通过持有并出售金融资产产生整体回报。

3. 以收取合同现金流量和出售金融资产为目标的业务模式

在同时以收取合同现金流量和出售金融资产为目标的业务模式下，企业的关键管理人员认为收取合同现金流量和出售金融资产对于实现其管理目标而言都是不可或缺的。相对于以收取合同现金流量为目标的业务模式，此业务模式涉及的出售通常频率更高、金额更大。因为出售金融资产是此业务模式的目标之一，在该业务模式下不存在出售金融资产的频率或者价值的明确界限。

4. 其他业务模式

如果企业管理金融资产的业务模式不是以收取合同现金流量为目标，也不是以收取合同现金流量和出售金融资产为目标，则该企业管理金融资产的业务模式是其他业务模式。例如，企业持有金融资产的目的是交易性的或者基于金融资产的公允价值作出决策并对其进行管理。在这种情况下，企业管理金融资产的目标是通过出售金融资产以实现现金流量。即使企业在持有金融资产的过程中会收取合同现金流量，企业管理金融资产的业务模式也不是以收取合同现金流量和出售金融资产为目标，因为收取合同现金流量对实现该业务模式目标来说只是附带性质的活动。

（二）金融资产的合同现金流量特征

金融资产的合同现金流量特征，是指金融工具合同约定的、反映相关金融资产经济特征的现金流量属性。如果一项金融资产在特定日期产生的合同现金流量仅为对本金和以未偿付本金金额为基础的利息的支付（即符合“本金加利息的合同现金流量特征”），则该金融资产的合同现金流量特征与基本借贷安排相一致。

本金是指金融资产在初始确认时的公允价值，本金金额可能因提前还款等原因在金融资产的存续期内发生变动；利息包括对货币时间价值、与特定时期未偿付本金金额相关的信用风险，以及其他基本借贷风险（如流动性风险）、成本（如管理费用）和利润的对价。

如果金融资产合同中包含与基本借贷安排无关的合同现金流量风险敞口或波动性敞口（例如权益价格或商品价格变动敞口）的条款，则此类合同不符合本金加利息的合同现金流量特征。

货币时间价值是利息要素中仅因为时间流逝而提供对价的部分，不包括为所持有金融资产的其他风险或成本提供的对价，但货币时间价值要素有时可能存在修正。在货币时间价值要素存在修正的情况下，企业应当对相关修正进行评估，以确定其是否满足上述合同现金流量特征的要求。此外，金融资产包含可能导致其合同现金流量的时间分布或金额发生变更的合同条款（如包含提前还款特征）的，企业应当对相关条款进行评估（如评估提前还款特征的公允价值是否非常小），以确定其是否满足上述合同现金流量特征的要求。

（三）金融资产的具体分类

1. 以摊余成本计量的金融资产

金融资产同时符合下列条件的，应当分类为以摊余成本计量的金融资产：

（1）企业管理该金融资产的业务模式是以收取合同现金流量为目标。

（2）该金融资产的合同条款规定，在特定日期产生的现金流量，仅为对本金和以未偿付本金金额为基础的利息的支付。

例如，银行向企业客户发放的固定利率贷款，在没有其他特殊安排的情况下，贷款通常可能符合本金加利息的合同现金流量特征。如果银行管理该贷款的业务模式是以收取合同现金流量为目标，则该贷款可以分类为以摊余成本计量的金融资产。

【例 8-1 · 单选题】 甲公司对其购入债券的业务管理模式是以收取合同现金流量为目标。该债券的合同条款规定，在特定日期产生的现金流量，仅为对本金和以未偿还本金金额为基础的利息的支付。不考虑其他因素，甲公司应将该债券投资分类为（　　）。

A. 其他货币资金

B. 以公允价值计量且其变动计入当期损益的金融资产

C. 以公允价值计量且其变动计入其他综合收益的金融资产

D. 以摊余成本计量的金融资产

【解析】 甲公司管理金融资产的业务模式是以收取合同现金流量为目标，合同条款规定在特定日期产生的现金流量仅为对本金和以未偿付本金金额为基础的利息的支付，应该划分为以摊余成本计量的金融资产。

【答案】 D

2. 以公允价值计量且其变动计入其他综合收益的金融资产

金融资产同时符合下列条件的，应当分类为以公允价值计量且其变动计入其他综合收益的金融资产：

（1）企业管理该金融资产的业务模式既以收取合同现金流量为目标又以出售该金融资产为目标。

（2）该金融资产的合同条款规定，在特定日期产生的现金流量，仅为对本金和以未偿付本金金额为基础的利息的支付。

3. 以公允价值计量且其变动计入当期损益的金融资产

企业分类为以摊余成本计量的金融资产和以公允价值计量且其变动计入其他综合收益的金融资产之外的金融资产，应当分类为以公允价值计量且其变动计入当期损益的金融资产。例如，企业持有的股票（非指定）、基金、可转换债券等。

此外，在初始确认时，如果能够消除或显著减少会计错配，企业可以将金融资产指定为以公允价值计量且其变动计入当期损益的金融资产。该指定一经作出，不得撤销。

（四）金融资产分类的特殊规定

权益工具投资一般不符合本金加利息的合同现金流量待征，因此应当分类为以公允价值计量且其变动计入当期损益的金融资产。然而在初始确认时，企业可以将非交易性权益工具投资指定为以公允价值计量且其变动计入其他综合收益的金融资产，并按照规定确认股利收入计入当期损益。该指定一经作出，不得撤销。

金融资产或金融负债满足下列条件之一的，表明企业持有该金融资产或承担该金融负债的目的是交易性的：

1. 取得相关金融资产或承担相关金融负债的目的，主要是为了近期出售或回购。

2. 相关金融资产或金融负债在初始确认时属于集中管理的可辨认金融工具组合的一部分，且有客观证据表明近期实际存在短期获利模式。在这种情况下，即使组合中有某个组成项目持有的期限稍长也不受影响。其中，“金融工具组合”指金融资产组合或金融负债组合。

3. 相关金融资产或金融负债属于衍生工具。但符合财务担保合同定义的衍生工具以及被指定为有效套期工具的衍生工具除外。例如，未作为套期工具的利率互换或外汇期权。

只有不符合上述条件的非交易性权益工具投资才可以进行该指定。

（五）不同类金融资产之间的重分类

企业改变其管理金融资产的业务模式时，应当对所有受影响的相关金融资产进行重分类。业务模式未发生改变的，企业不得对相关金融资产进行重分类。

企业对金融资产进行重分类，应当自重分类日起采用未来适用法进行相关会计处理，不得对以前已经确认的利得、损失（包括减值损失或利得）或利息进行追溯调整。重分类日，是指导致企业对金融资产进行重分类的业务模式发生变更后的首个报告期间的第一天。例如，甲公司决定于2×23年3月12日改变其管理某金融资产的业务模式，则重分类日为2×23年4月1日（即下一个季度会计期间的期初）；乙公司决定于2×23年10月23日改变其管理某金融资产的业务模式，则重分类日为2×24年1月1日。

企业管理金融资产业务模式的变更是一种极其少见的情形。只有当企业开始或终止某项对其经营影响重大的活动时（例如，当企业收购、处置或终止某一业务时），其管理金融资产的业务模式才会发生变更。

以下情形不属于业务模式变更：

1. 企业持有特定金融资产的意图改变。企业即使在市场状况发生重大变化的情况下改变对特定资产的持有意图，也不属于业务模式变更。

2. 金融资产特定市场暂时性消失从而暂时影响金融资产出售。

3. 金融资产在企业具有不同业务模式的各部门之间转移。

需要注意的是，如果企业管理金融资产的业务模式没有发生变更，而金融资产的条款发生变更但未导致终止确认的，不允许重分类。如果金融资产条款发生变更导致金融资产终止确认的，不涉及重分类问题，企业应当终止确认原金融资产，同时按照变更后的条款确认一项新金融资产。

二、金融负债的分类

企业的金融负债，一般包括应付账款、应付票据和应付债券等。需要注意的是，预收账款不是金融负债。

除下列各项外，企业应当将金融负债分类为以摊余成本计量的金融负债：

（1）以公允价值计量且其变动计入当期损益的金融负债，包括交易性金融负债（含属于金融负债的衍生工具）和指定为以公允价值计量且其变动计入当期损益的金融负债。

（2）不符合终止确认条件的金融资产转移或继续涉入被转移金融资产所形成的金融负债。

（3）不属于上述（1）或（2）情形的财务担保合同，以及不属于上述（1）情形的、以低于市场利率贷款的贷款承诺。

在非同一控制下的企业合并中，企业作为购买方确认的或有对价形成金融负债的，该金融负债应当按照以公允价值计量且其变动计入当期损益进行会计处理。

企业对金融负债的分类一经确定，不得变更。

【例 8-2 · 判断题】 在特定条件下，企业可以将以公允价值计量且其变动计入当期损益的金融负债重分类为以摊余成本计量的金融负债。（　　）

【解析】 企业对金融负债的分类一经确定，不得变更。

【答案】 ×

第二节　金融资产和金融负债的计量

一、金融资产和金融负债的初始计量

企业初始确认金融资产或金融负债，应当按照公允价值计量。对于以公允价值计量且其变动计入当期损益的金融资产和金融负债，相关交易费用应当直接计入当期损益；对于其他类别的金融资产或金融负债，相关交易费用应当计入初始确认金额。

交易费用，是指可直接归属于购买、发行或处置金融工具的增量费用。增量费用是指企业没有发生购买、发行或处置相关金融工具的情形就不会发生的费用，包括支付给代理机构、咨询机构、券商、证券交易所、政府有关部门等的手续费、佣金、相关税费以及其他必要支出，不包括债券溢价、折价、融资费用、内部管理成本和持有成本等与交易不直接相关的费用。

企业取得金融资产所支付的价款中包含的已宣告但尚未发放的利息或现金股利，应当单独确认为应收项目处理。

二、金融资产和金融负债的后续计量

（一）金融资产的后续计量

1. 金融资产后续计量原则

金融资产的后续计量与金融资产的分类密切相关。企业应当对不同类别的金融资产，分别以摊余成本、以公允价值计量且其变动计入其他综合收益或以公允价值计量且其变动计入当期损益进行后续计量。

2. 以摊余成本计量的金融资产的会计处理

（1）实际利率法

实际利率法，是指计算金融资产或金融负债的摊余成本以及将利息收入或利息费用分摊计入各会计期间的方法。

实际利率，是指将金融资产或金融负债在预计存续期的估计未来现金流量，折现为该金融资产账面余额（不考虑减值）或该金融负债摊余成本所使用的利率。在确定实际利率时，应当在考虑金融资产或金融负债所有合同条款（如提前还款、展期、看涨期权或其他类似期权等）的基础上估计预期现金流量，但不应当考虑预期信用损失。

合同各方之间支付或收取的、属于实际利率组成部分的各项费用、交易费用及溢价或折价等，应当在确定实际利率时予以考虑。

（2）摊余成本

金融资产或金融负债的摊余成本，应当以该金融资产或金融负债的初始确认金额经下列调整后的结果确定：

①扣除已偿还的本金。

②加上或减去采用实际利率法将该初始确认金额与到期日金额之间的差额进行摊销形成的累计摊销额。

③扣除计提的累计信用减值准备（仅适用于金融资产）。

（3）具体会计处理

①企业取得以摊余成本计量的债权投资

借：债权投资——成本（面值）

　　　　　　——利息调整（差额，或贷方）

　　应收利息（支付的价款中包含的已到付息期但尚未领取的利息）

　贷：银行存款等

②资产负债表日

a. 计提利息

借：应收利息（面值×票面利率）（分期付息、一次还本）

　　债权投资——应计利息（面值×票面利率）（到期一次还本付息）

　贷：投资收益（期初账面余额/期初摊余成本×实际利率）

　　　债权投资——利息调整（差额，或借方）

b. 计提减值准备

借：信用减值损失

　贷：债权投资减值准备

③出售以摊余成本计量的债权投资

借：银行存款等

　　债权投资减值准备

　贷：债权投资——成本

　　　　　　——应计利息

　　　　　　——利息调整（或借方）

　　投资收益(差额，或借方)

【例 8-3·单选题】 2×23 年 1 月 1 日，甲公司支付 1947 万元从二级市场购入乙公司当日发行的期限为 3 年、按年付息、到期偿还面值的公司债券。该债券的面值为 2000 万元，票面年利率为 5%，实际年利率为 6%。甲公司将该债券分类为以摊余成本计量的金融资产。不考虑其他因素，2×23 年 12 月 31 日，该债券投资的账面价值是（　　）万元。

A. 1930. 18　　B. 1963. 82　　C. 1947　　D. 2063. 82

【解析】 2×23 年 12 月 31 日，该债券投资的账面价值=1947×（1+6%）−2000×5%=1963. 82（万元）。

【答案】 B

3. 以公允价值计量且其变动计入其他综合收益的金融资产的会计处理

（1）企业取得以公允价值计量且其变动计入其他综合收益的金融资产

借：其他债权投资——成本（面值）

　　　　　　　——利息调整（差额，或贷方）

　　应收利息（支付的价款中包含的已到付息期但尚未领取的利息）

　贷：银行存款等

（2）资产负债表日

①计提利息

借：应收利息（面值×票面利率）（分期付息、一次还本）

　　其他债权投资——应计利息（面值×票面利率）（到期一次还本付息）

　贷：投资收益（期初账面余额/期初摊余成本×实际利率）

　　其他债权投资——利息调整（差额，或借方）

②公允价值变动

借：其他债权投资——公允价值变动

　贷：其他综合收益——其他债权投资公允价值变动

或相反分录。

③计提减值准备

借：信用减值损失

　贷：其他综合收益——信用减值准备

（3）出售以公允价值计量且其变动计入其他综合收益的金融资产

借：银行存款等

　贷：其他债权投资——成本

　　　　　　　　——应计利息

　　　　　　　　——利息调整（或借方）

　　　　　　　　——公允价值变动（或借方）

　　投资收益(差额，或借方)

借：其他综合收益——其他债权投资公允价值变动

　贷：投资收益

或相反分录。

借：其他综合收益——信用减值准备

　贷：投资收益

【例 8-4 · 多选题】 下列各项交易或事项中，将导致企业所有者权益总额变动的有（　）。

A. 账面价值与公允价值不同的债权投资重分类为其他债权投资

B. 其他债权投资发生减值

C. 其他权益工具投资的公允价值发生变动

D. 权益法下收到被投资单位发放的现金股利

【解析】 选项 A，账面价值与公允价值不同的债权投资重分类为其他债权投资，差额计入其他综合收益，会影响所有者权益总额；

选项 B，其他债权投资发生减值，应借记“信用减值损失”科目，贷记“其他综合收益”科目，不影响所有者权益总额；

选项 C，其他权益工具投资公允价值变动计入其他综合收益，会影响所有者权益总额；

选项 D，权益法下收到被投资单位发放的现金股利，借记“银行存款”科目，贷记“应收股利”科目，不影响所有者权益总额。

【答案】 AC

4. 以公允价值计量且其变动计入当期损益的金融资产的会计处理

（1）企业取得以公允价值计量且其变动计入当期损益的金融资产

借：交易性金融资产——成本

　　投资收益(发生的交易费用)

　　应收利息/应收股利（已到付息期但尚未领取的利息或已宣告但尚未发放的现金股利）

　贷：银行存款等

（2）①若为股权投资，持有期间被投资单位宣告发放现金股利

借：应收股利

　贷：投资收益

②若为债券投资，资产负债表日计提利息

借：应收利息

　贷：投资收益

（3）资产负债表日，公允价值变动

借：交易性金融资产——公允价值变动

　贷：公允价值变动损益

或相反分录。

（4）出售以公允价值计量且其变动计入当期损益的金融资产

借：银行存款等

　贷：交易性金融资产——成本

　　　　　　　　　——公允价值变动（或借方）

　　投资收益（差额，或借方）

【例8-5·单选题】2×22年8月1日，甲公司以银行存款602万元（含交易费用2万元）购入乙公司股票，分类为以公允价值计量且其变动计入当期损益的金融资产。2×22年12月31日，甲公司所持乙公司股票的公允价值为700万元。2×23年1月5日，甲公司将所持乙公司股票以750万元的价格全部出售，并支付交易费用3万元，实际取得款项747万元。不考虑其他因素，甲公司出售所持乙公司股票对其2×23年度营业利润的影响金额是（　　）万元。

A. 145　　B. 147　　C. 50　　D. 47

【解析】甲公司出售所持乙公司股票对其2×23年度营业利润的影响金额=（750－3）－700=47（万元），选项D正确。

【答案】D

5. 指定为以公允价值计量且其变动计入其他综合收益的非交易性权益工具投资的会计处理

（1）企业取得指定为以公允价值计量且其变动计入其他综合收益的非交易性权益工具投资

借：其他权益工具投资——成本

　　应收股利（已宣告但尚未发放的现金股利）

　贷：银行存款等

（2）资产负债表日，公允价值变动

借：其他权益工具投资——公允价值变动

　贷：其他综合收益——其他权益工具投资公允价值变动

或相反分录。

（3）出售指定为以公允价值计量且其变动计入其他综合收益的非交易性权益工具投资

借：银行存款等

　贷：其他权益工具投资——成本

　　　　　　　　　　——公允价值变动（或借方）

　　盈余公积（或借方）

　　利润分配——未分配利润（或借方）

借：其他综合收益——其他权益工具投资公允价值变动

　贷：盈余公积

　　利润分配——未分配利润

或相反分录。

6. 金融资产之间重分类的会计处理

（1）以摊余成本计量的金融资产的重分类

①企业将一项以摊余成本计量的金融资产重分类为以公允价值计量且其变动计入当期损益的金融资产的，应当按照该金融资产在重分类日的公允价值进行计量，原账面价值与公允价值之间的差额计入当期损益（公允价值变动损益）。

相关会计分录如下：

借：交易性金融资产（重分类日公允价值）

　　债权投资减值准备

　贷：债权投资

　　公允价值变动损益（差额，或借方）

②企业将一项以摊余成本计量的金融资产重分类为以公允价值计量且其变动计入其他综合收益的金融资产的，应当按照该金融资产在重分类日的公允价值进行计量，原账面价值与公允价值之间的差额计入其他综合收益。该金融资产重分类不影响其实际利率和预期信用损失的计量。

相关会计分录如下：

借：其他债权投资（重分类日公允价值）

　贷：债权投资

　　其他综合收益（差额，或借方）

借：债权投资减值准备

　贷：其他综合收益

（2）以公允价值计量且其变动计入其他综合收益的金融资产的重分类

①企业将一项以公允价值计量且其变动计入其他综合收益的金融资产重分类为以摊余成本计量的金融资产的，应当将之前计入其他综合收益的累计利得或损失转出，调整该金融资产在重分类日的公允价值，并以调整后的金额作为新的账面价值，即视同该金融资产一直以摊余成本计量。该金融资产重分类不影响其实际利率和预期信用损失的计量。

相关会计分录如下：

借：债权投资

　贷：其他债权投资

　　其他综合收益(差额，或借方)

借：其他综合收益

　贷：债权投资减值准备

②企业将一项以公允价值计量且其变动计入其他综合收益的金融资产重分类为以公允价值计量且其变动计入当期损益的金融资产的，应当继续以公允价值计量该金融资产。同时，企业应当将之前计入其他综合收益的累计利得或损失从其他综合收益转入当期损益。

【例8-6·多选题】 下列各项中，应将之前计入其他综合收益的累计利得或损失从其他综合收益转入当期损益的有（　　）。

A. 出售以公允价值计量且其变动计入其他综合收益的债券投资

B. 将以公允价值计量且其变动计入其他综合收益的债券投资重分类为以公允价值计量且其变动计入当期损益的金融资产

C. 将以公允价值计量且其变动计入其他综合收益的债券投资重分类为以摊余成本计量的金融资产

D. 出售指定为以公允价值计量且其变动计入其他综合收益的非交易性权益工具投资

【解析】 选项C，重分类时将以前计入其他综合收益的累计利得或损失冲回，对应计入其他债权投资或调整减值，不应该转入当期损益；选项D，出售指定为以公允价值计量且其变动计入其他综合收益的非交易性权益工具投资，应将出售时公允价值与账面价值的差额计入留存收益，同时将持有期间因公允价值变动确认的其他综合收益转入留存收益。

【答案】 AB

（3）以公允价值计量且其变动计入当期损益的金融资产的重分类

①企业将一项以公允价值计量且其变动计入当期损益的金融资产重分类为以摊余成本计量的金融资产的，应当以其在重分类日的公允价值作为新的账面余额。

②企业将一项以公允价值计量且其变动计入当期损益的金融资产重分类为以公允价值计量且其变动计入其他综合收益的金融资产的，应当继续以公允价值计量该金融资产。

对以公允价值计量且其变动计入当期损益的金融资产进行重分类的，企业应当根据该金融资产在重分类日的公允价值确定其实际利率。同时，企业应当自重分类日起对该金融资产适用金融工具减值的相关规定，并将重分类日视为初始确认日。

（二）金融负债的后续计量

1. 金融负债后续计量原则

企业应当按照以下原则对金融负债进行后续计量：

（1）以公允价值计量且其变动计入当期损益的金融负债，应当按照公允价值进行后续计量。

（2）上述金融负债以外的金融负债，除特殊规定外，应当按摊余成本进行后续计量。

【例 8-7·多选题】 制造企业的下列各项负债中，应当采用摊余成本进行后续计量的有（　　）。

A. 应付债券　　　　　　B. 长期应付款

C. 长期借款　　　　　　D. 交易性金融负债

【解析】 交易性金融负债按公允价值进行后续计量，选项 D 错误。

【答案】 ABC

2. 金融负债后续计量的会计处理

（1）对于以公允价值进行后续计量的金融负债，其公允价值变动形成的利得或损失，除与套期会计有关外，应当计入当期损益。

【例 8-8·多选题】 2×23 年 7 月 1 日，甲公司经批准公开发行 50000 万元短期融资券，期限为 1 年，票面年利率为 3%，到期一次还本付息。甲公司将该短期融资券指定为以公允价值计量且其变动计入当期损益的金融负债。2×23 年 12 月 31 日，该短期融资券的公允价值为 50200 万元（不含利息）。甲公司当期的信用风险未发生变动，该短期融资券的利息不满足借款费用资本化条件。不考虑其他因素，甲公司 2×23 年度与该短期融资券相关的各项会计处理表述中，正确的有（　　）。

A. 2×23 年度财务费用为 750 万元

B. 2×23 年 12 月 31 日应付利息的账面价值为 750 万元

C. 2×23 年度公允价值变动损失为 200 万元

D. 2×23 年 12 月 31 日交易性金融负债的账面价值为 50000 万元

【解析】 2×23 年度财务费用 = 50000×3%/2 = 750（万元），借记"财务费用"科目，贷记"应付利息"科目，选项 A 和 B 正确；2×23 年度交易性金融负债的公允价值变动损失 = 50200−50000 = 200（万元），选项 C 正确；2×23 年 12 月 31 日交易性金融负债的账面价值为 50200 万元，选项 D 错误。

【答案】 ABC

（2）以摊余成本计量且不属于任何套期关系一部分的金融负债所产生的利得或损失，应当在终止确认时计入当期损益或在按照实际利率法摊销时计入相关期间损益。

【例 8-9·单选题】 2×23 年 1 月 1 日，甲公司以 2100 万元的价格发行期限为 5 年、分期付息、到期偿还面值、不可提前赎回的债券，发行费用为 13.46 万元。实际收到发行所得 2086.54 万元。该债券的面值为 2000 万元，票面年利率为 6%，实际年利率为 5%，每年利息在次年 1 月 1 日支付。不考虑其他因素，2×23 年 1 月 1 日该应付债券的初始入账金额是（　　）万元。

A. 2000　　　　　　B. 2100

C. 2113.46　　　　　　D. 2086.54

【解析】2×23 年 1 月 1 日该应付债券的初始入账金额为实际收到的发行价款 2086.54 万元，选项 D 正确。

【答案】D

三、金融工具的减值

（一）预期信用损失法概述

金融工具的减值采用预期信用损失法。在预期信用损失法下，减值准备的计提不以减值的实际发生为前提，而是以未来可能的违约事件造成的损失的期望值来计量当前（资产负债表日）应当确认的减值准备。

预期信用损失，是指以发生违约的风险为权重的金融工具信用损失的加权平均值。其中，发生违约的风险，可以理解为发生违约的概率。

信用损失，是指企业按照原实际利率折现的、根据合同应收的所有现金流量与预期能收到的所有现金流量之间的差额，即全部现金短缺的现值。

需要注意的是，由于预期信用损失考虑收款的金额和时间分布，因此如果实际收款时间比合同规定的时间晚，即使企业能够全额收回合同约定的金额，也会产生信用损失。

企业应当以预期信用损失为基础，对下列项目确认损失准备：

（1）以摊余成本计量的金融资产和分类为以公允价值计量且其变动计入其他综合收益的金融资产；

（2）租赁应收款；

（3）合同资产；

（4）部分贷款承诺和财务担保合同。

（二）金融工具减值的三个阶段

企业应当在每个资产负债表日评估相关金融工具的信用风险自初始确认后是否已显著增加，因此可以将购买或源生时未发生信用减值的金融工具发生信用减值的过程分为三个阶段，分别进行会计处理：

1. 第一阶段：信用风险自初始确认后未显著增加。

对于处于该阶段的金融工具，企业应当按照未来 12 个月的预期信用损失计量损失准备，并按其账面余额（即未扣除减值准备）和实际利率计算利息收入（若该工具为金融资产，下同）。

2. 第二阶段：信用风险自初始确认后已显著增加但尚未发生信用减值。

对于处于该阶段的金融工具，企业应当按照该工具整个存续期的预期信用损失计量损失准备，并按其账面余额和实际利率计算利息收入。

3. 第三阶段：初始确认后发生信用减值。

对于处于该阶段的金融工具，企业应当按照该工具整个存续期的预期信用损失计量损失准备，但对利息收入的计算不同于处于前两阶段的金融资产。对于已发生信用减值的金融资产，企业应当按其摊余成本（账面余额减已计提减值准备）和实际利率计算利息收入。

（三）特殊情形

在以下两类情形下，企业无须就金融工具初始确认时的信用风险与资产负债表日的信用风险进行比较分析。

1. 较低信用风险

如果企业确定金融工具的违约风险较低，借款人在短期内履行其支付合同现金流量义务的能力很强，并且即使较长时期内经济形势和经营环境存在不利变化，也不一定会降低借款人履行其支付合同现金流量义务的能力，那么该金融工具可被视为具有较低的信用风险。对于在资产负债表日具有较低信用风险的金融工具，企业可以不用与其初始确认时的信用风险进行比较，而直接作出该工具的信用风险自初始确认后未显著增加的假定。

2. 应收款项、租赁应收款和合同资产

企业对于收入准则所规定的、不含重大融资成分（包括不考虑不超过一年的合同中融资成分的情况）的应收款项和合同资产，应当始终按照整个存续期内预期信用损失的金额计量其损失准备（企业对这种简化处理没有选择权）。

企业对包含重大融资成分的应收款项、合同资产和租赁准则规范的租赁应收款，可以选择始终按照相当于整个存续期内预期信用损失的金额计量其损失准备（企业对这种简化处理有选择权、且可分别对应收款项、合同资产和应收租赁款作出不同的会计政策选择）。

（四）预期信用损失的计量

1. 对于金融资产，信用损失应为企业依照合同应收取的合同现金流量与预期能收到的现金流量之间差额的现值。

对于购买或源生时未发生信用减值，但在后续资产负债表日已发生信用减值的金融资产，信用损失应当基于该金融资产的账面余额与按原实际利率折现的预计未来现金流量的现值之间的差额。

2. 对于财务担保合同，信用损失应为企业就合同持有人发生的信用损失向其作出赔付的预期付款额，减去企业预期向该合同持有人、债务人或其他方收取的金额之间差额的现值。

（五）金融工具减值的账务处理

1. 减值准备的计提和转回

企业应当在资产负债表日计算金融工具（或金融工具组合）预期信用损失。如果该预期信用损失大于该工具（或组合）当前减值准备的账面金额，企业应当将其差额确认为减值损失。

相关会计分录如下：

借：信用减值损失

　贷：贷款损失准备

　　　债权投资减值准备

　　　坏账准备

　　　预计负债（用于贷款承诺及财务担保合同）

　　　其他综合收益（用于以公允价值计量且其变动计入其他综合收益的债权类资产）

如果资产负债表日计算的预期信用损失小于该工具（或组合）当前减值准备的账面金额（例如，从按照整个存续期预期信用损失计量损失准备转为按照未来 12 个月预期信用损失计量损失准备时，可能出现这一情况），则应当将差额确认为减值利得，作相反的会计分录。

2. 已发生信用损失金融资产的核销

企业实际发生信用损失，认定相关金融资产无法收回，经批准予以核销的，应当根据批准的核销金额，借记"贷款损失准备"等科目，贷记相应的资产科目，如"贷款""应收账款""合同资产"等。若核销金额大于已计提的损失准备，还应按其差额借记"信用减值损失"科目。

第三节　金融资产和金融负债的终止确认

一、金融资产的终止确认

金融资产终止确认，是指企业将之前确认的金融资产从其资产负债表中予以转出。金融资产满足下列条件之一的，应当终止确认：

（1）收取该金融资产现金流量的合同权利终止。

（2）该金融资产已转移，且该转移满足《企业会计准则第 23 号——金融资产转移》关于终止确认的规定。

金融资产的一部分满足下列条件之一的，企业应当将终止确认的规定适用于该金融资产部分，除此之外，企业应当将终止确认的规定适用于该金融资产整体：

（1）该金融资产部分仅包括金融资产所产生的特定可辨认现金流量。如企业就某债务工具与转入方签订一项利息剥离合同，合同规定转入方有权获得该债务工具利息现金流量，但无权获得该债务工具本金现金流量，终止确认的规定适用于该债务工具的利息现金流量。

（2）该金融资产部分仅包括与该金融资产所产生的全部现金流量完全成比例的现金流量部分。如企业就某债务工具与转入方签订转让合同，合同规定转入方拥有获得该债务工具全部现金流量一定比例的权利，终止确认的规定适用于该债务工具全部现金流量一定比例的部分。

（3）该金融资产部分仅包括与该金融资产所产生的特定可辨认现金流量完全成比例的现金流量部分。如企业就某债务工具与转入方签订转让合同，合同规定转入方拥有获得该债务工具利息现金流量一定比例的权利，终止确认的规定适用于该债务工具利息现金流量一定比例的部分。

二、金融负债的终止确认

金融负债终止确认，是指企业将之前确认的金融负债从其资产负债表中予以转出。金融

负债（或其一部分）的现时义务已经解除的，企业应当终止确认该金融负债（或该部分金融负债）。

符合以下两种情况之一时，表明金融负债（或部分金融负债）的现时义务已经解除：

（1）债务人通过履行义务（如偿付债务）解除了金融负债（或部分金融负债）的现时义务。这种情况下债务人通常使用现金、其他金融资产等方式偿债。

（2）债务人通过法定程序（如法院裁定）或债权人（如债务豁免），合法解除了债务人对金融负债（或部分金融负债）的主要责任。

第九章　职工薪酬

第一节　职工薪酬概述

一、职工的概念

职工，是指与企业订立劳动合同的所有人员，含全职、兼职和临时职工，也包括虽未与企业订立劳动合同但由企业正式任命的人员。具体而言，职工至少应当包括以下人员：

1. 与企业订立劳动合同的所有人员，含全职、兼职和临时职工。与企业订立了固定期限、无固定期限和以完成一定工作作为期限的劳动合同的人员均属于职工。

2. 未与企业订立劳动合同但由企业正式任命的人员，如企业按照有关规定聘请的独立董事、外部监事等，虽然其未与企业订立劳动合同，但属于由企业正式任命的人员，也属于职工的范畴。

3. 在企业的计划和控制下，虽未与企业订立劳动合同或未由其正式任命，但向企业提供的服务与职工所提供服务类似的人员，也属于职工的范畴，如通过企业与劳务中介公司签订用工合同而向企业提供服务的人员。

二、职工薪酬的概念和内容

（一）职工薪酬的概念

职工薪酬，是指企业为获得职工提供的服务或解除劳动关系而给予的各种形式的报酬或补偿。企业提供给职工配偶、子女、受赡养人，已故员工遗属及其他受益人等的福利，也属于职工薪酬。

（二）职工薪酬的内容

职工薪酬主要包括短期薪酬、离职后福利、辞退福利和其他长期职工福利。

1. 短期薪酬，是指企业在职工提供相关服务的年度报告期间结束后12个月内将全部予以支付的职工薪酬，因解除与职工的劳动关系给予的补偿除外。

短期薪酬主要包括：

（1）职工工资、奖金、津贴和补贴，是指企业按照构成工资总额的计时工资、计件工资、支付给职工的超额劳动报酬等的劳动报酬。

（2）职工福利费，是指企业向职工提供的生活困难补助、丧葬补助费、抚恤费、职工异地安家费、防暑降温费等职工福利支出。

（3）医疗保险费和工伤保险费等社会保险费。

（4）住房公积金。

(5) 工会经费和职工教育经费，是指企业为改善职工文化生活以及为职工学习先进技术、提高文化水平和业务素质，用于开展工会活动和职工教育及职业技能培训等的相关支出。

(6) 短期带薪缺勤，是指职工虽然缺勤但企业仍向其支付报酬的安排，包括年休假、病假、短期伤残、婚假、产假、丧假、探亲假等。长期带薪缺勤属于其他长期职工福利。

(7) 短期利润分享计划，是指因职工提供服务而与职工达成的基于利润或其他经营成果提供薪酬的协议。长期利润分享计划属于其他长期职工福利。

(8) 其他短期薪酬，是指除上述薪酬以外的其他为获得职工提供的服务而给予的短期薪酬。

【例 9-1 · 多选题】 下列各项中，企业应作为短期薪酬进行会计处理的有（　　）。

A. 由企业负担的职工医疗保险费

B. 向职工发放的高温补贴

C. 由企业负担的职工住房公积金

D. 向职工发放的工资

【答案】 ABCD

2. 离职后福利，是指企业为获得职工提供的服务而在职工退休或与企业解除劳动关系后提供的各种形式的报酬和福利，属于短期薪酬和辞退福利的除外。

离职后福利计划，是指企业与职工就离职后福利达成的协议，或者企业为向职工提供离职后福利制定的规章或办法等。离职后福利计划按照企业承担的风险和义务情况，可以分为设定提存计划和设定受益计划。其中，设定提存计划，是指企业向独立的基金缴存固定费用后，不再承担进一步支付义务的离职后福利计划。设定受益计划，是指除设定提存计划以外的离职后福利计划。

3. 辞退福利，是指企业在职工劳动合同到期之前解除与职工的劳动关系或为鼓励职工自愿接受裁减而给予职工的补偿。辞退福利主要包括：

(1) 职工劳动合同尚未到期前，不论职工本人是否愿意，企业决定解除与职工的劳动关系而给予的补偿。

(2) 职工劳动合同尚未到期前，为鼓励职工自愿接受裁减而给予的补偿，职工有权利选择继续在职或接受补偿离职。

4. 其他长期职工福利，是指除短期薪酬、离职后福利、辞退福利之外所有的职工薪酬，包括长期带薪缺勤、长期残疾福利、长期利润分享计划等。

第二节　短期薪酬的确认和计量

企业应当在职工为其提供服务的会计期间，将实际发生的短期薪酬确认为负债，并计入当期损益，其他相关会计准则要求或允许计入资产成本的除外。

一、一般短期薪酬的确认和计量

（一）职工工资、津贴和补贴以及社会保险费等

1. 企业发生的职工工资、津贴和补贴等短期薪酬，应当在职工为其提供服务的会计期间，根据职工提供服务情况和工资标准等计算应计入职工薪酬的工资总额。

2. 企业为职工缴纳的医疗保险费、工伤保险费、生育保险费等社会保险费和住房公积金，以及按规定提取的工会经费和职工教育经费，应当在职工为其提供服务的会计期间，根据规定的计提基础和计提比例计算确定相应的职工薪酬金额。

3. 企业发生的职工福利费，应当在实际发生时根据实际发生额确定相应的职工薪酬金额。

计提/发生时	发放时
借：生产成本/制造费用/管理费用/销售费用等 　贷：应付职工薪酬	借：应付职工薪酬 　贷：银行存款等

（二）非货币性福利

企业向职工提供非货币性福利的，应当按照公允价值为基础计量。

1. 企业以自产产品作为非货币性福利提供给职工的，应当按照该产品的公允价值和相关税费确定职工薪酬金额，并计入当期损益或相关资产成本。相关收入的确认、销售成本的结转以及相关税费的处理，与企业正常商品销售的会计处理相同。

2. 企业以外购商品作为非货币性福利提供给职工的，应当按照该商品的公允价值和相关税费确定职工薪酬的金额，并计入当期损益或相关资产成本。

【例9-2·单选题】 甲公司系增值税一般纳税人，其生产的M产品对外销售适用的增值税税率为13%。2×21年6月30日，甲公司将单位生产成本为0.8万元的100件M产品作为福利发放给职工，M产品的公允价值和计税价格均为1万元/件。不考虑其他因素，2×21年6月30日甲公司计入职工薪酬的金额是（　　）万元。

A. 113　　B. 90.4　　C. 80　　D. 100

【解析】 2×21年6月30日甲公司计入职工薪酬的金额=1×100×（1+13%）=113（万元），选项A正确。

【答案】 A

二、短期带薪缺勤的确认和计量

短期带薪缺勤应当根据其性质及其职工享有的权利，分为累积带薪缺勤和非累积带薪缺勤。

（一）累积带薪缺勤

累积带薪缺勤，是指带薪权利可以结转下期的带薪缺勤，本期尚未用完的带薪缺勤权利可以在未来期间使用。

企业应当在职工提供了服务从而增加了其未来享有的带薪缺勤权利时，确认与累积带薪缺勤相关的职工薪酬，并以累积未行使权利而增加的预期支付金额计量。

对于未行使的累积带薪缺勤权利，职工在离开企业时能够获得现金支付的，企业应当确认企业必须支付的、职工全部累积未使用权利的金额。企业应当根据资产负债表日因累积未使用权利而导致的预期支付的追加金额，作为累积带薪缺勤费用进行预计。

（二）非累积带薪缺勤

非累积带薪缺勤，是指带薪权利不能结转下期的带薪缺勤，本期尚未用完的带薪缺勤权利将予以取消，并且职工离开企业时也无权获得现金支付。

我国企业职工休婚假、产假、丧假、探亲假、病假期间的工资通常属于非累积带薪缺勤。

由于职工提供服务不能增加其能够享受的福利金额，企业在职工未缺勤时不应当计提相关费用和负债；企业应当在职工实际发生缺勤的会计期间确认与非累积带薪缺勤相关的职工薪酬，即视同职工出勤确认当期费用或相关资产成本。

通常情况下，与非累积带薪缺勤相关的职工薪酬已经包括在企业每期向职工发放的工资等薪酬中，不必作额外的账务处理。

【例 9-3 · 单选题】 甲公司共有 500 名职工。从 2×23 年 1 月 1 日起，该公司实行累积带薪缺勤制度。该制度规定，每个职工每年可享受 5 个工作日带薪年休假，未使用的年休假只能向后结转一个日历年度，超过 1 年未使用的权利作废；职工休年休假时，首先使用当年可享受的权利，不足部分再从上年结转的带薪年休假中扣除；职工离开公司时，对未使用的累积带薪年休假无权获得现金支付。2×23 年 12 月 31 日，每个职工当年平均未使用带薪年休假为 2 天。甲公司预计 2×24 年有 450 名职工将享受不超过 5 天的带薪年休假，剩余 50 名职工每人将平均享受 6.5 天年休假，假定这 50 名职工均为总部管理人员，该公司平均每名职工每个工作日工资为 500 元。甲公司 2×23 年年末因累积带薪缺勤应确认的职工薪酬的金额为（　　）元。

A. 50000　　B. 37500

C. 162500　　D. 500000

【解析】 甲公司职工 2×23 年已休带薪年休假的，由于在休假期间照发工资，因此相应的薪酬已经计入公司每月确认的薪酬金额中。与此同时，甲公司还需要预计职工 2×23 年享有但尚未使用的、预期将在下一年度使用的累积带薪缺勤，并计入当期损益。甲公司在 2×23 年 12 月 31 日预计由于职工累积未使用的带薪年休假权利而导致预期将支付的工资负债即为 75 天（50×1.5）的年休假工资金额 37500 元（75×500），并作如下账务处理：

借：管理费用　　37500

　贷：应付职工薪酬——累积带薪缺勤　　37500

【答案】 B

三、短期利润分享计划的确认和计量

企业制定并实施短期利润分享计划的，如当职工完成规定业绩指标或者在企业工作特定期限后，能够享有按照企业净利润的一定比例计算的薪酬，则企业应当按照《企业会计准则第9号——职工薪酬》的规定对其进行会计处理。

短期利润分享计划同时满足下列条件的，企业应当确认相关的应付职工薪酬，并计入当期损益或相关资产成本：

（1）企业因过去事项导致现在具有支付职工薪酬的法定义务或推定义务。

（2）因利润分享计划所产生的应付职工薪酬义务金额能够可靠估计。

属于下列三种情形之一的，视为应付职工薪酬义务金额能够可靠估计：

（1）在财务报告批准报出之前企业已确定应支付的薪酬金额。

（2）该利润分享计划的正式条款中包括确定薪酬金额的方式。

（3）过去的惯例为企业确定推定义务金额提供了明显的证据。

企业在计量利润分享计划产生的应付职工薪酬时，应当反映职工因离职而无法得到利润分享计划支付的可能性。

如果企业预期在职工为其提供相关服务的年度报告期间结束后12个月内，不需要全部支付利润分享计划产生的应付职工薪酬，该利润分享计划应当适用其他长期职工福利的有关规定。

企业根据经营业绩或职工贡献等情况提取的奖金，属于短期奖金计划的，应当比照短期利润分享计划进行会计处理，属于长期奖金计划的，按照其他长期职工福利进行会计处理。

第三节　离职后福利的确认和计量

离职后福利包括退休福利（如养老金和一次性的退休支付）及其他离职后福利（如离职后人寿保险和离职后医疗保障）。

职工正常退休时获得的养老金等离职后福利，是职工与企业签订的劳动合同到期或者职工达到了国家规定的退休年龄时，获得的离职后生活补偿金额。企业给予补偿的事项是职工在职时提供的服务而不是退休本身，因此，企业应当在职工提供服务的会计期间对离职后福利进行确认和计量。

一、设定提存计划的确认和计量

设定提存计划，是指企业向单独主体（如基金等）缴存固定费用后，不再承担进一步支付义务的离职后福利计划。

对于设定提存计划，企业应当根据在资产负债表日为换取职工在会计期间提供的服务而应向单独主体缴存的提存金，确认职工薪酬负债，并将其计入当期损益或相关资产成本。

根据设定提存计划，企业预期不会在职工提供相关服务的年度报告期结束后12个月内

支付全部应缴存金额的，应当参照规定的折现率，将全部应缴存金额以折现后的金额计量应付职工薪酬。

二、设定受益计划的确认和计量

（一）设定受益计划的概念

设定受益计划，是指除设定提存计划以外的离职后福利计划。

设定提存计划与设定受益计划的区分，取决于离职后福利计划的主要条款和条件所包含的经济实质：

（1）在设定提存计划下，企业的义务以企业应向独立主体缴存的提存金额为限，职工未来所能取得的离职后福利取决于向独立主体支付的提存金金额以及提存金所产生的投资回报，从而精算风险（即福利将少于预期的风险）和投资风险（即投资的资产将不足以支付预期福利的风险）实质上要由职工来承担。

（2）在设定受益计划下，企业的义务是为现在及以前的职工提供约定的福利，并且精算风险和投资风险实质上由企业来承担。

（二）设定受益计划的确认和计量

当企业负有下列义务之一时，该计划属于一项设定受益计划：

（1）计划福利公式不仅仅与提存金金额相关，且要求企业在资产不足以满足该公式的福利时提供进一步的提存金；

（2）通过计划间接地或直接地对提存金的特定回报作出担保。

企业实质上承担着与计划相关的精算风险和投资风险。因此，设定受益计划所确认的费用并不一定是本期应付的提存金金额。

（三）设定受益计划的账务处理

企业存在一项或多项设定受益计划的，对于每一项计划应当分别进行会计处理。企业应当按照以下步骤对每项设定受益计划进行会计处理：

1. 确定设定受益计划义务的现值和当期服务成本

企业应当根据预期累计福利单位法，采用无偏且相互一致的精算假设对有关人口统计变量和财务变量等作出估计，计量设定受益计划所产生的义务，并确定相关义务的归属期间。

企业应当根据资产负债表日与设定受益计划义务期限和币种相匹配的国债或活跃市场上的高质量公司债券的市场收益率确定折现率，将设定受益计划所产生的义务予以折现，以确定设定受益计划义务的现值和当期服务成本。

设定受益计划义务的现值，是指企业在不扣除任何计划资产的情况下，为履行获得当期和以前期间职工服务产生的最终义务，所需支付的预期未来金额的现值。

设定受益计划的最终义务受到许多变量的影响，如职工离职率、死亡率、职工缴付的提存金等。

企业应当就至报告期末的任何重大交易及环境的其他重大变化（包括市场价格和利率的变化）进行调整，在每年年末进行复核。

企业应当通过预期累计福利单位法确定其设定受益计划义务的现值、当期服务成本和过去服务成本。根据预期累计福利单位法，职工每提供一个期间的服务，就会增加一个单位的福利权利，企业应当对每一单位的福利权利进行单独计量，并将所有单位的福利权利累计形成最终义务。

企业应当将福利归属于提供设定受益计划的义务发生的期间。这一期间是指从职工提供服务以获取企业在未来报告期间预计支付的设定受益计划福利开始，至职工的继续服务不会导致这一福利金额显著增加之日为止。

企业在确定设定受益计划义务的现值、当期服务成本以及过去服务成本时，应当根据计划的福利公式将设定受益计划产生的福利义务归属于职工提供服务的期间，并计入当期损益或相关资产成本。

精算假设，是指企业对影响离职后福利最终义务的各种变量的最佳估计。精算假设应当是客观公正、相互可比，无偏且相互一致的。精算假设包括人口统计假设和财务假设。人口统计假设包括死亡率、职工的离职率、伤残率、提前退休率等。财务假设包括折现率、福利水平和未来薪酬等。其中，折现率应当根据资产负债表日与设定受益计划义务期限和币种相匹配的国债或活跃市场上的高质量公司债券的市场收益率确定。

经验调整是设定受益计划义务的实际数与估计数之间的差异。在某些情况下，设定受益计划对于未来福利水平调整未作出明确规定的，企业将有关福利水平的增加确认为精算假设与实际经验的差异（产生精算利得或损失），还是计划的修改（产生过去服务成本），需要运用职业判断。通常情况下，如果设定受益计划未明确规定未来福利水平的调整，过去的调整也并不频繁，同时如果精算假设中并无福利水平增长的假设，企业应将福利水平变化的影响归属于过去服务成本。

2. 确定设定受益计划净负债或净资产

设定受益计划存在资产的，企业应当将设定受益计划义务的现值减去设定受益计划资产公允价值所形成的赤字或盈余确认为一项设定受益计划净负债或净资产。

设定受益计划存在盈余的，企业应当以设定受益计划的盈余和资产上限两项的孰低者计量设定受益计划净资产。

其中，资产上限，是指企业可从设定受益计划退款或减少未来向独立主体缴存提存金而获得的经济利益的现值。计划资产包括长期职工福利基金持有的资产、符合条件的保险单等，但不包括企业应付但未付给独立主体的提存金、由企业发行并由独立主体持有的任何不可转换的金融工具。

3. 确定应当计入当期损益的金额

报告期末，企业应当在损益中确认的设定受益计划产生的职工薪酬成本包括服务成本、设定受益计划净负债或净资产的利息净额。

其中，服务成本包括当期服务成本、过去服务成本和结算利得或损失。设定受益计划净负债或净资产的利息净额包括计划资产的利息收益、设定受益计划义务的利息费用以及资产上限影响的利息。

企业应当将服务成本和设定受益计划净负债或净资产的利息净额计入当期损益，其他相关会计准则要求或允许将职工福利成本计入资产成本的除外。

（1）当期服务成本，是指因职工当期提供服务所导致设定受益计划义务现值的增加额。

（2）过去服务成本，是指企业设立或取消一项设定受益计划或是改变现有设定受益计划下的应付福利所导致的与以前期间职工服务相关的设定受益计划义务现值的增加或减少。

过去服务成本可以是正的，如设立或改变设定受益计划从而导致设定受益计划义务的现值增加；也可以是负的，如取消或改变设定受益计划从而导致设定受益计划义务的现值减少。

过去服务成本不包括下列各项：

①以前假定的薪酬增长金额与实际发生金额之间的差额，对支付以前年度服务产生的福利义务的影响；

②企业对支付养老金增长金额具有推定义务的，对于可自行决定养老金增加金额的高估和低估；

③财务报表中已确认的精算利得或计划资产回报导致的福利变化的估计；

④在没有新的福利或福利未发生变化的情况下，职工达到既定要求之后导致既定福利（即并不取决于未来雇佣的福利）的增加。

（3）结算利得和损失。企业应当在设定受益计划结算时，确认一项结算利得或损失。设定受益计划结算，是指企业为了消除设定受益计划所产生的部分或所有未来义务进行的交易，而不是根据计划条款和所包含的精算假设向职工支付福利。

设定受益计划结算利得或损失是下列两项的差额：①在结算日确定的设定受益计划义务的现值；②结算价格、包括转移的计划资产的公允价值和企业直接发生的与结算相关的支付。

（4）设定受益计划净负债或净资产的利息净额，是指设定受益计划净负债或净资产在职工提供服务期间由于时间变化而产生的变动，包括计划资产的利息收益、设定受益计划义务的利息费用以及资产上限影响的利息。

企业应当通过将设定受益计划净负债或净资产乘以适当的折现率来确定设定受益计划净负债或净资产的利息净额。

企业应当通过将计划资产公允价值乘以折现率来确定计划资产的利息收益。计划资产的利息收益是计划资产回报的组成部分，计划资产的利息收益与计划资产回报之间的差额应当包括在设定受益计划净负债或净资产的重新计量中。

企业在计算设定受益计划净负债或净资产的利息净额时，还应当考虑资产上限的影响。企业应当通过将资产上限的影响乘以折现率来确定资产上限影响的利息。资产上限影响的利息是资产上限影响总变动的一部分，资产上限影响的利息金额与资产上限影响总变动之间的差额应当包括在设定受益计划净负债或净资产的重新计量中。

4. 确定应当计入其他综合收益的金额

企业应当将重新计量设定受益计划净负债或净资产所产生的变动计入其他综合收益，并且在后续会计期间不允许转回至损益。

重新计量设定受益计划净负债或净资产所产生的变动包括下列部分：

（1）精算利得或损失

精算利得或损失，即由于精算假设和经验调整导致之前所计量的设定受益计划义务现值的增加或减少。企业未能预计的过高或过低的职工离职率、提前退休率、死亡率、福利的增长以及折现率变化等因素，将导致设定受益计划产生精算利得或损失。

精算利得或损失不包括因设立、修改或结算设定受益计划所导致的设定受益计划义务的现值变动，或者设定受益计划下应付福利的变动。这些变动产生了过去服务成本或结算利得或损失。

（2）计划资产回报

计划资产回报，应扣除包括在设定受益计划净负债或净资产的利息净额中的金额。计划资产的回报，指计划资产产生的利息、股利和其他收入，以及计划资产已实现和未实现的利得或损失。企业在确定计划资产回报时，应当扣除管理该计划资产的成本以及计划本身的应付税款，但计量设定受益计划义务时所采用的精算假设所包括的税款除外。管理该计划资产以外的其他管理费用无须从计划资产回报中扣减。

（3）资产上限影响的变动

资产上限影响的变动，应扣除包括在设定受益计划净负债或净资产的利息净额中的金额。

第四节　辞退福利和其他长期职工福利的确认和计量

一、辞退福利的确认和计量

（一）辞退福利

辞退福利，是指企业在职工劳动合同到期之前解除与职工的劳动关系，或者为鼓励职工自愿接受裁减而给予职工的补偿。

由于导致义务产生的事项是终止雇佣而不是为获得职工的服务，企业应当将辞退福利作为单独一类职工薪酬进行会计处理。

在确定企业提供的经济补偿是否为辞退福利时，应当注意以下问题：

（1）区分辞退福利和正常退休养老金。

辞退福利是在职工与企业签订的劳动合同到期前，企业根据法律与职工本人或职工代表（如工会）签订的协议，或者基于商业惯例，承诺当其提前终止对职工的雇佣关系时支付的补偿，引发补偿的事项是辞退。

职工正常退休获得的养老金属于离职后福利，企业给予补偿的事项是职工在职时提供的服务而不是退休本身。

（2）对于职工虽然没有与企业解除劳动合同，但未来不再为企业提供服务，不能为企业带来经济利益，企业承诺提供实质上具有辞退福利性质的经济补偿的，如发生“内退”的情况，在其正式退休之前比照辞退福利处理，在其正式退休之后，按照离职后福利处理。

（二）辞退福利的确认和计量

企业向职工提供辞退福利的，应当在以下两者孰早的时点确认辞退福利产生的职工薪酬负债，并计入当期损益：

（1）企业不能单方面撤回因解除劳动关系计划或裁减建议所提供的辞退福利时。

（2）企业确认涉及支付辞退福利的重组相关的成本或费用时。

企业有详细、正式的重组计划并且该重组计划已对外公告时，表明企业承担了重组义务。重组计划包括重组涉及的业务、主要地点、需要补偿的职工人数及其岗位性质、预计重组支出、计划实施时间等。

企业应当按照辞退计划条款的规定，合理预计并确认辞退福利产生的职工薪酬负债，并具体考虑下列情况：

（1）对于职工没有选择权的辞退计划，企业应当根据计划条款规定拟解除劳动关系的职工数量、每一职位的辞退补偿等确认职工薪酬负债。

（2）对于自愿接受裁减建议的辞退计划，由于接受裁减的职工数量不确定，企业应当根据《企业会计准则第 13 号——或有事项》规定，预计将会接受裁减建议的职工数量，根据预计的职工数量、每一职位的辞退补偿等确认职工薪酬负债。

（3）对于预期在辞退福利确认的年度报告期间期后 12 个月内完全支付的辞退福利，企业应当适用短期薪酬的相关规定；否则，企业应当适用其他长期职工福利的相关规定。

企业实施职工内部退休计划的，在内退计划符合《企业会计准则第 9 号——职工薪酬》规定的确认条件时，企业应当将自职工停止提供服务日至正常退休日期间、企业拟支付的内退职工工资和缴纳的社会保险费等，确认为应付职工薪酬，一次性计入当期损益，不能在职工内退后各期分期确认因支付内退职工工资和为其缴纳社会保险费等产生的义务。

【例 9-4 · 多选题】 下列各项关于企业职工薪酬会计处理的表述中，正确的有（　　）。

A. 对总部管理层实施短期利润分享计划时，应将当期利润分享金额计入利润分配

B. 将自有房屋免费提供给行政管理人员使用时，应将该房屋计提的折旧金额计入管理费用

C. 对专设销售机构销售人员实施辞退计划时，应将预计补偿金额计入管理费用

D. 对生产工人实行累积带薪缺勤制度时，应将累积未行使权利而增加的预期支付金额计入当期损益

【解析】 选项 A，企业实施短期利润分享计划，应当确认相关的应付职工薪酬，并计入当期损益或相关资产成本；选项 D，应计入生产成本。

【答案】 BC

二、其他长期职工福利的确认和计量

其他长期职工福利包括长期带薪缺勤、其他长期服务福利、长期残疾福利、长期利润分享计划和长期奖金计划等。

企业向职工提供的其他长期职工福利，符合设定提存计划条件的，应当按照设定提存计划的有关规定进行会计处理；符合设定受益计划条件的，应当按照设定受益计划的有关规定进行会计处理。报告期末，企业应当将其他长期职工福利产生的职工薪酬的总净额计入当期损益或相关资产成本。

长期残疾福利水平取决于职工提供服务期间长短的，企业应在职工提供服务的期间确认应付长期残疾福利义务，计量时应当考虑支付的可能性和预期支付的期限；与职工提供服务期间长短无关的，企业应当在导致职工长期残疾事件发生的当期确认应付长期残疾福利义务。

第十章　借款费用

第一节　借款费用的范围

借款费用是指企业因借入资金所付出的代价。主要内容如下：

（1）借款利息。

借款利息，主要包括：

①企业向银行或者其他金融机构等借入资金发生的利息；

②企业发行债券发生的利息费用；

③带息债务所承担的利息等。

（2）折价或溢价的摊销。

因借款而发生的折价或溢价主要是指发行债券由于票面利率与实际利率不相等导致的折价发行或者溢价发行，发行价格与面值的差额即为折价或溢价。

发行债券中的折价或者溢价的摊销，是指将债券折价或溢价分摊到债券付息期间的过程，其实质是对债券票面利息的调整（即将债券票面利率调整为实际利率），因此属于借款费用的范畴。

（3）辅助费用。

因借款而发生的辅助费用是指企业在借款过程中发生的诸如手续费、佣金等费用，这些费用是因安排借款而发生的，也属于借入资金所付出的代价，是借款费用的构成部分。

（4）因外币借款而发生的汇兑差额。

因外币借款而发生的汇兑差额，是指由于汇率变动导致市场汇率与账面汇率出现差异，从而对外币借款本金及其利息的记账本位币金额所产生的影响金额。

对于企业发生的权益性融资费用，不应包括在借款费用中。

【例10-1·单选题】企业发生的下列各项融资费用中，不属于借款费用的是（　　）。

A. 股票发行费用

B. 长期借款的手续费

C. 外币借款的汇兑差额

D. 溢价发行债券的利息调整

【解析】选项A，属于企业发生的权益性融资费用，不应包括在借款费用中。

【答案】A

第二节　借款费用的确认

一、确认原则

借款费用的确认主要涉及的是将每期发生的借款费用资本化、计入相关资产的成本，还是将有关借款费用费用化、计入当期损益的问题。

1. 基本原则

借款费用确认的基本原则：企业发生的借款费用可直接归属于符合资本化条件的资产购建或者生产的，应当予以资本化，计入相关资产成本；其他借款费用应当在发生时根据其发生额确认为费用，计入当期损益。

2. 符合资本化条件的资产的含义

符合资本化条件的资产，是指需要经过相当长时间的购建或者生产活动才能达到预定可使用状态或者可销售状态的固定资产、投资性房地产和存货等资产。

其中，“相当长时间”是指资产的购建或者生产所必需的时间，通常为1年以上（含1年）。

无形资产的开发支出等在符合条件的情况下，也可以认定为符合资本化条件的资产。

符合资本化条件的存货，主要包括房地产开发企业开发的用于对外出售的房地产开发产品、企业制造的用于对外出售的大型机器设备等。

在实务中，如果由于人为或者故意等非正常因素导致资产的购建或者生产时间相当长的，该资产不属于符合资本化条件的资产。购入即可使用的资产，或者购入后需要安装但所需安装时间较短的资产，或者需要建造或生产但建造或生产时间较短的资产，均不属于符合资本化条件的资产。

二、借款费用应予资本化的借款范围

借款包括专门借款和一般借款。

专门借款通常有明确的专门用途，即为购建或者生产某项符合资本化条件的资产而专门借入的款项，并通常具有标明该专门用途的借款合同。

一般借款是指除专门借款之外的其他借款，相对于专门借款而言，一般借款在借入时通常没有特指用于符合资本化条件的资产的购建或者生产。

借款费用资本化的借款范围既包括专门借款，也可包括一般借款。

对于一般借款，只有在购建或者生产某项符合资本化条件的资产占用了一般借款时，才应将与该部分一般借款相关的借款费用资本化；否则，所发生的借款费用应当计入当期损益。

三、借款费用资本化期间的确定

只有发生在资本化期间内的有关借款费用才允许资本化，资本化期间的确定是借款费用

确认和计量的重要前提。借款费用资本化期间是指从借款费用开始资本化时点到停止资本化时点的期间，但不包括借款费用暂停资本化的期间。

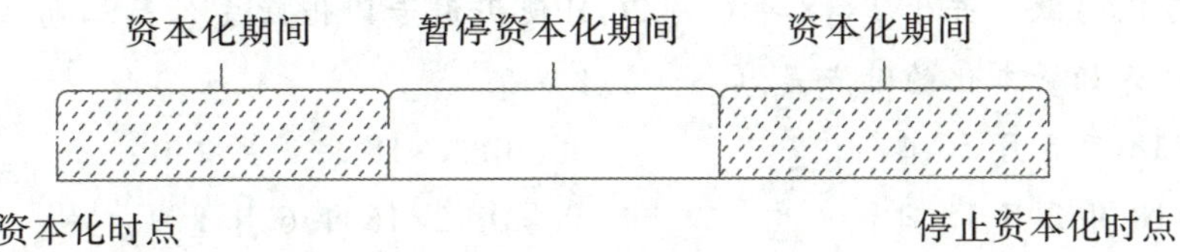

开始资本化时点　　　　停止资本化时点

（一）借款费用开始资本化的时点

借款费用开始资本化必须同时满足三个条件，即资产支出已经发生、借款费用已经发生、为使资产达到预定可使用或者可销售状态所必要的购建或者生产活动已经开始。

1. 资产支出已经发生的判断

资产支出包括以支付现金、转移非现金资产和承担带息债务形式所发生的支出。

（1）支付现金，是指用货币资金支付符合资本化条件的资产的购建或者生产支出。

（2）转移非现金资产，是指企业将自有非现金资产直接用于符合资本化条件的资产的购建或者生产。

（3）承担带息债务，是指企业为了购建或者生产符合资本化条件的资产而承担的带息应付款项。

企业以赊购方式取得购建或者生产符合资本化条件的资产所需物资而承担的债务可能带息，也可能不带息。

如果企业赊购这些物资承担的是不带息债务，就不应当将购买价款计入资产支出，因为该债务在偿付前不需要承担利息，也没有占用借款资金。企业只有等到实际偿付债务，发生了资源流出时，才能将其作为资产支出。

如果企业赊购物资承担的是带息债务，企业要为这笔债务付出代价，支付利息，与企业向银行借入款项用以支付资产支出在性质上是一致的。企业为购建或者生产符合资本化条件的资产而承担的带息债务应当作为资产支出，当该带息债务发生时，视同资产支出已经发生。

2. 借款费用已经发生的判断

借款费用已经发生，是指企业已经发生了因购建或者生产符合资本化条件的资产而专门借入款项的借款费用，或者占用了一般借款的借款费用。

3. 为使资产达到预定可使用或者可销售状态所必要的购建或者生产活动已经开始的判断

为使资产达到预定可使用或者可销售状态所必要的购建或者生产活动已经开始，是指符合资本化条件的资产的实体建造或者生产工作已经开始，如主体设备的安装、厂房的实际开工建造等。

它不包括仅仅持有资产但没有发生为改变资产形态而进行的实质上的建造或者生产活动。

企业只有在上述三个条件同时满足的情况下，有关借款费用才可以开始资本化；只要其中有一个条件没有满足，借款费用就不能资本化，而应计入当期损益。

【例 10-2 · 单选题】 2×18 年 2 月 18 日，甲公司以自有资金支付了建造厂房的首期工程款，工程于 2×18 年 3 月 2 日开始施工，2×18 年 6 月 1 日甲公司从银行借入于当日开始计息的专门借款，并于 2×18 年 6 月 26 日使用该专门借款支付第二期工程款，则该专门借款利息开始资本化的时点是（　　）。

A. 2×18 年 6 月 26 日　　B. 2×18 年 3 月 2 日

C. 2×18 年 2 月 18 日　　D. 2×18 年 6 月 1 日

【解析】 借款费用同时满足下列条件的，开始资本化：

（1）资产支出已经发生（2 月 18 日）；

（2）借款费用已经发生（6 月 1 日）；

（3）为使资产达到预定可使用或可销售状态所必要的购建或者生产活动已经开始（3 月 2 日）。即 2×18 年 6 月 1 日，上述条件均已满足，应开始资本化。

【答案】 D

（二）借款费用暂停资本化的时间

1. 借款费用暂停资本化的情形

符合资本化条件的资产在购建或者生产过程中发生非正常中断且中断时间连续超过 3 个月的，应当暂停借款费用的资本化。

中断的原因必须是非正常中断，属于正常中断的，相关借款费用仍可资本化。

2. 非正常中断和正常中断的区分

非正常中断，通常是由于企业管理决策上的原因或者其他不可预见的原因等所导致的中断。

正常中断通常仅限于购建或者生产符合资本化条件的资产达到预定可使用或者可销售状态所必要的程序，或者事先可预见的不可抗力因素导致的中断。

非正常中断	正常中断
①企业因与施工方发生了质量纠纷 ②工程或生产用料没有及时供应 ③资金周转发生了困难 ④施工或生产发生了安全事故 ⑤发生了与资产购建或生产有关的劳动纠纷等	①某些工程建造到一定阶段必须暂停下来进行质量或者安全检查，检查通过后才可继续下一阶段的建造工作，这类中断是在施工前可以预见的，而且是工程建造必经的程序，属于正常中断 ②某些地区的工程在建造过程中，由于可预见的不可抗力因素（如雨季或冰冻季节等）导致施工出现的中断，也属于正常中断

在实务中，企业应当按照实质重于形式等原则来判断借款费用暂停资本化的时间。如果相关资产购建或者生产的中断时间较长而且满足其他规定条件的，相关借款费用应当暂停资本化。

【例 10-3 · 单选题】 企业专门借款利息开始资本化后发生的下列各项建造中断事项中，将导致其应暂停借款利息资本化的事项是（　　）。

A. 因可预见的冰冻季节造成建造中断连续超过 3 个月

B. 因工程质量纠纷造成建造多次中断累计超过 3 个月

C. 因发生安全事故造成建造中断连续超过 3 个月

D. 因劳务纠纷造成建造中断 2 个月

【解析】 符合资本化条件的资产在购建或者生产过程中发生非正常中断且中断时间连续超过 3 个月的，应当暂停借款费用的资本化。

选项 A，可预见的不可抗力原因造成的停工不属于非正常中断，不应暂停资本化；

选项 B，非正常中断的时间不是连续超过 3 个月，不应暂停资本化；

选项 C，安全事故属于非正常中断，且中断时间连续超过 3 个月，应暂停资本化；

选项 D，非正常中断时间没有连续超过 3 个月，不应暂停资本化。

【答案】 C

（三）借款费用停止资本化的时点

1. 基本原则

购建或者生产符合资本化条件的资产达到预定可使用或者可销售状态时，借款费用应当停止资本化。

在符合资本化条件的资产达到预定可使用或者可销售状态之后发生的借款费用，应当在发生时根据其发生额确认为费用，计入当期损益。

企业所购建或者生产的符合资本化条件的资产达到预定可使用或者可销售状态的时点，即借款费用停止资本化的时点，可以从以下几个方面来进行判断：

（1）符合资本化条件的资产的实体建造（包括安装）或者生产活动已经全部完成或者实质上已经完成。

（2）所购建或者生产的符合资本化条件的资产与设计要求、合同规定或者生产要求相符或者基本相符，即使有极个别与设计、合同或者生产要求不相符的地方，也不影响其正常使用或者销售。

（3）继续发生在所购建或生产的符合资本化条件的资产上的支出金额很少或者几乎不再发生。

购建或者生产符合资本化条件的资产需要试生产或者试运行的，在试生产结果表明资产能够正常生产出合格产品，或者试运行结果表明资产能够正常运转或者营业时，应当认为该资产已经达到预定可使用或者可销售状态。

2. 分别建造、分别完工的符合资本化条件的资产停止资本化时点的判断

在符合资本化条件的资产的实际购建或者生产过程中，如果所购建或者生产的符合资本化条件的资产分别建造、分别完工，企业也应当按照实质重于形式原则，区别以下不同的情况，界定借款费用停止资本化的时点：

（1）如果所购建或者生产的符合资本化条件的资产的各部分分别完工，且每部分在其他部分继续建造或者生产过程中可供使用或者可对外销售，且为使该部分资产达到预定可使用或可销售状态所必要的购建或者生产活动实质上已经完成的，应当停止与该部分资产相关的

借款费用的资本化。

（2）如果企业购建或者生产的资产的各部分分别完工，但必须等到整体完工后才可使用或者对外销售的，应当在该资产整体完工时停止借款费用的资本化。在这种情况下，即使各部分资产已经完工，也不能够认为该部分资产已经达到预定可使用或者可销售状态，企业只能在所购建固定资产整体完工时，才能认为资产已经达到了预定可使用或者可销售状态，借款费用方可停止资本化。

第三节　借款费用的计量

一、借款利息资本化金额的确定

在借款费用资本化期间内，每一会计期间的利息（包括折价或溢价的摊销，下同）的资本化金额，应当按照下列原则确定：

1. 专门借款利息资本化金额的确定

为购建或者生产符合资本化条件的资产而借入专门借款的，应当以专门借款当期实际发生的利息费用减去将尚未动用的借款资金存入银行取得的利息收入或进行暂时性投资取得的投资收益后的金额，确定专门借款应予资本化的利息金额。

有关计算公式如下：

资本化期间实际发生的利息费用=借款本金×年利率×资本化期间月数/12

资本化期间尚未动用的借款资金进行暂时性投资取得的投资收益=（全部借款本金-已使用资金）×闲置资金月收益率×资本化期间月数

【例10-4·单选题】甲公司为建造一栋写字楼借入一笔2年期专门借款4000万元，期限为2×20年1月1日至2×21年12月31日，合同年利率与实际年利率均为7%。2×20年1月1日，甲公司开始建造该写字楼，并分别于2×20年1月1日和2×20年10月1日支付工程进度款2500万元和1600万元，超出专门借款的工程款由自有资金补充，甲公司将专门借款中尚未动用的部分用于固定收益债券短期投资，该短期投资月收益率为0.25%。2×21年5月31日，该写字楼建设完毕并达到预定可使用状态。假定全年按360天计算，每月按30天计算。不考虑其他因素，甲公司2×20年专门借款利息应予资本化的金额是（　　）万元。

A. 246.25　　B. 287　　C. 280　　D. 235

【解析】2×20年专门借款利息应予资本化的金额=4000×7%-（4000-2500）×0.25%×9=246.25（万元），选项A正确。

【答案】A

2. 一般借款利息资本化金额的确定

为购建或者生产符合资本化条件的资产而占用了一般借款的，企业应当根据累计资产支出超过专门借款部分的资产支出加权平均数乘以所占用一般借款的资本化率，计算确定一般借款应予资本化的利息金额。

即企业占用一般借款购建或者生产符合资本化条件的资产时，一般借款的借款费用的资本化金额的确定应当与资产支出相挂钩。

资本化率应当根据一般借款加权平均利率计算确定。

有关计算公式如下：

一般借款利息费用资本化金额＝累计资产支出超过专门借款部分的资产支出加权平均数×所占用一般借款的资本化率

所占用一般借款的资本化率＝所占用一般借款加权平均利率＝所占用一般借款当期实际发生的利息之和÷所占用一般借款本金加权平均数

【例 10-5 · 单选题】 2×20 年 1 月 1 日，甲公司取得专门借款 4000 万元用于当日开工建造的厂房，借款期限为 2 年，该借款的合同年利率与实际年利率均为 5%，按年支付利息，到期还本。同日，甲公司借入一般借款 1000 万元，借款期限为 5 年，该借款的合同年利率与实际年利率均为 6%，按年支付利息，到期还本。甲公司于 2×20 年 1 月 1 日支付工程款 3600 万元。2×21 年 1 月 1 日支付工程款 800 万元。2×21 年 12 月 31 日，该厂房建造完毕达到预定可使用状态，并立即投入使用。不考虑其他因素，甲公司 2×21 年一般借款利息应予资本化的金额是（　　）万元。

A. 48　　B. 60　　C. 200　　D. 24

【解析】 甲公司 2×21 年一般借款利息资本化金额＝［（3600+800）－4000］×6%＝24（万元），选项 D 正确。

【答案】 D

3. 利息资本化金额的限制

每一会计期间的利息资本化金额不应当超过当期相关借款实际发生的利息金额。

【例 10-6 · 判断题】 在确定借款利息资本化金额时，每一会计期间的利息资本化金额不应超过当期相关借款实际发生的利息金额。（　　）

【答案】 √

二、借款辅助费用资本化金额的确定

1. 借款辅助费用的含义

借款辅助费用是为了完成借款交易所付出的各种支出，包括借款发生的手续费、债券发行费用、佣金等，如发行债券支付给承销商的承销费用，向银行取得借款必须的验资或审计费用等。

2. 借款辅助费用的会计处理

对于企业发生的专门借款辅助费用，应根据发生的时点作不同的会计处理：

（1）在所购建或者生产的符合资本化条件的资产达到预定可使用或者可销售状态之前发生的，应当在发生时根据其发生额予以资本化；

（2）在所购建或者生产的符合资本化条件的资产达到预定可使用或者可销售状态之后所发生的，应当在发生时根据其发生额确认为费用，计入当期损益。

3. 借款辅助费用的计量

上述资本化或计入当期损益的辅助费用的发生额，是指根据《企业会计准则第 22 号——金融工具确认和计量》规定，按照实际利率法所确定的金融负债交易费用对每期利息费用的调整额。

借款实际利率与合同利率差异较小的，也可以采用合同利率计算确定利息费用。

考虑到借款辅助费用与金融负债交易费用性质相同，其会计处理相同，具体分析如下：

根据《企业会计准则第 22 号——金融工具确认和计量》规定，以公允价值计量且其变动计入当期损益的金融负债相关的交易费用应在发生时计入当期损益，除此之外的其他金融负债（以下简称“其他金融负债”）的相关交易费用应计入金融负债的初始确认金额。

同时，企业为购建或者生产符合资本化条件的资产所占用的专门借款或者一般借款，通常均属于其他金融负债。对于企业为取得这些其他金融负债所发生的辅助费用，在发生时需要计入借款的初始确认金额，抵减其初始确认金额，导致以后期间计算的实际利息发生变化。

综上，其他金融负债发生的辅助费用，会抵减其初始确认金额，导致其实际利率上升，因此需要对以后各期的利息费用作相应的调整，即在计算借款辅助费用资本化金额时应结合借款利息资本化金额的计算一并处理。

一般借款发生的辅助费用，也应当按照上述原则确定其发生额。

【例 10-7 · 计算分析题】2×20 年至 2×21 年，甲公司发生的与建造 A 厂房相关的交易或事项如下：

资料一：2×20 年 1 月 1 日，甲公司为建造 A 厂房按面值发行 3 年期债券 3000 万元，该债券的票面年利率与实际年利率均为 5%，当年利息于次年年初支付，到期偿还本金。

资料二：除上述专门借款外，甲公司还有一笔于 2×20 年 1 月 1 日向银行借入的 5 年期一般借款 5000 万元，该借款的合同年利率与实际年利率均为 4.5%，当年利息于次年年初支付，到期偿还本金。

资料三：2×20 年 4 月 1 日，甲公司开始建造 A 厂房，当日以专门借款资金支付建造工程款 1000 万元；2×20 年 10 月 1 日，以专门借款资金支付建造工程款 2000 万元。

资料四：2×20 年 11 月 1 日，A 厂房建造因生产事故暂停。2×20 年 12 月 1 日，A 厂房建造工作恢复。

资料五：2×21 年 1 月 1 日和 4 月 1 日，甲公司以一般借款分别支付建造工程款 1500 万元和 600 万元。

资料六：2×21 年 6 月 30 日，A 厂房建造完毕达到预定可使用状态，并立即投入使用。

甲公司将专门借款中尚未动用的部分用于固定收益的短期投资，短期投资月收益率为 0.2%，短期投资收益存入银行。假定全年按照 360 天计算，每月按照 30 天计算。

本题不考虑增值税等相关税费及其他因素。

要求：

(1) 判断甲公司 2×20 年 11 月，A 厂房建造暂停期间的借款费用是否需要暂停资本化，并说明理由；确定甲公司 A 厂房整个建造期的借款费用资本化期间。

(2) 计算甲公司 2×20 年债券利息应予资本化的金额。

(3) 分别计算甲公司 2×21 年债券利息应予资本化的金额和一般借款利息应予资本化的金额。

(4) 计算甲公司 2×21 年 6 月 30 日 A 厂房建造完毕达到预定可使用状态时的初始入账金额，并编制相关会计分录。

【答案】

(1) ①不需要暂停资本化。

理由：符合资本化条件的资产在购建或者生产过程中发生非正常中断且中断时间连续超过 3 个月的，应当暂停借款费用的资本化。甲公司 2×20 年 11 月 1 日停工，12 月 1 日恢复工作，暂停时间为 1 个月，未连续超过 3 个月，所以借款费用不需要暂停资本化。

②借款费用开始资本化时点是 2×20 年 4 月 1 日，停止资本化时点是 2×21 年 6 月 30 日，因此 A 厂房整个建造期的借款费用资本化期间为 15 个月（2×20 年 4 月 1 日至 2×21 年 6 月 30 日）。

(2) 甲公司 2×20 年债券利息应予资本化的金额＝3000×5%×9/12－（3000－1000）×0.2%×6＝88.5（万元）。

(3) 甲公司 2×21 年债券利息应予资本化的金额＝3000×5%×6/12＝75（万元）。

甲公司 2×21 年一般借款利息应予资本化的金额＝（1500×6/12＋600×3/12）×4.5%＝40.5（万元）。

(4) 甲公司 2×21 年 6 月 30 日 A 厂房初始入账金额＝1000＋2000＋88.5＋75＋1500＋600＋40.5＝5304（万元）。

相关会计分录如下：

2×20 年 4 月 1 日

借：在建工程　　1000

　贷：银行存款　　1000

2×20 年 10 月 1 日

借：在建工程　　2000

　贷：银行存款　　2000

2×20 年 12 月 31 日

借：在建工程　　88.5

　　财务费用　　19.5（3000×5%×3/12－3000×0.2%×3）

　　银行存款　　42［3000×0.2%×3＋（3000－1000）×0.2%×6］

　贷：应付利息　　150（3000×5%）

2×21 年 1 月 1 日

借：在建工程　　1500

　贷：银行存款　　1500

借：应付利息　　150

　贷：银行存款　　150

2×21 年 4 月 1 日

借：在建工程　　600

　贷：银行存款　　600

2×21 年 6 月 30 日

借：在建工程　　115.5

　　财务费用　　72（5000×4.5%×6/12−40.5）

　贷：应付利息　　187.5（3000×5%×6/12+5000×4.5%×6/12）

借：固定资产　　5304

　贷：在建工程　　5304

三、外币专门借款汇兑差额资本化金额的确定

在资本化期间内，外币专门借款本金及其利息的汇兑差额应当予以资本化，计入符合资本化条件的资产的成本。

除外币专门借款之外的其他外币借款本金及其利息所产生的汇兑差额，应当作为财务费用计入当期损益。

【例 10-8·判断题】在借款费用资本化期间，企业应将在建工程所占用外币一般借款的利息产生的汇兑差额予以资本化。(　　)

【解析】在资本化期间内，外币专门借款本金及其利息的汇兑差额应当予以资本化，计入符合资本化条件的资产的成本；除外币专门借款之外的其他外币借款本金及其利息所产生的汇兑差额，应当作为财务费用计入当期损益。

【答案】×

第十一章　或有事项

第一节　或有事项概述

一、或有事项的概念及其特征

或有事项，是指过去的交易或者事项形成的，其结果须由某些未来事项的发生或不发生才能决定的不确定事项。

常见的或有事项包括：未决诉讼、未决仲裁、债务担保、产品质量保证（含产品安全保证）、亏损合同、重组义务、承诺、环境污染整治等。

或有事项具有以下特征：

1. 或有事项是由过去的交易或者事项形成的

或有事项作为一种不确定事项，是由企业过去的交易或者事项形成的。由过去的交易或者事项形成，是指或有事项的现存状况是过去交易或者事项引起的客观存在。

如未决诉讼是企业因过去的经济行为导致起诉其他单位或被其他单位起诉，是现存的一种状况，而不是未来将要发生的事项。

基于这一特征，未来可能发生的自然灾害、交通事故、经营亏损等事项，都不属于或有事项。

2. 或有事项的结果具有不确定性

或有事项的结果具有不确定性，是指或有事项的结果是否发生具有不确定性或者或有事项的结果预计将会发生，但发生的具体时间或金额具有不确定性。

首先，或有事项的结果是否发生具有不确定性。

如债务的担保方在债务到期时是否承担和履行连带责任，需要根据被担保方能否按时还款决定，其结果在担保协议达成时具有不确定性。又如，有些未决诉讼，被起诉的一方是否会败诉，在案件审理过程中是难以确定的，需要根据人民法院的判决情况加以确定。

其次，或有事项的结果预计将会发生，但发生的具体时间或金额具有不确定性。

如某企业因生产过程中排污治理不力并对周围环境造成污染而被起诉，如无特殊情况，该企业很可能败诉。但是，在诉讼成立时，该企业因败诉将支出多少金额，或者何时将发生这些支出，可能是难以确定的。

3. 或有事项的结果由未来事项决定

由未来事项决定，是指或有事项的结果只能由未来不确定事项的发生或不发生才能决定。

或有事项发生时，将会对企业产生有利影响还是不利影响，或虽已知是有利影响或不利影响，但影响有多大，在或有事项发生时是难以确定的。这种不确定性的消失，只能由未来不确定事项的发生或不发生才能证实。

或有事项与不确定性联系在一起，但会计处理过程中存在不确定性的事项并不都是或有事项，企业应当按照或有事项的定义和特征进行判断。

二、或有负债和或有资产

或有负债和或有资产与或有事项密切相关。

（一）或有负债

或有负债，是指过去的交易或事项形成的潜在义务，其存在须通过未来不确定事项的发生或不发生予以证实；或过去的交易或事项形成的现时义务，履行该义务不是很可能导致经济利益流出企业或该义务的金额不能可靠计量。

或有负债涉及两类义务：一类是潜在义务；另一类是现时义务。

（1）潜在义务，是指结果取决于未来不确定事项的可能义务。也就是说，潜在义务最终是否转变为现时义务，由某些未来不确定事项的发生或不发生才能决定。

（2）现时义务，是指企业在现行条件下已承担的义务，该现时义务的履行不是很可能导致经济利益流出企业，或者该现时义务的金额不能可靠地计量。其中：

①“不是很可能导致经济利益流出企业”，是指该现时义务导致经济利益流出企业的可能性不超过50%（含50%）。

②“金额不能可靠地计量”，是指该现时义务导致经济利益流出企业的“金额”难以合理预计，现时义务履行的结果具有较大的不确定性。

或有负债无论是潜在义务还是现时义务，均不符合负债的确认条件，因而不能在财务报表中予以确认，但应当按照相关规定在财务报表附注中披露有关信息，包括或有负债的种类及其形成原因、经济利益流出不确定性的说明、预计产生的财务影响以及获得补偿的可能性等。

（二）或有资产

或有资产，是指过去的交易或者事项形成的潜在资产，其存在须通过未来不确定事项的发生或不发生予以证实。

或有资产作为一种潜在资产，其结果具有较大的不确定性，只有通过某些未来不确定事项的发生或不发生才能证实其是否会形成企业真正的资产。

正如或有负债不符合负债确认条件一样，或有资产也不符合资产确认条件，因而也不能在财务报表中确认。企业通常不应当披露或有资产，但或有资产很可能给企业带来经济利益的，应当披露其形成的原因、预计产生的财务影响等。

（三）或有负债和或有资产转化为预计负债（负债）和资产

影响或有负债和或有资产的多种因素处于不断变化之中，企业应当持续地对这些因素予以关注。随着时间的推移和事态的进展，或有负债对应的潜在义务可能转化为现时义务，原来不是很可能导致经济利益流出的现时义务也可能被证实将很可能导致经济利益流出企业，并且现时义务的金额也能够可靠计量。

企业应当对或有负债相关义务进行评估、分析判断其是否符合确认为负债的条件。如符合确认为负债的条件，应将其确认为预计负债。类似地，或有资产对应的潜在权利也可能随着相关因素的改变而发生变化，其对应的潜在资产最终是否能够流入企业会逐渐变得明确，如果某一时点企业基本确定能够收到这项潜在资产并且其金额能够可靠计量，应当将其确认为企业的资产。

第二节　或有事项的确认和计量

一、或有事项的确认

或有事项的确认通常是与或有事项相关义务的确认。或有事项形成的或有资产只有在企业基本确定能够收到的情况下，才能转变为真正的资产，应当予以确认。

根据《企业会计准则第 13 号——或有事项》的规定，与或有事项有关的义务在同时符合以下三个条件时，应当确认为预计负债：

1. 该义务是企业承担的现时义务

该义务是企业承担的现时义务，是指与或有事项相关的义务是在企业当前条件下已承担的义务，企业没有其他现实的选择，只能履行该现时义务。

通常情况下，过去的事项是否导致现时义务是比较明确的，但也存在极少情况，特定事项是否已发生或这些事项是否已产生了一项现时义务可能难以确定，企业应当考虑包括资产负债表日后所有可能获得的证据、专家意见等，以此确定资产负债表日是否存在现时义务。如果据此判断，资产负债表日很可能存在现时义务，且符合预计负债确认条件的，应当确认一项预计负债；如果资产负债表日现时义务不是很可能存在的，企业应披露一项或有负债，除非含有经济利益的资源流出企业的可能性极小。

这里所指的义务包括法定义务和推定义务。

（1）法定义务。

是指因合同、法律法规等产生的义务，通常是企业在经济管理和经济协调中，依照经济法律法规的规定必须履行的责任。

（2）推定义务。

是指因企业的特定行为而产生的义务。企业的“特定行为”，泛指企业以往的习惯做法、已公开的承诺或已公开宣布的经营政策。并且，由于以往的习惯做法，或通过这些承诺或公开的声明，企业向外界表明了它将承担特定的责任，从而使受影响的各方形成了其将履行那些责任的合理预期。

2. 履行该义务很可能导致经济利益流出企业

履行该义务很可能导致经济利益流出企业，是指履行与或有事项相关的现时义务时，导致经济利益流出企业的可能性超过 50%，但尚未达到基本确定的程度。

履行或有事项相关义务导致经济利益流出企业的可能性，通常按照一定的概率区间加以判断。

一般情况下，发生的概率分为以下几个层次：基本确定、很可能、可能、极小可能。企业通常可以结合下列情况判断经济利益流出的可能性：

概率区间	结果的可能性
大于 95%但小于 100%	基本确定
大于 50%但小于或等于 95%	很可能
大于 5%但小于或等于 50%	可能
大于 0 但小于或等于 5%	极小可能

企业因或有事项承担了现时义务，并不说明该现时义务很可能导致经济利益流出企业。

3. 该义务的金额能够可靠地计量

该义务的金额能够可靠地计量，是指与或有事项相关的现时义务的金额能够合理地估计。

由于或有事项具有不确定性，因或有事项产生的现时义务的金额也具有不确定性，需要估计。要对或有事项确认一项预计负债，相关现时义务的金额应当能够可靠估计。只有在其金额能够可靠地估计并同时满足其他两个条件时，企业才能加以确认。

如乙公司涉及一起诉讼案。根据以往的审判结果判断，乙公司很可能败诉，相关的赔偿金额也可以估算出一个区间。在这种情况下，就可以认为该公司因未决诉讼承担的现时义务的金额能够可靠地估计，从而对未决诉讼确认一项因或有事项形成的预计负债。但是如果没有以往的审判结果作为比照，而相关的法律法规条文又没有明确的解释，那么即使该公司预计可能败诉，在判决以前也很可能无法合理估计其须承担的现时义务的金额，这种情况下不应确认为预计负债。

二、或有事项的计量

当与或有事项有关的义务符合确认为负债的条件时应当将其确认为预计负债，预计负债应当按照履行相关现时义务所需支付的最佳估计数进行初始计量。此外，企业清偿因或有事项而确认的负债所需支出还可能从第三方或其他方获得补偿。或有事项的计量主要涉及两个方面：一是预计负债的计量；二是预期可获得补偿的处理。

（一）预计负债的计量

1. 最佳估计数的确定

预计负债应当按照履行相关现时义务所需支出的最佳估计数进行初始计量。最佳估计数的确定应当分别两种情况处理：

（1）所需支出存在一个连续范围，且该范围内各种结果发生的可能性相同，则最佳估计数应当按照该范围内的中间值，即上下限金额的平均数确定。

（2）所需支出不存在一个连续范围，或者虽然存在一个连续范围，但该范围内各种结果发生的可能性不相同。在这种情况下，最佳估计数按照如下方法确定：

①如果或有事项仅涉及单个项目，最佳估计数按照最可能发生金额确定。“涉及单个项目”指或有事项涉及的项目只有一个，如一项未决诉讼、一项未决仲裁或一项债务担保等。

②如果或有事项涉及多个项目，最佳估计数按照各种可能结果及相关概率加权计算确定。“涉及多个项目”指或有事项涉及的项目不止一个，如产品质量保证。在产品质量保证中，提出产品保修要求的可能有许多客户，相应地，企业对这些客户负有保修义务。

【例 11-1 · 多选题】 2×19 年 12 月 31 日，因乙公司的银行借款到期不能偿还，银行起诉其担保人甲公司，甲公司的律师认为败诉的可能性为 90%，一旦败诉，甲公司需向银行偿还借款本息共计 1200 万元，不考虑其他因素，下列对该事项的会计处理中，正确的有（　　）。

A. 确认营业外支出 1200 万元

B. 在附注中披露该或有事项的有关信息

C. 确认预计负债 1200 万元

D. 确认其他应付款 1080 万元

【解析】 甲公司预计承担担保责任的可能性为 90%，且金额能够可靠计量，则满足预计负债确认条件，应确认预计负债和营业外支出 1200 万元，选项 D 错误。

甲公司的账务处理为：

借：营业外支出　　1200

　贷：预计负债　　1200

【答案】 ABC

2. 预计负债的计量需要考虑的其他因素

企业在确定最佳估计数时应当综合考虑与或有事项有关的风险和不确定性、货币时间价值和未来事项等因素。

（1）风险和不确定性。

风险是对交易或者事项结果的变化可能性的一种描述。风险的变动可能增加负债计量的金额。企业在不确定的情况下进行判断需要谨慎，使得收入或资产不会被高估，费用或负债不会被低估。

企业应当充分考虑与或有事项有关的风险和不确定性，既不能忽略风险和不确定性对或有事项计量的影响，也要避免反复对风险和不确定性进行调整，从而在低估和高估预计负债金额之间寻找平衡点。

（2）货币时间价值。

预计负债的金额通常应当等于未来应支付的金额。但是，因货币时间价值的影响，资产负债表日后不久发生的现金流出，要比一段时间之后发生的同样金额的现金流出负有更大的义务。所以，如果预计负债的确认时点距离实际清偿有较长的时间跨度，货币时间价值的影响重大，那么在确定预计负债的确认金额时，应考虑采用现值计量，即通过对相关未来现金流出进行折现后确认最佳估计数。确定预计负债的金额不应考虑预期处置相关资产形成的利得。

将未来现金流出折算为现值时，需要注意以下三点：

①用来计算现值的折现率应当是反映货币时间价值的当前市场估计和相关负债特有风险的税前利率；

②风险和不确定性既可以在计量未来现金流出时作为调整因素，也可以在确定折现率时予以考虑，但不能重复反映；

③随着时间的推移，即使在未来现金流出和折现率均不改变的情况下，预计负债的现值将逐渐增长。企业应当在资产负债表日对预计负债的现值进行重新计量。

（3）未来事项。

企业应当考虑可能影响履行现时义务所需金额的相关未来事项。也就是说，对于这些未来事项，如果有足够的客观证据表明它们将发生，如未来技术进步、相关法规出台等，则应当在预计负债计量中予以考虑，但不应考虑预期处置相关资产形成的利得。

预期的未来事项可能对预计负债的计量较为重要。如某核电企业预计在生产结束时处理核废料的费用将因未来技术的变化而显著降低，那么，该企业因此确认的预计负债金额应当反映有关专家对技术发展以及处理费用减少作出的合理预测。但是，这种预计需要取得确凿的客观证据予以支持。

3. 资产负债表日对预计负债账面价值的复核

企业应当在资产负债表日对预计负债的账面价值进行复核。有确凿证据表明该账面价值不能真实反映当前最佳估计数的，应当按照当前最佳估计数对该账面价值进行调整。

企业应当在资产负债表日对为此确认的预计负债金额进行复核，相关因素发生变化表明预计负债金额不再能反映真实情况时，需要按照当前情况下企业清理和赔偿支出的最佳估计数对预计负债的账面价值进行相应的调整。

企业对已经确认的预计负债在实际支出发生时，应当仅限于最初为之确定该预计负债的支出。也就是说，只有与该预计负债有关的支出才能冲减预计负债，否则将会混淆不同预计负债确认事项的影响。

（二）预期可获得补偿的处理

企业清偿因或有事项而确认的负债所需支出全部或部分预期由第三方或其他方补偿，该补偿金额只有在基本确定能收到时，才能作为资产单独确认，确认的补偿金额不能超过所确认负债的账面价值。

企业预期从第三方获得的补偿，是一种潜在资产，其最终是否会转化为企业真正的资产（即企业是否能够收到这项补偿）具有较大的不确定性，企业只有在基本确定能够收到补偿时才能对其进行确认。根据资产和负债不能随意抵销的原则，预期可获得的补偿在基本确定能够收到时应当单独确认为一项资产，而不能作为预计负债金额的扣减。

补偿金额的确认涉及两个方面问题：一是确认时间，补偿只有在“基本确定”能够收到时才予以确认；二是确认金额，确认的金额是基本确定能够收到的金额，而且不能超过相关预计负债的账面价值。

第三节　或有事项会计处理原则的应用

一、未决诉讼及未决仲裁

诉讼，是指当事人不能通过协商解决争议，因而在人民法院起诉、应诉，请求人民法院通过审判程序解决纠纷的活动。官司是否能打赢，对于被告来说，可能构成一项潜在或现时义务；对于原告来说，则可能构成一项潜在资产。

仲裁，是指经济法的各方当事人依照事先约定或事后达成的书面仲裁协议，共同选定仲裁机构并由其对争议依法作出具有约束力裁决的一种活动。作为当事人一方，仲裁的结果在仲裁决定公布以前是不确定的，构成一项潜在或现时义务，或潜在资产。

【例 11-2·单选题】2×18 年 12 月 31 日，甲公司涉及的一项产品质量未决诉讼案，败诉的可能性为 80%。如果胜诉，不需支付任何费用；如果败诉，需支付赔偿金及诉讼费共计 60 万元，同时基本确定可从保险公司获得 45 万元的赔偿。当日，甲公司应确认预计负债的金额为（　　）万元。

A. 15　　　　B. 60

C. 0　　　　D. 48

【解析】或有事项满足预计负债确认条件应该按照最可能发生金额确认预计负债，对于补偿应该在基本确定能够收到时相应的确认其他应收款，不影响预计负债的金额。

【答案】B

二、债务担保

债务担保在企业中是较为普遍的现象。作为提供担保的一方，在被担保方无法履行合同的情况下，常常承担连带责任。从保护投资者、债权人的利益出发，客观、充分地反映企业因担保义务而承担的潜在风险是十分必要的。

企业对外提供债务担保常常会涉及未决诉讼，这时可以分别以下情况进行处理：

（1）企业已被判决败诉，则应当按照人民法院判决的应承担的损失金额，确认为负债，并计入当期营业外支出。

（2）已判决败诉，但企业正在上诉，或者经上一级人民法院裁定暂缓执行，或者由上一级人民法院发回重审等，企业应当在资产负债表日，根据已有判决结果合理估计可能产生的损失金额，确认为预计负债，并计入当期营业外支出。

（3）人民法院尚未判决的，企业应向其律师或法律顾问等咨询，估计败诉的可能性，以及败诉后可能发生的损失金额，并取得有关书面意见。如果败诉的可能性大于胜诉的可能性，并且损失金额能够合理估计的，应当在资产负债表日将预计担保损失金额确认为预计负债，并计入当期营业外支出。

三、产品质量保证

产品质量保证，通常指销售商或制造商在销售产品或提供劳务后，对客户提供服务的一种承诺。

在约定期内，若产品或劳务在正常使用过程中出现质量或与之相关的其他属于正常范围的问题，企业负有更换产品、免费或只收成本价进行修理等责任。有时，也可能没有上述约定，比如企业对售出产品负有终身保修的责任。按照权责发生制，如果这些支出符合一定的确认条件就应在销售成立时确认。

【例 11-3 · 单选题】按照法律规定，甲公司对销售的设备提供 3 年的免费保修服务。根据以往经验，甲公司预计保修费用为销售金额的 1.5%。2×21 年 1 月 1 日，甲公司资产负债表中预计负债项目的金额为 350 万元。2×21 年度，甲公司销售 M 设备，实现销售收入 20000 万元，实际发生的设备保修费用为 400 万元。不考虑其他因素，2×21 年 12 月 31 日，甲公司资产负债表中预计负债项目的金额为（　　）万元。

A. 100　　B. 650　　C. 300　　D. 250

【解析】2×21 年 12 月 31 日，甲公司资产负债表中预计负债项目的金额 = 350 + 20000×1.5% - 400 = 250（万元）。

【答案】D

四、亏损合同

亏损合同，是指履行合同义务不可避免会发生的成本超过预期经济利益的合同。亏损合同产生的义务满足预计负债的确认条件，应当确认为预计负债。

预计负债的计量应当反映退出该合同的最低净成本，即履行该合同的成本与未能履行该合同而发生的补偿或处罚两者之中的较低者。企业与其他企业签订的商品销售合同、劳务合同、租赁合同等，均可能变为亏损合同。

企业对亏损合同进行会计处理，需要遵循以下原则：企业履行该合同的成本包括履行合同的增量成本和与履行合同直接相关的其他成本的分摊金额。其中，履行合同的增量成本包括直接人工、直接材料等；与履行合同直接相关的其他成本的分摊金额包括用于履行合同的固定资产的折旧费用分摊金额等。

（1）如果与亏损合同相关的义务不需支付任何补偿即可撤销，企业通常就不存在现时义务，不应确认为预计负债；如果与亏损合同相关的义务不可撤销，企业就存在现时义务，同时满足该义务很可能导致经济利益流出企业且金额能够可靠地计量的，应当确认为预计负债。

（2）亏损合同存在标的资产的，应当对标的资产进行减值测试并按规定确认减值损失，在这种情况下，企业通常不需确认预计负债，如果预计亏损超过该减值损失，应将超过部分确认为预计负债；合同不存在标的资产的，亏损合同相关义务满足预计负债确认条件时，应当确认预计负债。

五、重组义务

重组，是指企业制定和控制的，将显著改变企业组织形式、经营范围或经营方式的计划实施行为。

属于重组的事项主要包括：

（1）出售或终止企业的部分业务；

（2）对企业的组织结构进行较大调整；

（3）关闭企业的部分营业场所，或将营业活动由一个国家或地区迁移到其他国家或地区。

企业应当将重组与企业合并、债务重组区别开。因为重组通常是企业内部资源的调整和组合，谋求现有资产效能的最大化；企业合并是在不同企业之间的资本重组和规模扩张；而债务重组是债权人、债务人就清偿债务的时间、金额或方式等重新达成协议。

（一）重组义务的确认

企业因重组而承担了重组义务，并且同时满足预计负债确认条件时，才能确认预计负债。

首先，同时存在下列情况的，表明企业承担了重组义务：

（1）有详细、正式的重组计划，包括重组涉及的业务、主要地点、需要补偿的职工人数、预计重组支出、计划实施时间等；

（2）该重组计划已对外公告，重组计划已经开始实施，或已向受其影响的各方通告了该计划的主要内容，从而使各方形成了对该企业将实施重组的合理预期。

其次，需要判断重组义务是否同时满足预计负债的三个确认条件，即判断其承担的重组义务是否是现时义务、履行重组义务是否很可能导致经济利益流出企业、重组义务的金额是否能够可靠计量。只有同时满足这三个确认条件，才能将重组义务确认为预计负债。

（二）重组义务的计量

企业应当按照与重组有关的直接支出确定预计负债金额，计入当期损益。其中，直接支出是企业重组必须承担的，并且与主体继续进行的活动无关的支出，不包括留用职工岗前培训、市场推广、新系统和营销网络投入等支出。因为这些支出与未来经营活动有关，在资产负债表日不是重组义务。

由于企业在计量预计负债时不应当考虑预期处置相关资产的利得，在计量与重组义务相关的预计负债时，也不考虑处置相关资产（厂房、店面，有时是一个事业部整体）可能形成的利得或损失，即使资产的出售构成重组的一部分也是如此，这些利得或损失应当单独确认。

常见属于与重组有关的直接支出：

（1）自愿遣散；

（2）强制遣散；

（3）不再使用的厂房或设备的租赁撤销费。

常见不属于与重组有关的直接支出：

（1）将职工和设备从拟关闭的工厂转移到继续使用的工厂；

（2）剩余职工的再培训；

（3）新经理的招聘成本；

（4）推广公司新形象的营销成本；

（5）对新营销网络的投资；

（6）因重组事项导致的未来可辨认经营损失；

（7）特定固定资产的减值损失（如设备的预计处置损失）。

上述事项（1）~（6），属于与继续经营活动相关的事项，事项（7）属于资产减值范畴，应按资产减值准则相关规定进行处理，故不属于与重组有关的直接支出。

【例 11-4 · 单选题】 2×20 年 12 月 31 日，经相关部门批准，甲公司对外公告将于 2×21 年 1 月 1 日起关闭 W 工厂，甲公司预计将在 3 个月内发生以下支出，辞退职工补偿金 2000 万元，转岗职工培训费 50 万元，提前终止厂房租赁合同的违约金 300 万元。不考虑其他因素，甲公司决议关闭 W 工厂将导致其 2×20 年 12 月 31 日负债增加的金额为（　　）万元。

A. 2350　　B. 2300　　C. 2050　　D. 2000

【解析】 辞退职工补偿金 2000 万元应确认应付职工薪酬，终止厂房租赁合同的违约金 300 万元应确认预计负债，因此甲公司关闭 W 工厂将导致 2×20 年 12 月 31 日负债增加的金额 = 2000+300 = 2300（万元），选项 B 正确。

【答案】 B

第十二章 收 入

第一节 收入概述

一、收入的概念

收入，是指企业在日常活动中形成的、会导致所有者权益增加的、与所有者投入资本无关的经济利益的总流入。其中，日常活动，是指企业为完成其经营目标所从事的经常性活动以及与之相关的活动。

本章适用于所有与客户之间的合同，不涉及企业对外出租资产收取的租金、进行债权投资收取的利息、进行股权投资取得的现金股利、保险合同取得的保费收入等。

企业以存货换取客户的存货、固定资产、无形资产以及长期股权投资等，按照本章有关内容进行会计处理；其他非货币性资产交换，按照《企业会计准则第 7 号——非货币性资产交换》进行会计处理。

企业处置固定资产、无形资产等的，在确定处置时点以及计量处置损益时，按照本章有关内容进行会计处理。

二、收入确认的原则

企业确认收入的方式应当反映其向客户转让商品的模式，收入的金额应当反映企业因转让这些商品而预期有权收取的对价金额。企业应当在履行了合同中的履约义务，即在客户取得相关商品控制权时确认收入。

取得相关商品控制权，是指能够主导该商品的使用并从中获得几乎全部的经济利益，也包括有能力阻止其他方主导该商品的使用并从中获得经济利益。取得商品控制权同时包括下列三要素：

(1) 能力。

即客户必须拥有现时权利，能够主导该商品的使用并从中获得几乎全部经济利益。

(2) 主导该商品的使用。

客户有能力主导该商品的使用，是指客户有权使用该商品，或者能够允许或阻止其他方使用该商品。

(3) 能够获得几乎全部的经济利益。

商品的经济利益，是指该商品的潜在现金流量，既包括现金流入的增加，也包括现金流出的减少。

客户，是指与企业订立合同以向企业购买其日常活动产出的商品并支付对价的一方。

如果合同对方与企业订立合同的目的是共同参与一项活动（如合作开发一项资产），合同对方和企业一起分担或分享该活动产生的风险或收益，而不是获取企业日常活动产出的商品，则该合同对方不是企业的客户。

企业收入的会计处理是以企业与客户之间的单个合同为基础，但是，为便于实务操作，当企业能够合理预计，将收入的会计处理应用于具有类似特征的合同（或履约义务）组合或应用于该组合中的每一个合同（或履约义务），不会对企业的财务报表产生显著不同的影响时，企业可以在合同组合层面对收入进行会计处理。

第二节 收入的确认和计量

收入的确认和计量大致分为五步：

步骤	内容	本质
第一步	识别与客户订立的合同	收入确认
第二步	识别合同中的单项履约义务	
第三步	确定交易价格	收入计量
第四步	将交易价格分摊至各单项履约义务	
第五步	履行各单项履约义务时确认收入	收入确认

一、识别与客户订立的合同

（一）合同识别

合同，是指双方或多方之间订立有法律约束力的权利义务的协议。

合同包括书面形式、口头形式以及其他形式（如隐含于商业惯例或企业以往的习惯做法中等）。

企业与客户之间的合同同时满足下列五项条件的，企业应当在履行了合同中的履约义务，即在客户取得相关商品控制权时确认收入：

（1）合同各方已批准该合同并承诺将履行各自义务；

（2）该合同明确了合同各方与所转让商品相关的权利和义务；

（3）该合同有明确的与所转让商品相关的支付条款；

（4）该合同具有商业实质；

（5）企业因向客户转让商品而有权取得的对价很可能收回。

企业在进行上述判断时，需要注意下列三点：

（1）合同约定的权利和义务是否具有法律约束力，需要根据企业所处的法律环境和实务操作进行判断；

（2）合同具有商业实质，是指履行该合同将改变企业未来现金流量的风险、时间分布或金额；

（3）企业在评估其因向客户转让商品而有权取得的对价是否很可能收回时，仅应考虑客户到期时支付对价的能力和意图（即客户的信用风险）。

企业预期很可能无法收回全部合同对价时，应当判断其原因是客户的信用风险还是企业向客户提供了价格折让所致。

对于不符合上述五项条件的合同，企业只有在不再负有向客户转让商品的剩余义务（如合同已完成或取消），且已向客户收取的对价（包括全部或部分对价）无须退回时，才能将已收取的对价确认为收入；否则，应当将已收取的对价作为负债进行会计处理。

企业向客户收取无须退回的对价的，应当在已经将该部分对价所对应的商品的控制权转移给客户，并已经停止向客户转让额外的商品，且也不再负有此类义务时，或者，相关合同已经终止时，将该部分对价确认为收入。

需要说明的是，没有商业实质的非货币性资产交换，无论何时，均不应确认收入。从事相同业务经营的企业之间，为便于向客户或潜在客户销售商品而进行的非货币性资产交换（如两家石油公司之间相互交换石油，以便及时满足各自不同地点客户的需求），不应当确认收入。

企业与客户之间的合同，在合同开始日即满足上述五项条件的，企业在后续期间无须对其进行重新评估，除非有迹象表明相关事实和情况发生重大变化。

在合同开始日不符合上述五项条件的，企业应当在后续期间对其进行持续评估，以判断其能否满足上述五项条件，企业在此之前已经向客户转移部分商品的，当该合同在后续期间满足上述五项条件时，企业应当将在此之前已经转移商品所分摊的交易价格确认为收入。

合同开始日，是指合同开始赋予合同各方具有法律约束力的权利和义务的日期，通常是指合同生效日。

（二）合同合并

企业与同一客户（或该客户的关联方）同时订立或在相近时间内先后订立的两份或多份合同，在满足下列条件之一时，应当合并为一份合同进行会计处理：

（1）该两份或多份合同基于同一商业目的而订立并构成“一揽子”交易，如一份合同在不考虑另一份合同对价的情况下将会发生亏损；

（2）该两份或多份合同中的一份合同的对价金额取决于其他合同的定价或履行情况，如一份合同如果发生违约，将会影响另一份合同的对价金额；

（3）该两份或多份合同中所承诺的商品（或每份合同中所承诺的部分商品）构成单项履约义务。

两份或多份合同合并为一份合同进行会计处理的，仍然需要区分该一份合同中包含的各单项履约义务。

（三）合同变更

合同变更，是指经合同各方批准对原合同范围或价格作出的变更。合同各方可能以书面形式、口头形式或其他形式（如隐含于企业以往的习惯做法中）批准合同变更。企业应当区分下列三种情形对合同变更分别进行会计处理：

1. 合同变更部分作为单独合同

合同变更增加了可明确区分的商品及合同价款，且新增合同价款反映了新增商品单独售价的（以下简称“合同变更的第 1 种情形”），应当将该合同变更部分作为一份单独的合同进行会计处理。此类合同变更不影响原合同的会计处理。

2. 合同变更作为原合同终止及新合同订立

合同变更不属于合同变更的第 1 种情形，且在合同变更日已转让的商品与未转让的商品之间可明确区分的（以下简称“合同变更的第 2 种情形”），应当视为原合同终止，同时，将原合同未履约部分与合同变更部分合并为新合同进行会计处理。

3. 合同变更部分作为原合同的组成部分

合同变更不属于合同变更的第 1 种情形，且在合同变更日已转让的商品与未转让的商品之间不可明确区分的（以下简称“合同变更的第 3 种情形”），应当将该合同变更部分作为原合同的组成部分，在合同变更日重新计算履约进度，并调整当期收入和相应成本等。

如果在合同变更日未转让的商品为上述第 2 种和第 3 种情形的组合，企业应当分别相应按照上述第 2 或第 3 种情形的方式对合同变更后尚未转让（或部分未转让）的商品进行会计处理。

判断合同变更的会计处理步骤：

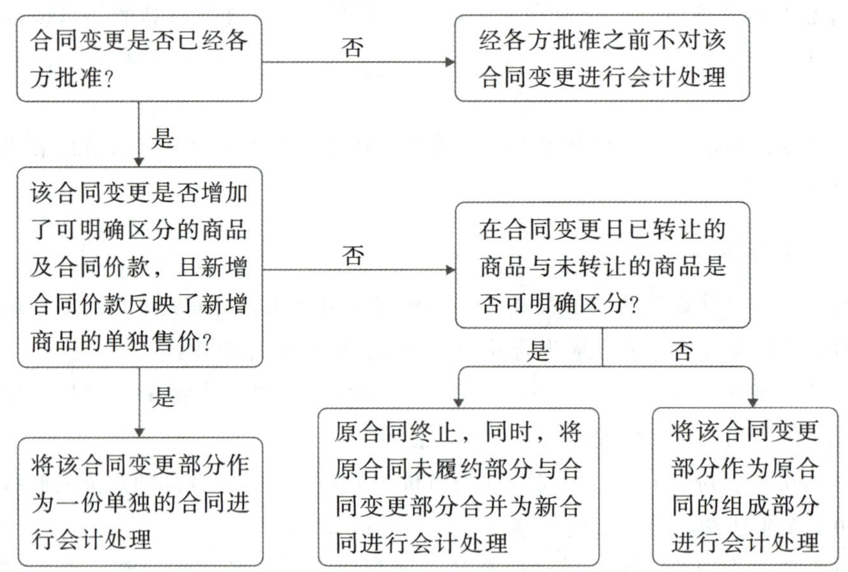

二、识别合同中的单项履约义务

合同开始日，企业应当识别合同中所包含的各单项履约义务，并确定各单项履约义务是在某一时段内履行，还是在某一时点履行，然后，在履行各单项履约义务时分别确认收入。

履约义务，是指合同中企业向客户转让可明确区分商品的承诺。

企业应当将下列向客户转让商品的承诺作为单项履约义务。

（一）企业向客户转让可明确区分商品（或者商品或服务的组合）的承诺

企业向客户承诺的商品同时满足下列条件的，应当作为可明确区分商品：

（1）客户能够从该商品本身或者从该商品与其他易于获得的资源一起使用中受益。

（2）企业向客户转让该商品的承诺与合同中其他承诺可单独区分，以识别企业承诺转让的是每一项商品，还是由这些商品组成的一个或多个组合产出。组合产出的价值通常高于或者显著不同于各单项商品的价值总和。

下列情形通常表明企业向客户转让该商品的承诺与合同中的其他承诺不可明确区分：

①企业需提供重大的服务以将该商品与合同中承诺的其他商品进行整合，形成合同约定的某个或某些组合产出转让给客户。

②该商品将对合同中承诺的其他商品予以重大修改或定制。

③该商品与合同中承诺的其他商品具有高度关联性。

需要说明的是，企业向客户销售商品时，往往约定企业需要将商品运送至客户指定的地点。通常情况下，商品控制权转移给客户之前发生的运输活动不构成单项履约义务；相反，商品控制权转移给客户之后发生的运输活动可能表明企业向客户提供了一项运输服务，企业应当考虑该项服务是否构成单项履约义务。

（二）一系列实质相同且转让模式相同的、可明确区分的商品

当企业向客户连续转让某项承诺的商品时，如果这些商品属于实质相同且转让模式相同的一系列商品，企业应当将这一系列商品作为单项履约义务。

转让模式相同，是指每一项可明确区分的商品均满足在某一时段内履行履约义务的条件，且采用相同方法确定其履约进度。

企业在判断所转让的一系列商品是否实质相同时，应当考虑合同中承诺的性质，当企业承诺的是提供确定数量的商品时，需要考虑这些商品本身是否实质相同；当企业承诺的是在某一期间内随时向客户提供某项服务时，需要考虑企业在该期间内的各个时间段（如每天或每小时）的承诺是否相同，而并非具体的服务行为本身。

三、确定交易价格

交易价格，是指企业因向客户转让商品而预期有权收取的对价金额。

企业代第三方收取的款项（如增值税）以及企业预期将退还给客户的款项，应当作为负债处理，不计入交易价格。合同标价并不一定代表交易价格，企业应当根据合同条款，并结合以往的习惯做法等确定交易价格。

（一）可变对价

企业与客户的合同中约定的对价金额可能是固定的，也可能会因折扣、价格折让、返利、退款、奖励积分、激励措施、业绩奖金、索赔、未来事项等因素而变化。

此外，企业有权收取的对价金额，将根据一项或多项或有事项的发生有所不同的情况，

也属于可变对价的情形，如企业售出商品但允许客户退货时，企业有权收取的对价金额将取决于客户是否退货，因此该合同的交易价格是可变的。

1. 可变对价最佳估计数的确定

企业应当按照期望值或最可能发生金额确定可变对价的最佳估计数。

期望值，是按照各种可能发生的对价金额及相关概率计算确定的金额。当企业拥有大量具有类似特征的合同，并据此估计合同可能产生多个结果时，按照期望值估计可变对价金额通常是恰当的。

最可能发生金额是一系列可能发生的对价金额中最可能发生的单一金额，即合同最可能产生的单一结果。

当合同仅有两个可能结果（如企业能够达到或不能达到某业绩奖金目标）时，按照最可能发生金额估计可变对价金额通常是恰当的。

企业采用期望值或最可能发生金额估计可变对价时，应当选择能够更好地预测其有权收取的对价金额的方法。

对于某一事项的不确定性对可变对价金额的影响，企业应当在整个合同期间一致地采用同一种方法进行估计；对于类似的合同，应当采用相同的方法进行估计。但是，当存在多个不确定性事项均会影响可变对价金额时，企业可以采用不同的方法对其进行估计。

2. 计入交易价格的可变对价金额的限制

企业按照期望值或最可能发生金额确定可变对价金额之后，计入交易价格的可变对价金额还应该满足限制条件，即包含可变对价的交易价格，应当不超过在相关不确定性消除时累计已确认的收入极可能不会发生重大转回的金额。

企业在对此进行评估时，应当同时考虑收入转回的可能性及转回金额的比重。其中，“极可能”发生的概率应远高于“很可能（即可能性超过 50%）”，但不要求达到“基本确定（即可能性超过 95%）”；在评估收入转回金额的比重时，应同时考虑合同中包含的固定对价和可变对价。企业应当将满足上述限制条件的可变对价的金额，计入交易价格。

每一资产负债表日，企业应当重新估计可变对价金额（包括重新评估对可变对价的估计是否受到限制），以如实反映报告期末存在的情况以及报告期内发生的情况变化。

（二）合同中存在的重大融资成分

当企业将商品的控制权转移给客户的时间与客户实际付款的时间不一致时，对于企业以赊销的方式销售商品，或者要求客户支付预付款等，如果各方以在合同中明确（或者以隐含的方式）约定的付款时间为客户或企业就转让商品的交易提供了重大融资利益，则合同中即包含了重大融资成分。

合同中存在重大融资成分的，企业应当按照假定客户在取得商品控制权时即以现金支付的应付金额（即现销价格）确定交易价格。

在评估合同中是否存在融资成分以及该融资成分对于该合同而言是否重大时，企业应当考虑所有相关的事实和情况，具体包括：

1. 已承诺的对价金额与已承诺商品的现销价格之间的差额。

2. 企业将承诺的商品转让给客户与客户支付相关款项之间的预计时间间隔和相应的市场

现行利率的共同影响。

企业向客户转让商品与客户支付相关款项之间虽然存在时间间隔，但两者之间的合同没有包含重大融资成分的情形有：

①客户就商品支付了预付款，且可以自行决定这些商品的转让时间。

如企业向客户出售其发行的储值卡，客户可随时到该企业持卡购物；再如企业向客户授予奖励积分，客户可随时到该企业兑换这些积分等。

②客户承诺支付的对价中有相当大的部分是可变的，该对价金额或付款时间取决于某一未来事项是否发生，且该事项实质上不受客户或企业控制。

如按照实际销售量收取的特许权使用费。

③合同承诺的对价金额与现销价格之间的差额是由于向客户或企业提供融资利益以外的其他原因所导致的，且这一差额与产生该差额的原因是相称的。

如合同约定的支付条款是为了对企业或客户提供保护，以防止另一方未能依照合同充分履行其部分或全部义务。

合同中存在重大融资成分的，企业在确定该重大融资成分的金额时，应使用将合同对价的名义金额折现为商品现销价格的折现率。

该折现率一经确定，不得因后续市场利率或客户信用风险等情况的变化而变更。

企业确定的交易价格与合同承诺的对价金额之间的差额，应当在合同期间内采用实际利率法摊销。

需要说明的是，企业应当在单个合同层面考虑融资成分是否重大，而不应在合同组合层面考虑这些合同中的融资成分的汇总影响对企业整体而言是否重大。企业只有在确认了合同资产（或应收款项）和合同负债时，才应当分别确认重大融资成分相应的利息收入和利息支出。

为简化实务操作，如果在合同开始日，企业预计客户取得商品控制权与客户支付价款间隔不超过一年的，可以不考虑合同中存在的重大融资成分。企业应当对类似情形下的类似合同一致地应用这一简化处理方法。

合同负债，是指企业已收或应收客户对价而应向客户转让商品的义务。

企业在向客户转让商品之前，如果客户已经支付了合同对价或企业已经取得了无条件收取合同对价的权利，则企业应当在客户实际支付款项与到期应支付款项孰早时点，将该已收或应收的款项确认并列示为合同负债。

合同资产，是指企业已向客户转让商品而有权收取对价的权利，且该权利取决于时间流逝之外的其他因素。

应收款项是企业无条件收取合同对价的权利。只有在合同对价到期支付之前仅仅随着时间的流逝即可收款的权利，才是无条件的收款权。

合同资产和应收款项都是企业拥有的有权收取对价的合同权利，二者的区别在于，应收款项代表的是无条件收取合同对价的权利，即企业仅仅随着时间的流逝即可收款，而合同资产并不是一项无条件收款权，该权利除了时间流逝之外，还取决于其他条件（例如，履行合同中的其他履约义务）才能收取相应的合同对价。

合同资产和合同负债应当在资产负债表中单独列示，并按流动性，分别列示为“合同资产”或“其他非流动资产”以及“合同负债”或“其他非流动负债”。

同一合同下的合同资产和合同负债应当以净额列示，不同合同下的合同资产和合同负债不能互相抵销。

（三）非现金对价

当企业因转让商品而有权向客户收取的对价是非现金形式时，如实物资产、无形资产、股权、客户提供的广告服务等。企业通常应当按照非现金对价在合同开始日的公允价值确定交易价格。

非现金对价公允价值不能合理估计的，企业应当参照其承诺向客户转让商品的单独售价间接确定交易价格。

非现金对价的公允价值可能会因对价的形式而发生变动（如企业有权向客户收取的对价是股票，股票本身的价格会发生变动），也可能会因为对价形式以外的原因而发生变动（如企业有权收取非现金对价的公允价值因企业的履约情况而发生变动）。

合同开始日后，非现金对价的公允价值因对价形式以外的原因而发生变动的，应当作为可变对价，按照与计入交易价格的可变对价金额的限制条件相关的规定进行处理。

合同开始日后，非现金对价的公允价值因对价形式而发生变动的，该变动金额不应计入交易价格。

企业在向客户转让商品的同时，如果客户向企业投入材料、设备或人工等商品，以协助企业履行合同，企业应当评估其是否取得了对这些商品的控制权，取得这些商品控制权的，企业应当将这些商品作为从客户收取的非现金对价进行会计处理。

【例 12-1·判断题】销售合同约定客户支付对价的形式为股票的，企业应当根据合同开始日后股票公允价值的变动调整合同的交易价格。（　　）

【解析】销售合同约定客户支付对价的形式为股票的，应以合同开始日股票的公允价值确认交易价格，合同开始日后，股票的公允价值发生变动的，该变动金额不应计入交易价格。

【答案】×

（四）应付客户对价

企业在向客户转让商品的同时，需要向客户或第三方支付对价的，除为了自客户取得其他可明确区分商品的款项外，应当将该应付对价冲减交易价格，并在确认相关收入与支付（或承诺支付）客户对价二者孰晚的时点冲减当期收入。应付客户对价还包括可以抵减应付企业金额的相关项目金额，如优惠券、兑换券等。

四、将交易价格分摊至各单项履约义务

合同中包含两项或多项履约义务的，企业应当在合同开始日，按照各单项履约义务所承诺商品的单独售价的相对比例，将交易价格分摊至各单项履约义务。

单独售价，是指企业向客户单独销售商品的价格。企业在类似环境下向类似客户单独销售某商品的价格，应作为确定该商品单独售价的最佳证据。

单独售价无法直接观察的，企业应当综合考虑其能够合理取得的全部相关信息，采用市场调整法、成本加成法、余值法等方法合理估计单独售价。

企业在估计单独售价时，应当最大限度地采用可观察的输入值，并对类似情况采用一致的估计方法。

方法	内容
市场调整法	是指企业根据某商品或类似商品的市场售价，考虑本企业的成本和毛利等进行适当调整后的金额，确定其单独售价的方法
成本加成法	是指企业根据某商品的预计成本加上其合理毛利后的金额，确定其单独售价的方法
余值法	是指企业根据合同交易价格减去合同中其他商品可观察单独售价后的余额，确定某商品单独售价的方法。企业在商品近期售价波动幅度巨大，或者因未定价且未曾单独销售而使售价无法可靠确定时，可采用余值法估计其单独售价

如果合同中存在两项或两项以上的商品，其销售价格变动幅度较大或尚未确定，企业需要采用多种方法相结合的方式，对合同所承诺的商品的单独售价进行估计。如企业可能采用余值法估计销售价格变动幅度较大或尚未确定的多项可明确区分商品的单独售价总和，然后再采用其他方法估计其中包含的每一项可明确区分商品的单独售价。

企业采用多种方法相结合的方式估计合同所承诺的每一项商品的单独售价时，应当评估该方式是否满足交易价格分摊的目标，即企业分摊至各单项履约义务（或可明确区分的商品）的交易价格是否能够反映其因向客户转让已承诺的相关商品而预期有权收取的对价金额。如当企业采用余值法估计确定的某单项履约义务的单独售价为零或仅为很小的金额时，企业应当评估该结果是否恰当。

1. 分摊合同折扣

当客户购买的一组商品中所包含的各单项商品的单独售价之和高于合同交易价格时，表明客户因购买该组商品而取得了合同折扣。

合同折扣，是指合同中各单项履约义务所承诺商品的单独售价之和高于合同交易价格的金额。企业应当在各单项履约义务之间按比例分摊合同折扣。

有确凿证据表明合同折扣仅与合同中一项或多项（而非全部）履约义务相关的，企业应当将该合同折扣分摊至相关的一项或多项履约义务。

同时满足下列三项条件时，企业应当将合同折扣全部分摊至合同中的一项或多项（而非全部）履约义务：

（1）企业经常将该合同中的各项可明确区分商品单独销售或者以组合的方式单独销售；

（2）企业经常将其中部分可明确区分的商品以组合的方式按折扣价格单独销售；

（3）归属于上述第（2）项中每一组合的商品的折扣与该合同中的折扣基本相同，并且对每一组合中的商品的评估为将该合同的整体折扣归属于某一项或多项履约义务提供了可观察的证据。

有确凿证据表明，合同折扣仅与合同中的一项或多项（而非全部）履约义务相关，且企业采用余值法估计单独售价的，应当首先在该一项或多项（而非全部）履约义务之间分摊合同折扣；然后再采用余值法估计单独售价。

2. 分摊可变对价

合同中包含可变对价的，该可变对价可能与整个合同相关，也可能仅与合同中的某一特定组成部分相关。

仅与合同中的某一特定组成部分相关包括两种情形：

（1）可变对价与合同中的一项或多项（而非全部）履约义务相关，如是否获得奖金取决于企业能否在指定时期内转让某项已承诺的商品；

（2）可变对价与企业向客户转让的构成单项履约义务的一系列可明确区分商品中的一项或多项（而非全部）商品相关，如为期两年的保洁服务合同中，第二年的服务价格将根据指定的通货膨胀率确定。

同时满足下列两项条件的，企业应当将可变对价及可变对价的后续变动额全部分摊至与之相关的某项履约义务，或者构成单项履约义务的一系列可明确区分商品中的某项商品：

（1）可变对价的条款专门针对企业为履行该项履约义务或转让该项可明确区分商品所作的努力。

（2）企业在考虑了合同中的全部履约义务及支付条款后，将合同对价中的可变金额全部分摊至该项履约义务或该项可明确区分商品符合分摊交易价格的目标。

不满足上述条件的可变对价及可变对价的后续变动额，以及可变对价及其后续变动额中未满足上述条件的剩余部分，企业应当按照分摊交易价格的一般原则，将其分摊至合同中的各单项履约义务。

对于已履行的履约义务，其分摊的可变对价后续变动额应当调整变动当期的收入。

【例 12-2 · 单选题】 2×23 年 7 月 1 日，甲公司与客户签订一项合同，向其销售 H、K 两件商品。合同交易价格为 5 万元，H、K 两件商品的单独售价分别为 1.2 万元和 4.8 万元。合同约定，H 商品于合同开始日交付，K 商品在 7 月 10 日交付，当两件商品全部交付之后，甲公司才有权收取全部货款。交付 H 商品和 K 商品分别构成单项履约义务，控制权分别在交付时转移给客户。不考虑增值税等相关税费及其他因素。甲公司在交付 H 商品时应确认（　　）。

A. 应收账款 1 万元

B. 合同资产 1 万元

C. 合同资产 1.2 万元

D. 应收账款 1.2 万元

【解析】甲公司在交付H商品时应确认合同资产=5×1.2/（1.2+4.8）=1（万元）。

【答案】B

五、履行每一单项履约义务时确认收入

企业应当在履行了合同中的履约义务，即客户取得相关商品控制权时确认收入，控制权转移是确认收入的前提。

对于履约义务，企业首先判断履约义务是否满足在某一时段内履行的条件，如不满足，则该履约义务属于在某一时点履行的履约义务。

对于在某一时段内履行的履约义务，企业应当选取恰当的方法来确定履约进度；对于在某一时点履行的履约义务，企业应当综合分析控制权转移的迹象，判断其转移时点。

（一）在某一时段内履行的履约义务

1. 在某一时段内履行履约义务的条件

满足下列条件之一的，属于在某一时段内履行的履约义务：

（1）客户在企业履约的同时即取得并消耗企业履约所带来的经济利益。

企业在进行判断时，可以假定在企业履约的过程中更换为其他企业继续履行剩余履约义务时，如果继续履行合同的其他企业实质上无须重新执行企业累计至今已经完成的工作，则表明客户在企业履约的同时即取得并消耗了企业履约所带来的经济利益。

（2）客户能够控制企业履约过程中在建的商品。

企业在履约过程中在建的商品包括在产品、在建工程、尚未完成的研发项目、正在进行的服务等，由于客户控制了在建的商品，客户在企业提供商品的过程中获得其利益，因此，该履约义务属于在某一时段内履行的履约义务，应当在该履约义务履行的期间内确认收入。

（3）企业履约过程中所产出的商品具有不可替代用途，且企业在整个合同期间内有权就累计至今已完成的履约部分收取款项。

①商品具有不可替代用途。具有不可替代用途，是指因合同限制或实际可行性限制，企业不能轻易地将商品用于其他用途。企业在判断商品是否具有不可替代用途时，需要注意下列四点：

一是判断时点是合同开始日。

二是当合同中存在实质性的限制条款，导致企业不能将合同约定的商品用于其他用途时，该商品满足具有不可替代用途的条件。

三是虽然合同中没有限制条款，但是，当企业将合同中约定的商品用作其他用途，将导致企业遭受重大的经济损失时，企业将该商品用作其他用途的能力实际上受到了限制。

四是基于最终转移给客户的商品的特征判断。

②有权就累计至今已完成的履约部分收取款项，是指在由于客户或其他方原因终止合同的情况下，企业有权就累计至今已完成的履约部分收取能够补偿其已发生成本和合理利润的款项，并且该权利具有法律约束力。

需要强调的是，合同终止必须是由于客户或其他方而非企业自身的原因所致，在整个合同期间内的任一时点，企业均应当拥有此项权利。企业在进行判断时，需要注意下列五点：

一是企业有权收取的款项应当能够补偿企业已经发生的成本和合理利润。

下列两种情形都属于补偿企业的合理利润：

第一，根据合同终止前的履约进度对该合同的毛利水平进行调整后确定的金额作为补偿金额；

第二，如果该合同的毛利水平高于企业同类合同的毛利水平，以企业从同类合同中能够获取的合理资本回报或者经营毛利作为利润补偿。

二是该规定并不意味着企业拥有现时可行使的无条件收款权。

企业在判断时应当考虑，假设在发生由于客户或其他方原因导致合同在合同约定的重要时点、重要事项完成前或合同完成前终止时，企业是否有权要求客户补偿其累计至今已完成的履约部分应收取的款项。

三是当客户只有在某些特定时点才有权终止合同，或者根本无权终止合同时，客户终止了合同（包括客户没有按照合同约定履行其义务），但是，合同或法律法规仍要求企业应继续向客户转移合同中承诺的商品并因此有权要求客户支付对价的，也符合“企业有权就累计至今已完成的履约部分收取款项”的要求。

四是企业在进行判断时，既要考虑合同条款的约定，还应当充分考虑适用的法律法规、补充或者凌驾于合同条款之上的以往司法实践以及类似案例的结果等。

五是企业和客户之间在合同中约定的付款时间进度表，不一定就表明企业有权就累计至今已完成的履约部分收取款项。

2. 在某一时段内履行的履约义务的收入确认

对于在某一时段内履行的履约义务，企业应当在该段时间内按照履约进度确认收入，但是，履约进度不能合理确定的除外。

企业应当考虑商品的性质，采用产出法或投入法确定恰当的履约进度，并且在确定履约进度时，应当扣除那些控制权尚未转移给客户的商品。

企业按照履约进度确认收入时，通常应当在资产负债表日按照合同的交易价格总额乘以履约进度扣除以前会计期间累计已确认的收入后的金额，确认为当期收入。

（1）产出法。

产出法是根据已转移给客户的商品对于客户的价值确定履约进度，通常可采用实际测量的完工进度、评估已实现的结果、已达到的工程进度节点、时间进度、已完工或交付的产品等产出指标确定履约进度。

企业在评估是否采用产出法确定履约进度时，应当考虑具体的事实和情况，并选择能够如实反映企业履约进度和向客户转移商品控制权的产出指标。当选择的产出指标无法计量控制权已转移给客户的商品时，不应采用产出法。

（2）投入法。

投入法是根据企业为履行履约义务的投入确定履约进度，通常可采用投入的材料数量、花费的人工工时或机器工时、发生的成本和时间进度等投入指标确定履约进度。

当企业从事的工作或发生的投入是在整个履约期间内平均发生时，企业也可以按照直线法确认收入。

产出法下有关产出指标的信息有时可能无法直接观察获得，或者企业为获得这些信息需要花费很高的成本时，可能需要采用投入法来确定履约进度。

对于同一合同下属于在某一时段内履行的履约义务涉及与客户结算对价的，通常情况下，企业对其已向客户转让商品而有权收取的对价金额应当确认为合同资产或应收账款，对于其已收或应收客户对价而应向客户转让商品的义务，应当按照已收或应收的金额确认合同负债。

由于同一合同下的合同资产和合同负债应当以净额列示，企业也可以设置“合同结算”科目（或其他类似科目），以核算同一合同下属于在某一时段内履行的履约义务涉及与客户结算对价所产生的合同资产或合同负债，并在此科目下设置“合同结算——价款结算”科目反映定期与客户进行结算的金额，设置“合同结算——收入结转”科目反映按履约进度结转的收入金额。

资产负债表日，“合同结算”科目的期末余额在借方的，根据其流动性，在资产负债表中分别列示为“合同资产”或“其他非流动资产”项目；期末余额在贷方的，根据其流动性，在资产负债表中分别列示为“合同负债”或“其他非流动负债”项目。

由于投入法下的投入指标与企业向客户转移商品的控制权之间未必存在直接的对应关系。企业在采用投入法时，应当扣除那些虽然已经发生，但是未导致向客户转移商品的投入。

实务中，企业通常按照累计实际发生的成本占预计总成本的比例（即成本法）确定履约进度，累计实际发生的成本包括企业向客户转移商品过程中所发生的直接成本和间接成本，如直接人工、直接材料、分包成本以及其他与合同相关的成本。在下列情形下，企业在采用成本法确定履约进度时，需要对已发生的成本进行适当的调整：

①已发生的成本并未反映企业履行履约义务的进度。

如因企业生产效率低下等原因而导致的非正常消耗，包括非正常消耗的直接材料、直接人工及制造费用等，不应包括在累计实际发生的成本中，除非企业和客户在订立合同时已经预见会发生这些成本并将其包括在合同价款中。

②已发生的成本与企业履行履约义务的进度不成比例。

当企业已发生的成本与履约进度不成比例，企业在采用成本法确定履约进度时需要进行适当调整。对于施工中尚未安装、使用或耗用的商品或材料成本等，当企业在合同开始日就预期将能够满足下列所有条件时，应在采用成本法确定履约进度时不包括这些成本：

第一，该商品或材料不可明确区分，即不构成单项履约义务；

第二，客户先取得该商品或材料的控制权，之后才接受与之相关的服务；

第三，该商品或材料的成本相对于预计总成本而言是重大的；

第四，企业自第三方采购该商品或材料，且未深入参与其设计和制造，对于包含该商品的履约义务而言，企业是主要责任人。

每一资产负债表日，企业应当对履约进度进行重新估计。当客观环境发生变化时，企业需要重新评估履约进度是否发生变化，以确保履约进度能够反映履约情况的变化。

对于每一项履约义务，企业只能采用一种方法来确定其履约进度，并加以一贯运用。对于类似情况下的类似履约义务，企业应当采用相同的方法（如成本法）确定履约进度。

对于在某一时段内履行的履约义务，只有当其履约进度能够合理确定时，才应当按照履约进度确认收入。

当履约进度不能合理确定时，企业已经发生的成本预计能够得到补偿的，应当按照已经发生的成本金额确认收入，直到履约进度能够合理确定为止。

（二）在某一时点履行的履约义务

对于不属于在某一时段内履行的履约义务，应当属于在某一时点履行的履约义务，企业应当在客户取得相关商品控制权时点确认收入。

在判断控制权是否转移时，企业应当考虑下列五个迹象：

（1）企业就该商品享有现时收款权利，即客户就该商品负有现时付款义务。

企业就该商品享有现时收款权利时，可能表明客户已经有能力主导该商品的使用并从中获得几乎全部的经济利益。

（2）企业已将该商品的法定所有权转移给客户，即客户已拥有该商品的法定所有权。

当客户取得了商品的法定所有权时，可能表明客户已取得对该商品的控制权。如果企业仅仅是为了确保到期收回货款而保留商品的法定所有权，那么企业拥有的该权利通常并不妨碍客户取得对该商品的控制权。

（3）企业已将该商品实物转移给客户，即客户已占有该商品实物。客户占有了某项商品实物并不意味着其就一定取得了该商品的控制权，反之亦然。

①委托代销安排。

这一安排是指委托方和受托方签订代销合同或协议，委托受托方向终端客户销售商品。受托方获得对该商品控制权的，企业应当按销售商品进行会计处理，这种安排不属于委托代销安排；受托方没有获得对该商品控制权的，企业通常应当在受托方售出商品后，按合同或协议约定的方法计算确认收入。

表明一项安排是委托代销安排的迹象包括但不限于：

一是在特定事件发生之前（如向最终客户出售产品或指定期间到期之前），企业拥有对商品的控制权；

二是企业能够要求将委托代销的商品退回或者将其销售给其他方（如其他经销商）；

三是尽管受托方可能被要求向企业支付一定金额的押金，但是，其并没有承担对这些商品无条件付款的义务。

②售后代管商品安排。

售后代管商品是指根据企业与客户签订的合同，企业已经就销售的商品向客户收款或取得了收款权利，但是直到在未来某一时点将该商品交付给客户之前，企业仍然继续持有该商品实物的安排。

在售后代管商品安排下，除了应当考虑客户是否取得商品控制权的迹象之外，还应同时满足下列四项条件，才表明客户取得了该商品的控制权：

一是该安排必须具有商业实质；

二是属于客户的商品必须能够单独识别；

三是该商品可以随时应客户要求交付给客户；

四是企业不能自行使用该商品或将该商品提供给其他客户。

实务中，越是通用的、可以和其他商品互相替换的商品，越有可能难以满足上述条件。需要注意的是，企业在同时满足上述条件时对尚未发货的商品确认了收入的，应当考虑是否还承担了其他的履约义务，如向客户提供保管服务等，从而应当将部分交易价格分摊至该其他履约义务。

（4）企业已将该商品所有权上的主要风险和报酬转移给客户，即客户已取得该商品所有权上的主要风险和报酬。

企业在判断时不应考虑导致企业在所转让商品之外产生其他单项履约义务的风险。如企业将产品销售给客户，并承诺提供后续维护服务的安排中，销售产品和提供维护服务均构成单项履约义务，企业将产品销售给客户之后，虽然仍然保留了与后续维护服务相关的风险，但是由于维护服务构成单项履约义务，该保留的风险并不影响企业已将产品所有权上的主要风险和报酬转移给客户的判断。

（5）客户已接受该商品。

当商品通过了客户的验收，通常表明客户已接受该商品。客户验收通常有两种情况：

一是企业向客户转让商品时，能够客观地确定该商品符合合同约定的标准和条件，客户验收只是一项例行程序，不会影响企业判断客户取得该商品控制权的时点；

二是企业向客户转让商品时，无法客观地确定该商品是否符合合同规定的条件，在客户验收之前，企业不能认为已经将该商品的控制权转移给了客户，企业应当在客户完成验收并接受该商品时才能确认收入。实务中，定制化程度越高的商品，越难以证明客户验收仅仅是一项例行程序。

需要强调的是，在上述五个迹象中，并没有哪一个或哪几个迹象是决定性的，企业应当根据合同条款和交易实质进行分析，综合判断其是否将商品的控制权转移给客户以及何时转移的，从而确定收入确认的时点。此外，企业应当从客户的角度进行评估，而不应当仅考虑企业自身的看法。

第三节　合同成本

一、合同履约成本

企业为履行合同会发生各种成本，企业在确认收入的同时应当对这些成本进行分析，属于本书存货、固定资产、无形资产等章节范围的，应当按照相关章节的要求进行会计处理；不属于本书其他章节范围且同时满足下列条件的，应当作为合同履约成本确认为一项资产：

（1）该成本与一份当前或预期取得的合同直接相关。

预期取得的合同应当是企业能够明确识别的合同，如现有合同续约后的合同、尚未获得批准的特定合同等。

与合同直接相关的成本包括直接人工（如支付给直接为客户提供所承诺服务的人员的工资、奖金等）、直接材料（如为履行合同耗用的原材料、辅助材料、构配件、零件、半成品的成本和周转材料的摊销及租赁费用等）、制造费用（或类似费用，如组织和管理相关生产、施工、服务等活动发生的费用，包括管理人员的职工薪酬、劳动保护费、固定资产折旧费及修理费、物料消耗、取暖费、水电费、办公费、差旅费、财产保险费、工程保修费、排污费、临时设施摊销费等）、明确由客户承担的成本以及仅因该合同而发生的其他成本（如支付给分包商的成本、机械使用费、设计和技术援助费用、施工现场二次搬运费、生产工具和用具使用费、检验试验费、工程定位复测费、工程点交费用、场地清理费等）。

（2）该成本增加了企业未来用于履行（或持续履行）履约义务的资源。

（3）该成本预期能够收回。

下列支出不属于合同履约成本，企业应当在下列支出发生时，将其计入当期损益：

①管理费用，除非这些费用明确由客户承担。

②非正常消耗的直接材料、直接人工和制造费用（或类似费用），这些支出为履行合同发生，但未反映在合同价格中。

③与履约义务中已履行（包括已全部履行或部分履行）部分相关的支出，即该支出与企业过去的履约活动相关。

④无法在尚未履行的与已履行（或已部分履行）的履约义务之间区分的相关支出。

满足上述条件确认为资产的合同履约成本，初始确认时摊销期限不超过一年或一个正常营业周期的，在资产负债表中列示为存货；初始确认时摊销期限在一年或一个正常营业周期以上的，在资产负债表中列示为其他非流动资产。

二、合同取得成本

企业为取得合同发生的增量成本预期能够收回的，应当作为合同取得成本确认为一项资产。

增量成本，是指企业不取得合同就不会发生的成本，如销售佣金等。为简化实务操作，该资产摊销期限不超过一年的，可以在发生时计入当期损益。

企业为取得合同发生的、除预期能够收回的增量成本之外的其他支出，如无论是否取得合同均会发生的差旅费、投标费、为准备投标资料发生的相关费用等，应当在发生时计入当期损益，除非这些支出明确由客户承担。

企业因现有合同续约或发生合同变更需要支付的额外佣金，也属于为取得合同发生的增量成本。

实务中，当涉及合同取得成本的安排比较复杂时，对于合同续约或合同变更时需要支付额外的佣金、企业支付的佣金金额取决于客户未来的履约情况或者取决于累计取得的合同数量或金额等，企业需要运用判断，对发生的合同取得成本进行恰当的会计处理。

满足上述条件确认为资产的合同取得成本，初始确认时摊销期限不超过一年或一个正常营业周期的，在资产负债表中列示为其他流动资产；初始确认时摊销期限在一年或一个正常营业周期以上的，在资产负债表中列示为其他非流动资产。

【例 12-3 · 多选题】 企业为取得销售合同而发生且由企业承担的下列各项支出中，应在发生时计入当期损益的有（　　）。

A. 投标活动交通费

B. 尽职调查发生的费用

C. 招标文件购买费

D. 投标文件制作费

【解析】 企业为取得合同发生的、除预期能够收回的增量成本之外的其他支出，例如，无论是否取得合同均会发生的差旅费、投标费、为准备投标资料发生的相关费用等，应当在发生时计入当期损益，除非这些支出明确由客户承担。

【答案】 ABCD

三、合同履约成本和合同取得成本的摊销和减值

（一）摊销

确认为企业资产的合同履约成本和合同取得成本（以下简称“与合同成本相关的资产”），应当采用与该资产相关的商品收入确认相同的基础（即在履约义务履行的时点或按照履约义务的履约进度）进行摊销，计入当期损益。

（二）减值

与合同成本相关的资产，其账面价值高于下列第（1）项减去第（2）项的差额的，应按超出部分的金额计提减值准备，并确认为资产减值损失：

（1）企业因转让与该资产相关的商品预期能够取得的剩余对价；

（2）为转让该相关商品估计将要发生的成本。

以前期间减值的因素之后发生变化，使得第（1）项减去第（2）项的差额高于该资产账面价值的，应当转回原已计提的资产减值准备，并计入当期损益，但转回后的资产账面价值不应超过假定不计提减值准备情况下该资产在转回日的账面价值。在确定上述资产的减值损失时，企业应当首先对相关的其他资产确定减值损失，然后再按上述要求确定上述资产的减值损失。

企业按照资产减值准则的规定测试相关资产组的减值情况时，应当将按照上述要求确定与合同成本相关的资产减值后的新账面价值计入相关资产组的账面价值。

第四节　关于特定交易的会计处理

一、附有销售退回条款的销售

企业将商品控制权转让给客户之后，可能会因为各种原因（如客户对所购商品的款式不满意等）允许客户依照有关合同、法律要求、声明或承诺、以往的习惯做法等选择退货，此销售为附有销售退回条款的销售。

企业应当在客户取得相关商品控制权时，按照因向客户转让商品而预期有权收取的对价金额（即不包含预期因销售退回将退还的金额）确认收入，按照预期因销售退回将退还的金额确认负债。

同时，按照预期将退回商品转让时的账面价值，扣除收回该商品预计发生的成本（包括退回商品的价值减损）后的余额，确认一项资产，按照所转让商品转让时的账面价值，扣除上述资产成本的净额结转成本。

每一资产负债表日，企业应当重新估计未来销售退回情况，并对上述资产和负债进行重新计量。如有变化，应当作为会计估计变更进行会计处理。

需要说明的是，客户以一项商品换取类型、质量、状况及价格均相同的另一项商品，不应被视为退货。

如果合同约定客户可以将质量有瑕疵的商品退回以换取合格的商品，企业应当按照附有质量保证条款的销售进行会计处理。

对于具有类似特征的合同组合，企业也可以在确定退货率、坏账率、合同存续期间等方面运用组合法进行估计。

【例 12-4·计算分析题】甲公司是一家健身器材销售公司。2×23 年 10 月 1 日，甲公司向乙公司销售 5000 件健身器材，单位销售价格为 500 元，单位成本为 400 元，开出的增值税专用发票上注明的销售价格为 250 万元，增值税额为 32.5 万元。健身器材已经发出，但款项尚未收到。根据协议约定，乙公司应于 2×23 年 12 月 1 日之前支付货款，在 2×24 年 3 月 31 日之前有权退还健身器材。发出健身器材时，甲公司根据过去的经验，估计该批健身器材的退货率约为 20%；2×23 年 12 月 1 日甲公司收到货款并存入银行。在 2×23 年 12 月 31 日，甲公司对退货率进行了重新评估，认为只有 10%的健身器材会被退回。2×24 年 3 月 31 日发生销售退回，实际退货量为 400 件，退货款项已经支付。甲公司为增值税一般纳税人，销售商品适用的增值税税率为 13%，健身器材发出时纳税义务已经发生，实际发生退回时取得税务机关开具的红字增值税专用发票。假定健身器材发出时控制权转移给乙公司。

要求：

（1）编制甲公司 2×23 年 10 月 1 日发出健身器材的相关会计处理。

（2）编制甲公司 2×23 年 12 月 1 日收到货款的相关会计处理。

（3）编制甲公司2×23年12月31日，对退货率进行重新评估的相关会计处理。

（4）编制甲公司2×24年3月31日发生销售退回的相关会计处理。

【答案】

（1）2×23年10月1日发出健身器材。

借：应收账款 2825000

贷：主营业务收入 2000000

预计负债——应付退货款 500000

应交税费——应交增值税（销项税额） 325000

借：主营业务成本 1600000

应收退货成本 400000

贷：库存商品 2000000

（2）2×23年12月1日收到货款。

借：银行存款 2825000

贷：应收账款 2825000

（3）2×23年12月31日，甲公司对退货率进行重新评估。

借：预计负债——应付退货款 250000

贷：主营业务收入 250000

借：主营业务成本 200000

贷：应收退货成本 200000

（4）2×24年3月31日发生销售退回。

借：库存商品 160000

应交税费——应交增值税（销项税额） 26000

预计负债——应付退货款 250000

贷：应收退货成本 160000

主营业务收入 50000

银行存款 226000

借：主营业务成本 40000

贷：应收退货成本 40000

二、附有质量保证条款的销售

企业在向客户销售商品时，根据合同约定、法律规定或本企业以往的习惯做法等，可能会为所销售的商品提供质量保证。

对于客户能够选择单独购买质量保证的，表明该质量保证构成单项履约义务。

对于客户虽然不能选择单独购买质量保证，但如果该质量保证在向客户保证所销售的商品符合既定标准之外提供了一项单独服务的，也应当作为单项履约义务。

作为单项履约义务的质量保证应当进行相应的会计处理，并将部分交易价格分摊至该项履约义务。

对于不能作为单项履约义务的质量保证，企业应当按照或有事项章节的规定进行会计处理。

企业在评估一项质量保证是否在向客户保证所销售的商品符合既定标准之外提供了一项单独的服务时，应当考虑的因素包括：

（1）该质量保证是否为法定要求。

当法律要求企业提供质量保证时，该法律规定通常表明企业承诺提供的质量保证不是单项履约义务。

（2）质量保证期限。

企业提供质量保证的期限越长，越有可能表明企业向客户提供了保证商品符合既定标准之外的服务，该质量保证越有可能构成单项履约义务。

（3）企业承诺履行任务的性质。

如果企业必须履行某些特定的任务以保证所销售的商品符合既定标准（如企业负责运输被客户退回的瑕疵商品），则这些特定的任务可能不构成单项履约义务。

企业提供的质量保证同时包含作为单项履约义务的质量保证和不能作为单项履约义务的质量保证的，应当分别对其进行会计处理；无法合理区分的，应当将这两类质量保证一起作为单项履约义务进行会计处理。

三、主要责任人和代理人

当企业向客户销售商品涉及其他方参与其中时，企业应当判断其自身在该交易中的身份是主要责任人还是代理人。

在判断时，企业应当首先识别向客户提供的特定商品；然后，应评估该特定商品在转让给客户之前，是否控制这些商品。

企业在将特定商品转让给客户之前控制该商品的，企业为主要责任人；相反，企业在特定商品转让给客户之前不控制该商品的，则企业为代理人。

这里的特定商品，是指向客户提供的可明确区分的商品或可明确区分的“一揽子”商品。如果企业仅仅是在特定商品的法定所有权转移给客户之前，暂时性地获得该特定商品的法定所有权，这并不能判断企业一定控制了该商品。

（一）企业作为主要责任人的情况

（1）企业自第三方取得商品或其他资产控制权后，再转让给客户。

这里的商品或其他资产也包括企业向客户转让的未来享有由第三方提供服务的权利，企业应当评估该权利在转让给客户前，企业是否控制该权利。

（2）企业能够主导第三方代表本企业向客户提供服务。

当企业承诺向客户提供服务，并委托第三方（如分包商、其他服务提供商等）代表企业向客户提供服务时，如果企业能够主导该第三方代表本企业向客户提供服务，则表明企业在相关服务提供给客户之前能够控制该相关服务。

(3) 企业自第三方取得商品控制权后，通过提供重大的服务将该商品与其他商品整合成合同约定的某组合产出转让给客户。

此时，企业承诺提供的特定商品就是合同约定的组合产出。企业只有获得为生产该特定商品所需要的投入（包括从第三方取得的商品）的控制权，才能够将这些投入加工整合为合同约定的组合产出。

企业无论是主要责任人还是代理人，均应当在履约义务履行时确认收入。

企业为主要责任人的，应当按照其自行向客户提供商品而有权收取的对价总额确认收入。

企业为代理人的，按照既定的佣金金额或比例计算的金额确认收入，或者按照已收或应收对价总额扣除应支付给提供该特定商品的第三方的价款后的净额确认收入。

（二）需要考虑的相关事实和情况

实务中，企业在判断其在向客户转让特定商品之前是否已经拥有对该商品的控制权时，不应仅局限于合同的法律形式，而应当综合考虑所有相关事实和情况进行判断，这些事实和情况包括但不仅限于：

(1) 转让商品的主要责任是企业还是第三方。

该主要责任包括就特定商品的可接受性（如确保商品的规格满足客户的要求）承担责任等。企业在判断时，应当从客户的角度进行评估。如客户认为谁对商品的质量或性能负责、谁负责提供售后服务、谁负责解决客户投诉等。

(2) 该商品的存货风险在商品转让前后由企业还是第三方承担。

当企业在与客户订立合同之前已经购买或者承诺将自行购买特定商品时，这可能表明企业在将该特定商品转让给客户之前，承担了该特定商品的存货风险。在附有销售退回条款的销售中，企业将商品销售给客户之后，客户有权要求向该企业退货，这可能表明企业在转让商品之后仍然承担了该商品的存货风险。

(3) 所交易商品的价格由企业还是第三方决定。

代理人有时可能在一定程度上也拥有定价权（如在主要责任人规定的某一价格范围内决定价格)。如当代理人向主要责任人的客户提供一定折扣优惠，以激励该客户购买主要责任人的商品时，即使代理人有一定的定价能力，也并不表明其身份是主要责任人，代理人只是放弃了一部分自己应当赚取的佣金或手续费而已。

需要强调的是，企业在判断其是主要责任人还是代理人时，应当以该企业在特定商品转让给客户之前是否能够控制该商品为原则。

上述相关事实和情况仅为支持对控制权的评估，不能取代控制权的评估，也不能凌驾于控制权评估之上，更不是单独或额外的评估。并且这些事实和情况并无权重之分，其中某一项或几项也不能被孤立地用于支持某一结论。企业应当根据相关商品的性质、合同条款的约定以及其他具体情况，综合进行判断。不同的合同可能需要采用上述不同的事实和情况提供支持证据。

【例12-5·多选题】下列各项交易或事项中，甲公司的身份是主要责任人的有（　　）。

A. 甲公司在其经营的购物网站上销售由丙公司生产、定价、发货及提供售后服务的商品

B. 甲公司从航空公司购买机票并自行定价向旅客出售，未售出的机票不能退还

C. 甲公司委托乙公司按其约定的价格销售商品，乙公司未售出商品将退还给甲公司

D. 为履行与戊公司签署的安保服务协议，甲公司委托丁公司代表其向戊公司提供的服务内容均需甲公司同意

【解析】选项A，丙公司负责商品的生产、定价、发货及售后服务，甲公司并未控制商品，甲公司的履约义务是安排丙公司向消费者提供相关商品，而非自行提供这些商品，甲公司是代理人。

【答案】BCD

四、附有客户额外购买选择权的销售

企业在销售商品的同时，有时会向客户授予选择权，允许客户据此免费或者以折扣价格购买额外的商品，此种情况称为附有客户额外购买选择权的销售。企业向客户授予的额外购买选择权的形式包括销售激励、客户奖励积分、未来购买商品的折扣券以及合同续约选择权等。

对于附有客户额外购买选择权的销售，企业应当评估该选择权是否向客户提供了一项重大权利。

如果客户只有在订立了一项合同的前提下才取得了额外购买选择权，并且客户行使该选择权购买额外商品时，能够享受到超过该地区或该市场中其他同类客户所能够享有的折扣，则通常认为该选择权向客户提供了一项重大权利。

对于该重大权利，企业应当将其与原购买的商品单独区分，作为单项履约义务，按照各单项履约义务的单独售价的相对比例，将交易价格分摊至各单项履约义务。其中，分摊至重大选择权的交易价格与未来的商品相关，企业应当在客户未来行使该选择权取得相关商品的控制权时，或者在该选择权失效时确认为收入。

在考虑授予客户的该项权利是否重大时，应根据其金额和性质综合判断。

当企业向客户提供了额外购买选择权，客户在行使该选择权购买商品的价格反映了该商品的单独售价时，即使客户只能通过与企业订立特定合同才能获得该选择权，该选择权也不应被视为企业向该客户提供了一项重大权利，企业无须分摊交易价格，只有在客户行使选择权购买额外的商品时才需要进行相应的会计处理。

需要说明的是，企业向客户授予奖励积分，该积分可能有多种使用方式，例如该积分只能用于兑换本企业提供的商品、只能用于兑换第三方的商品，或者客户可以在二者中进行选择，企业应当根据具体情况确定收入确认的时点和金额。

五、授予知识产权许可

授予知识产权许可，是指企业授予客户对企业拥有的知识产权享有相应权利。常见的知识产权包括软件和技术、影视和音乐等的版权、特许经营权以及专利权、商标权和其他版权等。

（一）授予知识产权许可是否构成单项履约义务

企业向客户授予知识产权许可时，可能也会同时销售商品，企业应当评估该知识产权许可是否构成单项履约义务，不构成单项履约义务的，企业应当将该知识产权许可和所售商品一起作为单项履约义务进行会计处理。

知识产权许可与所售商品不可明确区分的情形包括：

（1）该知识产权许可构成有形商品的组成部分并且对于该商品的正常使用不可或缺，如企业向客户销售设备和相关软件，该软件内嵌于设备之中，该设备必须安装了该软件之后才能正常使用；

（2）客户只有将该知识产权许可和相关服务一起使用才能够从中获益，如客户取得授权许可，但是只有通过企业提供的在线服务才能访问相关内容。

（二）授予知识产权许可属于在某一时段履行的履约义务

授予客户的知识产权许可构成单项履约义务的，企业应当根据该履约义务的性质，进一步确定其是在某一时段内履行还是在某一时点履行。

企业向客户授予的知识产权许可，同时满足下列三项条件的，应当作为在某一时段内履行的履约义务确认相关收入；否则，应当作为在某一时点履行的履约义务确认相关收入：

（1）合同要求或客户能够合理预期企业将从事对该项知识产权有重大影响的活动。

企业向客户授予知识产权许可之后，还可能会从事市场推广、继续开发等后续活动，这些活动存在下列情况之一的，将会对该项知识产权有重大影响：

一是这些活动预期将显著改变该项知识产权的形式（如知识产权的设计、内容）或者功能（如执行某任务的能力）；

二是客户从该项知识产权中获益的能力在很大程度上来源于或者取决于这些活动。

如果该项知识产权具有重大的独立功能，且该项知识产权绝大部分的经济利益来源于该项功能，则客户从该项知识产权中获益的能力通常不会受到企业从事的相关活动的重大影响，除非这些活动显著改变了该项知识产权的形式或者功能。具有重大独立功能的知识产权主要包括软件、生物合成物或药物配方以及已完成的媒体内容（如电影、电视节目以及音乐录音）版权等。

（2）该活动对客户将产生有利或不利影响。

（3）该活动不会导致向客户转让某项商品。

（三）授予知识产权许可属于在某一时点履行的履约义务

授予知识产权许可不属于在某一时段内履行的履约义务的，应当作为在某一时点履行的履约义务，在履行该履约义务时确认收入。

在客户能够使用某项知识产权许可并开始从中获利之前，企业不能对此类知识产权许可确认收入。如企业授权客户在一定期间内使用软件，但是，在企业向客户提供该软件的密钥之前，客户都无法使用该软件，因此，企业在向客户提供该密钥之前虽然已经得到授权，但也不应确认收入。

值得注意的是，在判断某项知识产权许可是属于在某一时段内履行的履约义务还是在某一时点履行的履约义务时，企业不应考虑下列因素：

（1）该许可在时间、地域、排他性以及相关知识产权消耗和使用方面的限制；

（2）企业就其拥有的知识产权的有效性以及防止未经授权使用该知识产权许可所提供的保证。

（四）基于销售或使用情况的特许权使用费

企业向客户授予知识产权许可，并约定按客户实际销售或使用情况（如按照客户的销售额）收取特许权使用费的，应当在客户后续销售或使用行为实际发生与企业履行相关履约义务二者孰晚的时点确认收入。

这是估计可变对价的一个例外规定，该例外规定只有在下列两种情形下才能使用：

（1）特许权使用费仅与知识产权许可相关；

（2）特许权使用费可能与合同中的知识产权许可和其他商品都相关，但是，与知识产权许可相关的部分占主导地位。

当企业能够合理预期，客户认为知识产权许可的价值远高于合同中与之相关的其他商品时，该知识产权许可通常占主导地位。对于不适用该例外规定的特许权使用费，应当按照估计可变对价的一般原则进行处理。

六、售后回购

售后回购，是指企业销售商品的同时承诺或有权选择日后再将该商品购回的销售方式。企业应当区分下列两种情形分别对售后回购交易进行会计处理。

（一）企业因存在与客户的远期安排而负有回购义务或企业享有回购权利的

企业因存在与客户的远期安排而负有回购义务或企业享有回购权利的，尽管客户可能已经持有了该商品的实物，但是，由于企业将会回购或者有权回购该商品，导致客户主导该商品的使用并从中获取几乎全部经济利益的能力受到限制。因此，在销售时点，客户并没有取得该商品的控制权，企业应根据下列情况分别进行相应的会计处理：

（1）回购价格低于原售价的，应当视为租赁交易进行会计处理；

（2）回购价格不低于原售价的，应当视为融资交易，应当在收到客户款项时确认金融负债，而不是终止确认该商品，并将该款项和回购价格的差额在回购期间内确认为利息费用等。

（二）企业应客户要求回购商品的

企业负有应客户要求回购商品义务的，应当在合同开始日评估客户是否具有行使该要求权的重大经济动因。客户具有行使该要求权的重大经济动因的，企业应当将回购价格与原售价进行比较，并按照第（一）种情形下的原则将该售后回购作为租赁交易或融资交易进行相应的会计处理。

客户不具有行使该要求权的重大经济动因的，企业应当将该售后回购作为附有销售退回条款的销售交易进行相应的会计处理。

在判断客户是否具有行权的重大经济动因时，企业应当综合考虑各种相关因素，包括回购价格与预计回购时市场价格之间的比较，以及权利的到期日等。当回购价格明显高于该商品回购时的市场价值时，通常表明客户有行权的重大经济动因。

对于上述两种情形，企业在比较回购价格和原销售价格时，应当考虑货币的时间价值。在企业有权要求回购或者客户有权要求企业回购的情况下，企业或者客户到期未行使权利的，应在该权利到期时终止确认相关负债，同时确认收入。

七、客户未行使的权利

企业因销售商品向客户收取的预收款，赋予了客户一项在未来从企业取得该商品的权利，并使企业承担了向客户转让该商品的义务，因此，企业应当将预收的款项确认为合同负债，待未来履行了相关履约义务，即向客户转让相关商品时，再将该负债转为收入。

在某些情况下，企业收取的预收款无须退回，但是客户可能会放弃其全部或部分合同权利，如放弃储值卡的使用等。

企业预期将有权获得与客户所放弃的合同权利相关的金额的，应当按照客户行使合同权利的模式按比例将上述金额确认为收入；否则，企业只有在客户要求其履行剩余履约义务的可能性极低时，才能将相关负债余额转为收入。

企业在确定其是否预期将有权获得与客户所放弃的合同权利相关的金额时，应当考虑将估计的可变对价计入交易价格的限制要求。

如果有相关法律规定，企业所收取的与客户未行使权利相关的款项须转交给其他方的（如法律规定无人认领的财产须上交政府），企业不应将其确认为收入。

八、无须退回的初始费

企业在合同开始（或临近合同开始）日向客户收取的无须退回的初始费通常包括入会费、接驳费、初装费等。企业收取该初始费时，应当评估该初始费是否与向客户转让已承诺的商品相关。

该初始费与向客户转让已承诺的商品相关，且转让该商品构成单项履约义务的，企业应当在转让该商品时，按照分摊至该商品的交易价格确认收入。

该初始费与向客户转让已承诺的商品相关，但转让该商品不构成单项履约义务的，企业应当在包含该商品的单项履约义务履行时，按照分摊至该单项履约义务的交易价格确认收入。

该初始费与向客户转让已承诺的商品不相关的，该初始费应当作为未来将转让商品的预收款，在未来转让该商品时确认为收入。

当企业向客户授予了续约选择权，且该选择权向客户提供了重大权利时，这部分收入确认的期间将可能长于初始合同期限。

在合同开始（或临近合同开始）日，企业通常必须开展一些初始活动，为履行合同进行准备，如一些行政管理性质的准备工作，这些活动虽然与履行合同有关，但并没有向客户转让已承诺的商品，因此，不构成单项履约义务，即使企业向客户收取的无须退还的初始费与这些初始活动有关（如企业为了补偿开展这些活动所发生的成本而向客户收取初始费），也不应在这些活动完成时将该初始费确认为收入，而是应当将该初始费作为未来将转让商品的预收款，在未来转让该商品时确认为收入。

企业为履行合同开展初始活动，但这些活动本身并没有向客户转让已承诺的商品的，企业为开展这些活动所发生的支出，应当按照合同履约成本的相关规定确认为一项资产或计入当期损益，并且企业在确定履约进度时，也不应当考虑这些成本。

第十三章　政府补助

第一节　政府补助概述

一、政府补助的定义及其特征

政府向企业提供经济支持，以鼓励或扶持特定行业、地区或领域的发展，是政府进行宏观调控的重要手段，也是国际上通行的做法。

政府补助是指企业从政府无偿取得货币性资产或非货币性资产，但并不是所有来源于政府的经济资源都属于《企业会计准则第 16 号——政府补助》（以下简称“政府补助准则”）规范的政府补助。除政府补助外，还可能是政府对企业的资本性投入或者政府购买服务所支付的对价。

因此，需要会计人员运用专业能力根据交易或者事项的实质对来源于政府的经济资源做出判断，对于符合政府补助的定义和特征的，按照本准则的要求进行确认、计量、列示与披露。

（一）政府补助的定义

政府补助是指企业从政府无偿取得货币性资产或非货币性资产。

政府补助主要形式包括政府对企业的无偿拨款、税收返还、财政贴息，以及无偿给予非货币性资产等。

通常情况下，直接减征、免征、增加计税抵扣额、抵免部分税额等不涉及资产直接转移的经济资源，不适用政府补助准则。

（二）政府补助的特征

1. 政府补助是来源于政府的经济资源

政府主要是指行政事业单位及类似机构。对于企业收到的来源于其他方的补助，有确凿证据表明政府是补助的实际拨付者，其他方只起到代收代付作用的，该项补助也属于来源于政府的经济资源。

【举例】某集团子公司收到母公司给予的一笔补助款，有确凿证据表明该补助款实际的拨付者为当地政府，母公司只是起到代收代付的作用，在这种情况下，该项补助也属于来源于政府的经济资源，该补助款属于对子公司的政府补助。

2. 政府补助是无偿的

企业取得来源于政府的经济资源，不需要向政府交付商品或服务等对价。

无偿性是政府补助的基本特征，这一特征将政府补助与政府作为企业所有者投入的资本、政府购买服务等政府与企业之间的互惠性交易区别开来。

（三）不属于政府补助准则规范范围的事项

1. 增值税出口退税

根据税法规定，在对出口货物取得的收入免征增值税的同时，退付出口货物前道环节发生的进项税额，增值税出口退税实际上是政府退回企业事先垫付的进项税，不属于政府补助。

【例 13-1 · 单选题】 2×23 年 12 月，甲公司取得政府无偿拨付的技术改造资金 100 万元、增值税出口退税 30 万元、财政贴息 50 万元。不考虑其他因素，甲公司 2×23 年 12 月获得的政府补助金额是（　　）万元。

A. 180　　B. 150

C. 100　　D. 130

【解析】 增值税出口退税实际上是政府退回企业事先垫付的增值税进项税额，不属于政府补助。故甲公司 2×23 年 12 月获得的政府补助金额 = 100+50 = 150（万元），选项 B 正确。

【答案】 B

2. 政府对企业的资本性投入

政府以投资者身份向企业投入资本，享有相应的所有者权益，政府与企业之间是投资者与被投资者的关系，属于互惠性交易，不适用政府补助准则。

3. 从政府取得的经济资源是销售商品等的对价或对价的组成部分

企业从政府取得的经济资源，如果与企业销售商品或提供劳务等活动密切相关，且是企业商品或服务的对价或者是对价的组成部分，应当按照《企业会计准则第 14 号——收入》的规定处理。

【例 13-2 · 多选题】 2×23 年度，甲公司作为政府推广使用的 W 产品的中标企业，以 8000 万元的中标价格将一批生产成本为 7000 万元的 W 产品出售给客户，该批 W 产品的市场价格为 9500 万元。销售当日，该批 W 产品控制权已转移给客户，满足收入确认条件。当年，甲公司收到销售该批 W 产品的财政补贴 1500 万元并存入银行。不考虑其他因素，上述经济业务对甲公司 2×23 年度利润表项目影响的表述中，正确的有（　　）。

A. 增加营业利润 2500 万元

B. 增加营业收入 8000 万元

C. 增加营业外收入 1500 万元

D. 增加营业成本 7000 万元

【解析】 甲公司收到的财政补贴与销售 W 产品密切相关，且来源于政府的经济资源是甲公司销售产品对价的组成部分，甲公司应当按照收入准则的规定对收到的财政补贴进行处理，所以甲公司 2×23 年度应确认营业收入 9500 万元（8000+1500），结转营业成本 7000 万元，增加营业利润 2500 万元（9500-7000），选项 A 和 D 正确。

【答案】 AD

二、政府补助的分类

确定了来源于政府的经济资源属于政府补助后，还应当对其进行恰当的分类。

根据政府补助准则规定，政府补助应当划分为与资产相关的政府补助和与收益相关的政府补助。

这两类政府补助给企业带来经济利益或者弥补相关成本或费用的形式不同，从而在具体会计处理上存在差别。

（一）与资产相关的政府补助

与资产相关的政府补助，是指企业取得的、用于购建或以其他方式形成长期资产的政府补助。

通常情况下，相关补助文件会要求企业将补助资金用于取得长期资产。长期资产将在较长的期间内给企业带来经济利益，因此相应的政府补助的受益期也较长。

长期资产是企业拥有的变现周期在一年以上或者一个营业周期以上的资产。

（二）与收益相关的政府补助

与收益相关的政府补助，是指除与资产相关的政府补助之外的政府补助。

此类补助主要是用于补偿企业已发生或即将发生的相关成本费用或损失，受益期相对较短，通常在满足补助所附条件时计入当期损益或冲减相关成本。

【例 13-3 · 单选题】 甲公司发生的下列各项交易或事项中，应按与收益相关的政府补助进行会计处理的是（　　）。

A. 收到政府以股东身份投入的资本 5000 万元

B. 收到即征即退的增值税退税额 20 万元

C. 获得政府无偿划拨的公允价值为 9000 万元的土地使用权

D. 收到政府购买商品支付的货款 300 万元

【解析】 选项 A 和 D，政府对企业的资本性投入或者政府购买商品或服务所支付的对价，属于互惠交易，不属于政府补助；选项 C，获得政府无偿划拨的土地使用权，属于与资产相关的政府补助。

【答案】 B

第二节　政府补助的会计处理

一、政府补助的计量和会计处理方法

（一）政府补助的计量

1. 政府补助为货币性资产

政府补助为货币性资产的，应当按照收到或应收的金额计量。

（1）如果企业已经实际收到补助资金，应当按照实际收到的金额计量；

（2）如果资产负债表日企业尚未收到补助资金，但企业在符合了相关政策规定后就相应获得了收款权，且与之相关的经济利益很可能流入企业，企业应当在这项补助成为应收款时按照应收的金额计量。

2. 政府补助为非货币性资产

政府补助为非货币性资产的，应当按照公允价值计量；公允价值不能可靠取得的，按照名义金额计量。

（二）政府补助的会计处理方法

1. 会计处理方法的内容

政府补助有两种会计处理方法：总额法和净额法。

（1）总额法，是在确认政府补助时将其全额确认为收益，而不是作为相关资产账面价值或者费用的扣减。

（2）净额法，是将政府补助确认为对相关资产账面价值或者所补偿费用的扣减。

2. 会计处理方法的选择和变更

企业应当根据经济业务的实质，判断某一类政府补助业务应当采用总额法还是净额法。

通常情况下，对同类或类似政府补助业务只能选用一种方法，同时，企业对该业务应当一贯地运用该方法，不得随意变更。

3. 进行会计处理的要求

（1）判断政府补助是否与企业日常活动相关。

通常情况下，若政府补助补偿的成本费用是营业利润之中的项目，或该补助与日常销售等经营行为密切相关，如增值税即征即退等，则认为该政府补助与日常活动相关。

①与企业日常活动相关的政府补助，应当按照经济业务实质，计入其他收益或冲减相关成本费用。

②与企业日常活动无关的政府补助，计入营业外收支。

（2）对政府补助进行会计处理应增设的会计科目。

企业选择总额法对与日常活动相关的政府补助进行会计处理的，应增设“其他收益”科目进行核算。

“其他收益”科目核算总额法下与日常活动相关的政府补助以及其他与日常活动相关且应直接计入本科目的项目。

对于总额法下与日常活动相关的政府补助，企业在实际收到或应收时，或者将先确认为“递延收益”的政府补助分摊计入损益时，借记“银行存款”“其他应收款”“递延收益”等科目，贷记“其他收益”科目。期末，应将本科目余额转入“本年利润”科目，本科目结转后应无余额。

二、与资产相关的政府补助

实务中，企业通常先收到补助资金，再按照政府要求将补助资金用于购建固定资产或无形资产等长期资产。企业在取得与资产相关的政府补助时，应当按照下列方法分别进行会计处理：

1. 采用总额法

总额法下，企业在取得与资产相关的政府补助时应当按照补助资金的金额借记“银行存款”等科目，贷记“递延收益”科目；然后在相关资产使用寿命内按合理、系统的方法分期计入损益。

如果企业先取得与资产相关的政府补助，再确认所购建的长期资产，总额法下应当在开始对相关资产计提折旧或进行摊销时按照合理、系统的方法将递延收益分期计入当期损益。

如果相关长期资产投入使用后企业再取得与资产相关的政府补助，总额法下应当在相关资产的剩余使用寿命内按照合理、系统的方法将递延收益分期计入当期损益。

企业对与资产相关的政府补助选择总额法的，应当将递延收益分期转入其他收益或营业外收入，借记“递延收益”科目，贷记“其他收益”或“营业外收入”科目。

时点	会计处理
取得与资产相关的政府补助时	借：银行存款等 贷：递延收益
在相关资产使用寿命内按合理、系统的方法分期计入损益	借：递延收益 贷：其他收益/营业外收入

相关资产在使用寿命结束时或结束前被处置（出售、报废等），尚未分摊的递延收益余额应当一次性转入资产处置当期的损益，不再予以递延。

【例 13-4·判断题】 企业取得的与资产相关的政府补助，在总额法下应当在购进资产时冲减相关资产账面价值。（　）

【解析】 企业取得的与资产相关的政府补助，在净额法下应当冲减相关资产账面价值。

【答案】 ×

2. 采用净额法

净额法下，企业在取得政府补助时应当按照补助资金的金额冲减相关资产的账面价值，并按照扣减了政府补助后的资产账面价值和相关资产的剩余使用寿命计提折旧或进行摊销。

【例 13-5·单选题】 2×23 年 5 月 10 日，甲公司收到用于购买 J 环保设备的政府补贴款 360 万元。2×23 年 6 月 20 日，甲公司以 600 万元的价格购入该环保设备并立即投入使用，预计使用年限为 10 年，预计净残值为 0，采用年限平均法计提折旧。甲公司采用净额法核算政府补助。不考虑其他因素，2×23 年甲公司对 J 环保设备应计提折旧的金额是（　）万元。

A. 35　　B. 30　　C. 12　　D. 14

【解析】 该固定资产的入账价值 = 600 − 360 = 240（万元），2×23 年计提折旧金额 = 240/10×6/12 = 12（万元）。

【答案】 C

3. 企业收到政府无偿给予的长期非货币性资产

实务中存在政府无偿给予企业长期非货币性资产的情况，如无偿给予土地使用权、天然起源的天然林等。

企业取得的政府补助为非货币性资产的，应当按照公允价值计量；公允价值不能可靠取得的，按照名义金额（1 元）计量。

企业在收到非货币性资产的政府补助时，应当借记有关资产科目，贷记“递延收益”科目；然后在相关资产使用寿命内按合理、系统的方法分期计入损益，借记“递延收益”科目，贷记“其他收益”或“营业外收入”科目。

但是，对以名义金额计量的政府补助，在取得时计入当期损益。

【例 13-6 · 判断题】 企业取得非货币性资产的政府补助的公允价值不能合理确定的，企业应以名义金额对其进行计量，并计入当期损益。（　　）

【答案】 √

三、与收益相关的政府补助

对于与收益相关的政府补助，企业应当选择采用总额法或净额法进行会计处理。选择总额法的，应当计入其他收益或营业外收入。选择净额法的，应当冲减相关成本费用或营业外支出。

1. 与收益相关的政府补助如果用于补偿企业以后期间的相关成本费用或损失，企业应当将其确认为递延收益，并在确认相关费用或损失的期间，计入当期损益或冲减相关成本。

2. 与收益相关的政府补助如果用于补偿企业已发生的相关成本费用或损失，企业应当将其直接计入当期损益或冲减相关成本。

这类补助通常与企业已经发生的行为有关，是对企业已发生的成本费用或损失的补偿，或是对企业过去行为的奖励。

补偿的成本费用或损失的归属期间	总额法	净额法
以后期间发生的	将补助确认为递延收益，并在确认相关成本费用或损失的期间，计入当期损益（其他收益/营业外收入）	将补助确认为递延收益，并在确认相关成本费用或损失的期间，冲减相关成本费用或损失（管理费用/生产成本/营业外支出）
已发生的	直接计入当期损益（其他收益/营业外收入）	直接冲减相关成本费用或损失（管理费用/生产成本/营业外支出）

【例 13-7 · 单选题】 甲公司对政府补助采用总额法进行会计处理，甲公司 2×21 年 5 月收到下列各项政府补助款中，应在收到时确认为递延收益的是（　　）。

A. 上月用电补助款 21 万元　　B. 新型实验设备购置补助款 50 万元

C. 失业保险稳岗返还款 31 万元　　D. 即征即退的增值税款 20 万元

【解析】选项 B，企业对政府补助采用总额法进行会计处理，在收到与资产相关的政府补助时，应将收到的政府补助确认为递延收益，然后在资产的使用寿命内按照合理、系统的方法分期计入损益；选项 A、C 和 D，在收到与收益相关的政府补助时，用于补偿企业已发生的相关成本费用或损失的，总额法下应当将收到的政府补助直接计入其他收益或营业外收入。

【答案】B

四、综合性项目政府补助

对于同时包含与资产相关部分和与收益相关部分的政府补助，企业应当将其进行分解，区分不同部分分别进行会计处理。

难以区分的，企业应当将其整体归类为与收益相关的政府补助进行会计处理。

五、政府补助退回

已确认的政府补助需要退回的，应当在需要退回的当期分情况按照以下规定进行会计处理：

（1）初始确认时冲减相关资产账面价值的，调整资产账面价值；

（2）存在相关递延收益的，冲减相关递延收益账面余额，超出部分计入当期损益；

（3）属于其他情况的，直接计入当期损益。

此外，对于属于前期差错的政府补助退回，应当按照前期差错更正进行追溯调整。

【例 13-8 · 多选题】下列各项关于企业政府补助会计处理的表述中，正确的有（　　）。

A. 收到以名义金额计量的非货币性资产政府补助，应计入当期损益

B. 初始确认时冲减相关资产账面价值的政府补助，在退回时应调整资产账面价值

C. 收到与企业日常活动相关的政府补助，应计入营业外收入

D. 对于同类政府补助业务通常只能选用一种会计处理方法

【解析】对以名义金额计量的政府补助，在取得时计入当期损益，选项 A 正确；已确认的政府补助需要退回，初始确认时冲减相关资产账面价值的，在需要退回的当期调整资产账面价值，选项 B 正确；收到与企业日常活动无关的政府补助，计入营业外收支，选项 C 不正确；通常情况下，对同类或类似政府补助业务只能选用一种会计处理方法，选项 D 正确。

【答案】ABD

第十四章　非货币性资产交换

第一节　非货币性资产交换的认定

一、非货币性资产交换的概念

非货币性资产交换，是指交易双方主要以存货、固定资产、无形资产、投资性房地产和长期股权投资等非货币性资产进行的交换。该交换不涉及或只涉及少量的货币性资产（即补价）。

（一）非货币性资产的含义

货币性资产，是指企业持有的货币资金和收取固定或可确定金额的货币资金的权利，包括库存现金、银行存款、应收账款和应收票据等。

非货币性资产，是指货币性资产以外的资产，该类资产在将来为企业带来的经济利益不固定或不可确定，包括存货（如原材料、包装物、低值易耗品、库存商品等）、固定资产、在建工程、生产性生物资产、无形资产、投资性房地产、长期股权投资等。

【例 14-1·多选题】 下列各项中，属于非货币性资产的有（　　）。

A. 应收账款　　　　B. 无形资产

C. 在建工程　　　　D. 长期股权投资

【解析】 非货币性资产，指货币性资产以外的资产，将来为企业带来的经济利益不固定或不可确定，包括存货、固定资产、无形资产、在建工程、长期股权投资等，选项 B、C 和 D 正确。

【答案】 BCD

（二）不属于非货币性资产交换的事项

非货币性资产交换，指的是企业双方之间主要以非货币性资产进行的互惠转让，即企业取得一项非货币性资产需要付出相应的代价（以企业拥有的非货币性资产为代价）。

下列各情形不属于《企业会计准则第 7 号——非货币性资产交换》所规范的内容：

1. 企业与所有者或所有者以外发生的非互惠转让。

（1）以非货币性资产作为股利发放给股东；

（2）以非货币性资产向职工发放福利；

（3）政府无偿提供非货币性资产给企业等。

2. 企业在企业合并、债务重组中取得的非货币性资产。

3. 企业以发行股票方式取得的非货币性资产。

4. 企业以存货换取客户的非货币性资产。

5. 关联方之间发生的非货币性资产交换。

6. 企业用于交换的资产目前尚不存在或尚不属于本企业等。

二、非货币性资产交换的认定

（一）认定基础

企业在判断某项交易是否属于非货币性资产交换时，应从自身的角度，以交易的实质为基础进行判断。一般来说，交易的双方对于该交易是否属于非货币性资产交换的判断是相同的，但有例外的情况。

【举例】 企业以一项固定资产对联营企业进行增资，对于企业来说，换出资产为固定资产，换入资产为长期股权投资，所以从企业的角度该交易属于非货币性资产交换；对于联营企业来说，则属于接受权益性投资，不属于非货币性资产交换。

（二）认定标准

非货币性资产交换是指主要以非货币性资产进行交换的事项，交易中一般不涉及或只涉及少量的货币性资产。

认定涉及少量货币性资产的交换为非货币性资产交换，通常以补价占整个资产交换金额的比例低于25%作为参考。若该比例低于25%，该交换属于非货币性资产交换；若该比例等于或高于25%，则不属于非货币性资产交换。

认定涉及少量货币性资产的交换为非货币性资产交换的公式如下：

①支付的货币性资产/换入资产公允价值（或换出资产公允价值+支付的货币性资产）<25%

②收到的货币性资产/换出资产公允价值（或换入资产公允价值+收到的货币性资产）<25%

【提示】 分母为该项交换中资产公允价值较大者。

【例14-2·单选题】 制造企业与非关联方之间发生的下列各项交易中，应按非货币性资产交换准则进行会计处理的是（　　）。

A. 以生产成本为280万元的产品换取客户持有的公允价值为340万元的土地使用权

B. 以公允价值为170万元的长期股权投资换入公允价值为250万元的投资性房地产，并支付补价80万元

C. 以公允价值为340万元的专利技术换入票面金额为340万元的以摊余成本计量的应收票据

D. 以公允价值为320万元的商标权换入公允价值为290万元的机器设备，并收到补价30万元

【解析】 选项A，以库存商品换取土地使用权，适用收入准则，不适用非货币性资产交换准则；选项B，支付的货币性资产/换入资产公允价值=80/250×100%=32%>25%，

不符合非货币性资产交换的条件，不适用非货币性资产交换准则；选项 C，换入的以摊余成本计量的应收票据属于货币性资产，不符合非货币性资产交换的条件，不适用非货币性资产交换准则；选项 D，换出资产和换入资产均为非货币性资产且补价比例 = 30/320×100% = 9.38% < 25%，属于非货币性资产交换交易，适用非货币性资产交换准则。

【答案】 D

【例 14-3 · 单选题】 甲公司与非关联方乙公司之间发生的下列各项交易或事项中，应按照非货币性资产交换准则进行会计处理的是（　　）。

A. 以固定资产换取乙公司持有的丁公司 30% 股份，对丁公司有重大影响

B. 增发股份换取乙公司的投资性房地产

C. 以无形资产换取乙公司的存货，收取的补价占换出无形资产公允价值的 30%

D. 以应收账款换取乙公司持有的丙公司 80% 股份，对丙公司实施控制

【解析】 选项 A，以固定资产换取乙公司持有的丁公司 30% 股份，适用非货币性资产交换准则；选项 B，增发股份换取乙公司的投资性房地产，股票不属于非货币性资产，不能按照非货币性资产交换准则处理；选项 C，收取的补价占换出资产公允价值的比例为 30%，大于 25%，该交易不属于非货币性资产交换交易；选项 D，应收账款为货币性资产，该交易不属于非货币性资产交换交易。

【答案】 A

第二节　非货币性资产交换的确认和计量

一、非货币性资产交换的确认和计量原则

（一）确认原则

1. 换入资产的确认原则

换入资产应当在其符合资产定义并满足资产确认条件时予以确认，即当与该资产有关的经济利益很可能流入企业，且成本能够可靠地计量时确认。可将取得换入资产视为购买一项资产，按照相关会计准则进行初始确认。

2. 换出资产的终止确认原则

换出资产应当在其满足资产终止确认条件时终止确认，即在该资产的控制权转移时进行终止确认。可将换出资产视为处置一项资产，按照相关会计准则的规定进行终止确认。

（二）计量原则

1. 以公允价值为基础计量的非货币性资产交换

同时满足下列条件时，非货币性资产交换应当以公允价值为基础计量：

（1）该项交换具有商业实质；

（2）换入资产或换出资产的公允价值能够可靠地计量。

对于以公允价值为基础计量的非货币性资产交换，企业取得换入资产的成本应以换出资产的公允价值为基础计量，换出资产的公允价值与账面价值的差额，应当按照处置该资产进行会计处理，计入当期损益等。

当有确凿证据表明换入资产的公允价值更加可靠或换出资产的公允价值不能够可靠计量时，企业取得换入资产的成本应以换入资产的公允价值为基础计量，换入资产的公允价值与换出资产的账面价值的差额应计入当期损益等。

2. 以账面价值为基础计量的非货币性资产交换

不满足以公允价值为基础计量的条件的，应当以账面价值为基础计量，即符合下列条件之一时，应当以账面价值为基础计量：

（1）该项交换不具有商业实质；

（2）该项交换具有商业实质，但换入资产和换出资产的公允价值均不能够可靠地计量。

对于以账面价值为基础计量的非货币性资产交换，企业取得换入资产的成本应以换出资产的账面价值为基础计量；终止确认换出资产时不确认损益。

二、商业实质的判断

满足下列条件之一的非货币性资产交换，具有商业实质：

（1）换入资产的未来现金流量在风险、时间分布或金额方面与换出资产显著不同；

（2）使用换入资产所产生的预计未来现金流量现值与继续使用换出资产所产生的预计未来现金流量现值不同，且其差额与换入资产和换出资产的公允价值相比是重大的。

在判断资产交换是否具有商业实质时，企业应当重点考虑由于发生了该项资产交换，预计使企业未来现金流量发生变动的程度。

只有当换入资产的未来现金流量和换出资产的未来现金流量相比发生较大变化，或使用换入资产进行经营和继续使用换出资产进行经营所产生的预计未来现金流量现值之间的差额较大时，才表明该交易的发生使企业经济状况发生了明显改变，交换才因而具有商业实质。

企业应当根据实质重于形式的原则，判断非货币性资产交换是否具有商业实质。

（一）判断条件

1. 换入资产的未来现金流量在风险、时间分布或金额方面与换出资产显著不同。

企业应当对比考虑换入资产与换出资产的未来现金流量在风险、时间分布或金额的三个方面，对非货币性资产交换是否具有商业实质进行综合判断。

通常情况下，只要换入资产和换出资产的未来现金流量在风险、时间分布或金额中的某个方面存在显著不同，即表明满足商业实质的判断条件。

【案例 1】 企业以一项生产用的设备换入一批存货，设备作为固定资产要在较长的时间内为企业带来现金流量，而存货流动性强，能够在较短的时间内产生现金流量。两者产生现金流量的时间分布相差较大，即使假定两者产生未来现金流量的风险和总额均相同，也可以认为上述固定资产与存货的未来现金流量显著不同，因而交易具有商业实质。

【案例 2】甲企业以其用于经营出租的一幢公寓楼，与乙企业同样用于经营出租的一幢公寓楼进行交换，两幢公寓楼的租期、每期租金总额均相同。但是甲企业的公寓楼是租给一家财务及信用状况良好的知名上市公司作为员工宿舍，乙企业的公寓楼则是租给多个个人租户。

相比较而言，甲企业无法取得租金的风险较小，乙企业取得租金依赖于各个个人租户的财务和信用状况，两者现金流量流入的风险或不确定性程度存在明显差异，可以认为两幢公寓楼的未来现金流量显著不同，因而交换具有商业实质。

2. 使用换入资产所产生的预计未来现金流量现值与继续使用换出资产所产生的预计未来现金流量现值不同，且其差额与换入资产和换出资产的公允价值相比是重大的。

企业如果按照上述第 1 项判断条件难以判断非货币性资产交换是否具有商业实质，可以按照第 2 项条件，分别计算使用换入资产进行相关经营的预计未来现金流量现值和继续使用换出资产进行相关经营的预计未来现金流量现值，通过二者比较进行判断。

企业在计算预计未来现金流量现值时，应当按照资产在企业自身持续使用过程和最终处置时预计产生的税后未来现金流量（使用企业自身的所得税税率），根据企业自身而不是市场参与者对资产特定风险的评价，选择恰当的折现率对预计未来现金流量折现后的金额加以确定，以体现资产对企业自身的特定价值。

从市场参与者的角度分析，换入资产和换出资产的未来现金流量在风险、时间分布和金额方面可能相同或相似。

但是对于企业自身而言，鉴于换入资产的性质和换入企业经营活动的特征等因素，换入资产与换入企业其他现有资产相结合，能够比换出资产发挥更大的作用、使换入企业受该换入资产影响的经营活动部分产生的现金流量与换出资产明显不同，进而使用换入资产进行相关经营的预计未来现金流量现值与继续使用换出资产进行相关经营的预计未来现金流量现值存在重大差异，当其差额与换入资产和换出资产的公允价值相比是重大的，则表明交换具有商业实质。

【案例 3】甲企业以持有的某非上市公司 A 企业的 10%股权换入乙企业持有的一项专利权。假定从市场参与者的角度来看，该股权与该项专利权的公允价值相同，两项资产未来现金流量的风险、时间分布和金额也相似。

通过第 1 项判断条件难以得出交易是否具有商业实质的结论。

根据第 2 项判断条件，对换入专利权的甲企业来说，该项专利权能够解决其生产中的技术难题，使其未来的生产产量成倍增长，从而产生的预计未来现金流量现值与换出的股权投资有较大差异，且其差额与换入资产和换出资产的公允价值相比是重大的，因而认为该交换具有商业实质。对换入股权的乙企业来说，其取得甲企业换出的 A 企业 10%股权后，对 A 企业的投资关系由重大影响变为控制，从而产生的预计未来现金流量现值与换出的专利权有较大差异，且其差额与换入资产和换出资产的公允价值相比也是重大的，因而可认为该交换具有商业实质。

（二）判断商业实质时对资产类别的考虑

企业在判断非货币性资产交换是否具有商业实质时，通常还可以通过考虑资产是否属于同一类别来进行分析。

同类别的资产是指在资产负债表中列示为同一报表项目的资产；不同类别的资产是指在资产负债表中列示为不同报表项目的资产，例如存货、固定资产、无形资产、投资性房地产、长期股权投资等都是不同类别的非货币性资产。

一般来说，不同类别的非货币性资产产生经济利益的方式不同，其产生的未来现金流量在风险、时间分布或金额方面也很可能不同。

不同类别非货币性资产之间的交换（如存货和固定资产之间的交换、固定资产和长期股权投资之间的交换等）是否具有商业实质，通常较易判断；而同类别非货币性资产之间的交换（如固定资产之间、长期股权投资之间的交换等）是否具有商业实质，则通常较难判断，需要根据上述两项判断条件综合判断。

【案例4】 企业将一项用于出租的投资性房地产，与另一企业的厂房进行交换，换入的厂房作为自用固定资产，属于不同类别的非货币性资产之间的交换，在该交换交易下，换出的投资性房地产的未来现金流量为每期的租金，换入的固定资产的未来现金流量为该厂房独立产生或包括厂房的资产组协同产生的现金流量。通常情况下，由定期租金带来的现金流量与用于生产经营的固定资产产生的现金流量在风险、时间分布或金额方面显著不同，因而这两项资产的交换具有商业实质。

【案例5】 企业将其拥有的一幢建筑物，与另一企业拥有的在同一地点的另一幢建筑进行交换，两幢建筑物的建造时间、建造成本等均相同，属于同类别的非货币性资产之间的交换。在该交换交易下，两幢建筑物未来现金流量的风险、时间分布和金额可能相同、也可能不同。如果其中一幢建筑物可以立即出售，企业管理层也打算将其立即出售，而另一幢建筑物难以出售或只能在一段较长的时间内出售，则可以表明两项资产未来现金流量的风险、时间分布或金额显著不同，因而这两项资产的交换具有商业实质。

此外，需要说明的是，从事相同经营业务的企业之间相互交换其具有类似性质和相等价值的商品，以便在不同地区销售，这种同类别的非货币性资产之间的交换不具有商业实质。实务中，这种交换通常发生在某些特定商品上，如石油、汽油或牛奶等。

三、非货币性资产交换的会计处理

（一）以公允价值为基础计量的非货币性资产交换的会计处理

同时满足下列两个条件的，企业应当以公允价值为基础计量：

（1）该项交换具有商业实质；

（2）换入资产或换出资产的公允价值能够可靠地计量。

换入资产和换出资产公允价值均能够可靠计量的，应当以换出资产公允价值为基础确定换入资产的成本。但有确凿证据表明换入资产的公允价值更加可靠的除外。

即换出资产的公允价值不能够可靠计量，或换入资产和换出资产的公允价值均能够可靠计量但有确凿证据表明换入资产的公允价值更加可靠的，应当以换入资产的公允价值为基础计量。

对于非货币性资产交换中换入资产和换出资产的公允价值均能够可靠计量的情形，企业在判断是否有确凿证据表明换入资产的公允价值更加可靠时，应当考虑确定公允价值所使用的输入值层次。

企业可以参考以下情况：第一层次输入值为公允价值提供了最可靠的证据，第二层次直接或间接可观察的输入值比第三层次不可观察输入值为公允价值提供更确凿的证据。

对于换入资产和换出资产的公允价值所使用的输入值层次相同的企业，应当以换出资产的公允价值为基础计量。

实务中，在考虑了补价因素的调整后，正常交易换入资产的公允价值和换出资产的公允价值通常是一致的。

1. 不涉及补价的情况

（1）换入资产初始入账金额的确定

对于换入资产，企业应当以换出资产的公允价值和应支付的相关税费作为换入资产的成本进行初始计量。

换出资产的公允价值不能够可靠计量，或换入资产和换出资产的公允价值均能够可靠计量但有确凿证据表明换入资产的公允价值更加可靠的，应当以换入资产的公允价值和应支付的相关税费作为换入资产的初始计量金额。

其中，计入换入资产的应支付的相关税费应当符合相关会计准则对资产初始计量成本的规定，具体如下：

换入资产的类别	应计入成本的相关税费
存货	相关税费、使该资产达到目前场所和状态所发生的运输费、装卸费、保险费以及可归属于该资产的其他成本
长期股权投资	与取得该资产直接相关的费用、税金和其他必要支出
投资性房地产	相关税费和可直接归属于该资产的其他支出
固定资产	相关税费、使该资产达到预定可使用状态前所发生的可归属于该资产的运输费、装卸费、安装费和专业人员服务费等
生产性生物资产	相关税费、运输费、保险费以及可直接归属于该资产的其他支出
无形资产	相关税费以及直接归属于使该资产达到预定用途所发生的其他支出

上述费用均不包括准予从增值税销项税额中抵扣的进项税额。

（2）换出资产终止确认计入当期损益的处理

企业应当在终止确认换出资产时，将换出资产的公允价值与其账面价值之间的差额计入当期损益。

换出资产的公允价值不能够可靠计量，或换入资产和换出资产的公允价值均能够可靠计量但有确凿证据表明换入资产的公允价值更加可靠的，应当在终止确认时，将换入资产的公允价值与换出资产账面价值之间的差额计入当期损益。

计入当期损益的会计处理，视换出资产的类别不同而有所区别，具体如下：

换出资产的类别	计入当期损益的会计处理
存货	按照收入准则相关规定进行处理，按换入资产的公允价值确认营业收入，按换出资产的账面价值结转营业成本
固定资产、在建工程、生产性生物资产和无形资产	视同处置相关资产，相应损益通过“资产处置损益”科目核算
投资性房地产	按换出资产公允价值或换入资产公允价值确认其他业务收入，按换出资产账面价值结转其他业务成本，二者之间的差额计入当期损益
长期股权投资	视同处置相关资产，相应损益通过“投资收益”科目核算

【例 14-4 · 多选题】不考虑其他因素，下列关于以公允价值为基础计量的企业非货币性资产交换会计处理的表述中，正确的有（　　）。

A. 换出资产为长期股权投资的，应将换出资产公允价值与其账面价值的差额计入投资收益

B. 换出资产为存货的，应将换出资产公允价值大于其账面价值的差额计入营业外收入

C. 换出资产为存货的，应按换入资产的公允价值确认营业收入

D. 换出资产为固定资产的，应将换出资产公允价值小于其账面价值的差额计入其他综合收益

【解析】选项 B，换出资产为存货的，应按换入资产的公允价值确认营业收入，按换出资产的账面价值结转营业成本；选项 D，换出资产为固定资产的，应将换出资产公允价值与账面价值的差额计入资产处置损益。

【答案】AC

2. 涉及补价的情况

对于涉及补价的以公允价值为基础计量的非货币性资产交换，应按照支付补价方和收到补价方分别进行会计处理，具体如下：

（1）支付补价方的会计处理

①以换出资产的公允价值为基础计量的，应当以换出资产的公允价值加上支付补价的公允价值和应支付的相关税费作为换入资产的成本；换出资产的公允价值与换出资产账面价值的差额应当计入当期损益。即：

换入资产的成本=换出资产的公允价值+支付补价的公允价值+应支付的相关税费

计入当期损益的金额=换出资产的公允价值-换出资产的账面价值

②有确凿证据表明换入资产的公允价值更加可靠，即以换入资产的公允价值为基础计量的，应当以换入资产的公允价值和应支付的相关税费作为换入资产的初始计量金额，换入资产的公允价值减去支付补价的公允价值，与换出资产账面价值之间的差额计入当期损益。即：

换入资产的成本=换入资产的公允价值+应支付的相关税费

计入当期损益的金额=（换入资产的公允价值-支付补价的公允价值）-换出资产的账面价值

【例14-5·多选题】2×23年7月10日，甲公司以其拥有的一辆作为固定资产核算的轿车换入乙公司一项非专利技术，并支付补价5万元，当日，甲公司该轿车原价为80万元，累计折旧为16万元，公允价值为60万元，乙公司该项非专利技术的公允价值为65万元，该项交换具有商业实质，不考虑相关税费及其他因素，甲公司进行的下列会计处理中，正确的有（　　）。

A. 按-5万元确定资产处置损益

B. 按65万元确定换入非专利技术的成本

C. 按-4万元确定资产处置损益

D. 按-1万元确定资产处置损益

【解析】以公允价值为基础计量的非货币性资产交换，甲公司换出固定资产确认的资产处置损益=换出资产的公允价值-换出资产的账面价值=60-（80-16）=-4（万元），选项C正确，选项A和D错误；甲公司换入非专利技术的成本=换出资产的公允价值+支付的补价=60+5=65（万元），选项B正确。

【答案】BC

（2）收到补价方的会计处理

①以换出资产的公允价值为基础计量的，应当以换出资产的公允价值，减去收到补价的公允价值，加上应支付的相关税费，作为换入资产的成本；换出资产的公允价值与换出资产账面价值的差额应当计入当期损益。即：

换入资产的成本=换出资产公允价值-收到补价的公允价值+应支付的相关税费

计入当期损益的金额=换出资产的公允价值-换出资产的账面价值

②有确凿证据表明换入资产的公允价值更加可靠，即以换入资产的公允价值为基础计量的，应当以换入资产的公允价值和应支付的相关税费作为换入资产的初始计量金额，换入资产的公允价值加上收到补价的公允价值，与换出资产账面价值之间的差额计入当期损益。即：

换入资产的成本=换入资产的公允价值+应支付的相关税费

计入当期损益的金额=（换入资产的公允价值+收到补价的公允价值）-换出资产的账面价值

3. 涉及换入多项资产或换出多项资产的情况

非货币性资产交换中，企业可以以一项非货币性资产同时换入另一企业的多项非货币性资产，或同时以多项非货币性资产换入另一企业的一项非货币性资产，这些交易也可能涉及补价。

对于涉及换入或换出多项资产的非货币性资产交换的计量，企业同样应当首先判断是否符合以公允价值为基础计量的两个条件，再分别情况确定各项换入资产的初始计量金额，以及各项换出资产终止确认的相关损益。

（1）以换出资产的公允价值为基础计量的。

①对于同时换入的多项资产，由于通常无法将换入资产与换出的某项特定资产相对应，应当按照各项换入资产的公允价值的相对比例（换入资产的公允价值不能够可靠计量的，可以按照各项换入资产的原账面价值的相对比例或其他合理的比例），将换出资产公允价值总额（涉及补价的，加上支付补价的公允价值或减去收到补价的公允价值）分摊至各项换入资产，以分摊额和应支付的相关税费作为各项换入资产的成本进行初始计量。

需要说明的是，如果同时换入的多项非货币性资产中包含由《企业会计准则第 22 号——金融工具确认和计量》规范的金融资产，应当按照《企业会计准则第 22 号——金融工具确认和计量》的规定进行会计处理，在确定换入的其他多项资产的初始计量金额时，应当将金融资产公允价值从换出资产公允价值总额中扣除。

②对于同时换出的多项资产，应当将各项换出资产的公允价值与其账面价值之间的差额，在各项换出资产终止确认时计入当期损益。

（2）以换入资产的公允价值为基础计量的。

①对于同时换入的多项资产，应当以各项换入资产的公允价值和应支付的相关税费作为各项换入资产的初始计量金额。

②对于同时换出的多项资产，由于通常无法将换入资产与换出的某项特定资产相对应，应当按照各项换出资产的公允价值的相对比例（换出资产的公允价值不能够可靠计量的，可以按照各项换出资产的账面价值的相对比例），将换入资产的公允价值总额（涉及补价的，减去支付补价的公允价值或加上收到补价的公允价值）分摊至各项换出资产，分摊额与各项换出资产账面价值之间的差额，在各项换出资产终止确认时计入当期损益。

需要说明的是，如果同时换出的多项非货币性资产中包含由《企业会计准则第 22 号——金融工具确认和计量》规范的金融资产，该金融资产应当按照《企业会计准则第 22 号——金融工具确认和计量》和《企业会计准则第 23 号——金融资产转移》的规定判断换出的该金融资产是否满足终止确认条件并进行终止确认的会计处理。在确定其他各项换出资产终止确认的相关损益时，应当将终止确认的金融资产公允价值从换入资产公允价值总额中扣除。

【例 14-6 · 计算分析题】 甲、乙公司均系增值税一般纳税人，2×23 年 3 月 31 日，甲公司以其生产的产品与乙公司的一项生产设备和一项商标权进行交换，该资产交换具有商业实质，换出存货符合收入确认条件。相关资料如下：

资料一，甲公司换出产品的成本为 680 万元，公允价值为 800 万元，开具的增值税专用发票中注明的价款为800万元，增值税税额为104万元，甲公司未对该产品计提存货跌价准备。

资料二，乙公司换出设备的原价为1000万元，已计提折旧700万元，未计提减值准备，公允价值为500万元，开具的增值税专用发票中注明的价款为500万元，增值税税额为65万元；乙公司换出商标权的原价为280万元，已摊销80万元，公允价值为300万元，开具的增值税专用发票中注明的价款为300万元，增值税税额为18万元；乙公司另以银行存款向甲公司支付21万元。

资料三，甲公司将换入的设备和商标权分别确认为固定资产和无形资产，乙公司将换入的产品确认为库存商品。

甲、乙双方不存在关联方关系，本题不考虑除增值税以外的相关税费及其他因素。

要求：

（1）编制甲公司进行非货币性资产交换的相关会计分录。

（2）编制乙公司进行非货币性资产交换的相关会计分录。

【答案】

（1）甲公司的账务处理为：

借：固定资产　500
　　无形资产　300
　　应交税费——应交增值税（进项税额）　83
　　银行存款　21
　贷：主营业务收入　800
　　　应交税费——应交增值税（销项税额）　104

借：主营业务成本　680
　贷：库存商品　680

（2）乙公司的账务处理为：

借：固定资产清理　300
　　累计折旧　700
　贷：固定资产　1000

借：库存商品　800
　　应交税费——应交增值税（进项税额）　104
　　累计摊销　80
　贷：固定资产清理　300
　　　无形资产　280
　　　应交税费——应交增值税（销项税额）　83
　　　资产处置损益　300
　　　银行存款　21

（二）以账面价值为基础计量的非货币性资产交换的会计处理

非货币性资产交换不具有商业实质，或者虽然具有商业实质但换入资产和换出资产的公允价值均不能可靠计量的，企业应当以换出资产的账面价值为基础确定换入资产的初始计量金额。

无论是否支付补价，在终止确认换出资产时均不确认损益。

1. 不涉及补价的情况

对于换入资产，企业应当以换出资产的账面价值和应支付的相关税费作为换入资产的初始计量金额。

对于换出资产，企业在终止确认时不确认损益。

2. 涉及补价的情况

涉及补价的，应当按照支付补价方和收到补价方分别处理：

（1）支付补价方：应当以换出资产的账面价值，加上支付补价的账面价值和应支付的相关税费，作为换入资产的初始计量金额，不确认损益。即：

换入资产的成本=换出资产的账面价值+支付补价的账面价值+应支付的相关税费

（2）收到补价方：应当以换出资产的账面价值，减去收到补价的公允价值，加上应支付的相关税费，作为换入资产的初始计量金额，不确认损益。即：

换入资产的成本=换出资产的账面价值-收到补价的公允价值+应支付的相关税费

【例 14-7·单选题】下列关于不具有商业实质的企业非货币性资产交换的会计处理表述中，不正确的是（　　）。

A. 收到补价的，应以换出资产的账面价值减去收到补价的公允价值，加上应支付的相关税费，作为换入资产的成本

B. 支付补价的，应以换出资产的账面价值加上支付补价的账面价值和应支付的相关税费，作为换入资产的成本

C. 涉及补价的，应当确认损益

D. 不涉及补价的，不应确认损益

【解析】选项 C，不具有商业实质的非货币性资产交换，以账面价值为基础计量，无论是否涉及补价，均不确认损益。

【答案】C

【例 14-8·判断题】不具有商业实质的非货币性资产交换，应以换出资产的公允价值和应支付的相关税费作为换入资产的成本。（　　）

【解析】不具有商业实质的非货币性资产交换，应以换出资产的账面价值为基础计算换入资产的成本。

【答案】×

3. 涉及换入多项资产或换出多项资产的情况

（1）对于同时换入的多项资产，由于通常无法将换出资产与换入的某项特定资产相对应，应当按照各项换入资产的公允价值的相对比例(换入资产的公允价值不能够可靠计量的，可以按照各项换入资产的原账面价值的相对比例或其他合理的比例），将换出资产账面价值总额（涉及补价的，加上支付补价的账面价值或减去收到补价的公允价值）分摊至各项换入资产，加上应支付的相关税费，作为各项换入资产的初始计量金额。

（2）对于同时换出的多项资产，各项换出资产终止确认时不确认损益。

第十五章　债务重组

第一节　债务重组概述

一、债务重组的定义

债务重组，是指在不改变交易对手方的情况下，经债权人和债务人协定或法院裁定，就清偿债务的时间、金额或方式等重新达成协议的交易。

经法院裁定进行债务重整并按持续经营进行会计核算的，按照本章要求进行会计处理，债务人在破产清算期间进行的债务重组，应当按照企业破产清算有关的会计处理规定处理。

（一）关于交易对手方

债务重组是在不改变交易对手方的情况下进行的交易。

债务重组不强调在债务人发生财务困难的背景下进行，也不论债权人是否作出让步。也就是说，只要债权人和债务人就债务条款重新达成了协议，就符合债务重组的定义。

例如，债权人在减免债务人部分债务本金的同时提高剩余债务的利息，或者债权人同意债务人用等值库存商品抵偿到期债务等，均属于债务重组。

（二）关于债权和债务的范围

债务重组涉及的债权和债务，是符合金融资产和金融负债定义的债权和债务，针对合同资产、合同负债、预计负债等进行的交易安排，不属于债务重组，导致租赁应收款和租赁应付款终止确认的交易安排，属于债务重组。

（三）债务重组形成企业合并的处理

债务人以股权投资清偿债务或者将债务转为权益工具，可能对应导致债权人取得被投资单位或债务人的控制权，在债务人的个别财务报表层面和合并财务报表层面，债权人取得长期股权投资或者资产和负债的确认和计量，应当按照企业合并的要求进行会计处理。

（四）债务重组构成权益性交易的情形

债务重组构成权益性交易的情形包括：

（1）债权人直接或间接对债务人持股，或者债务人直接或间接对债权人持股，且持股方以股东身份进行债务重组。

（2）债权人与债务人在债务重组前后均受同一方或相同的多方最终控制，且该债务重组的交易实质是债权人或债务人进行了权益性分配或接受了权益性投入。

债务重组构成权益性交易的，债权人和债务人不确认债务重组相关损益。

【举例】 甲公司是乙公司股东，为了弥补乙公司临时性经营现金流短缺，甲公司向乙公司提供1000万元无息借款，并约定于6个月后收回。借款期满时，尽管乙公司具有充足的现金流，甲公司仍然决定免除乙公司部分本金还款义务，仅收回200万元借款。在此项交易中，如果甲公司不以股东身份而是以市场交易者身份参与交易，在乙公司具有足够偿债能力的情况下不会免除其部分本金。因此，甲公司和乙公司应当将该交易作为权益性交易，不确认债务重组相关损益。

债务重组中不属于权益性交易的部分仍然应当确认债务重组相关损益。例如，假设前例中债务人乙公司确实出现财务困难，其他债权人对其债务普遍进行了减半的豁免，那么甲公司作为股东比其他债务人多豁免300万元债务的交易应当作为权益性交易，正常豁免500万元债务的交易确认债务重组相关损益。

企业在判断债务重组是否构成权益性交易时，应当遵循实质重于形式原则。例如，假设债权人对债务人的权益性投资通过其他人代持，债权人不具有股东身份，但实质上以股东身份进行债务重组，债权人和债务人应当认为该债务重组构成权益性交易。

【例 15-1 · 单选题】 甲公司是乙公司的股东。2×23 年 7 月 31 日，甲公司应收乙公司账款 4000 万元，采用摊余成本进行后续计量。为解决乙公司的资金周转困难，甲公司、乙公司的其他债权人共同决定对乙公司的债务进行重组，并于 2×23 年 8 月 1 日与乙公司签订了债务重组合同。根据债务重组合同的约定，甲公司免除 80% 应收乙公司账款的还款义务，乙公司其他债权人免除 40% 应收乙公司账款的还款义务，豁免的债务在合同签订当日解除，对于其余未豁免的债务，乙公司应于 2×23 年 8 月底前偿还。2×23 年 8 月 23 日，甲公司收到乙公司支付的账款 800 万元。不考虑其他因素，甲公司 2×23 年度因上述交易或事项应当确认的损失金额是（　　）。

A. 零　　B. 800 万元　　C. 3200 万元　　D. 1600 万元

【解析】 甲公司应将其较其他债权人多豁免的 40%（80%−40%）债权确认为权益性交易，与其他债权人同比例豁免债务人的 1600 万元（4000×40%）确认为损失，即甲公司 2×23 年度因上述交易或事项应当确认的损失金额为 1600 万元。

【答案】 D

二、债务重组的方式

债务重组的方式主要包括：债务人以资产清偿债务、将债务转为权益工具、修改其他条款，以及前述一种以上方式的组合。

（一）债务人以资产清偿债务

债务人以资产清偿债务，是债务人转让其资产给债权人以清偿债务的债务重组方式。

债务人用于偿债的资产通常是已经在资产负债表中确认的资产，例如，现金、应收账款、长期股权投资、投资性房地产、固定资产、在建工程、生物资产、无形资产等。

在受让上述资产后，按照相关会计准则要求及本企业会计核算要求，债权人核算相关受让资产的类别可能与债务人不同。例如，债务人以作为固定资产核算的房产清偿债务，债权人可能将受让的房产作为投资性房地产核算；债务人以部分长期股权投资清偿债务，债权人可能将受让的投资作为金融资产核算；债务人以存货清偿债务，债权人可能将受让的资产作为固定资产核算等。

除上述已经在资产负债表中确认的资产外，债务人也可能以不符合确认条件而未予确认的资产清偿债务。例如，债务人以未确认的内部产生品牌清偿债务，债权人在获得的商标权符合无形资产确认条件的前提下作为无形资产核算。

（二）债务人将债务转为权益工具

债务人将债务转为权益工具，这里的权益工具，是指根据《企业会计准则第 37 号——金融工具列报》分类为“权益工具”的金融工具，会计处理上体现为股本、实收资本、资本公积等科目。

实务中，有些债务重组名义上采用“债转股”的方式，但同时附加相关条款，如约定债务人在未来某个时点有义务以某一金额回购股权，或债权人持有的股份享有强制分红权等。对于债务人，这些“股权”可能并不是权益工具，从而不属于债务人将债务转为权益工具的债务重组方式。

债权人和债务人还可能协议以一项同时包含金融负债成分和权益工具成分的复合金融工具替换原债权债务，这类交易也不属于债务人将债务转为权益工具的债务重组方式。

（三）修改其他条款

修改债权和债务的其他条款，是债务人不以资产清偿债务，也不将债务转为权益工具，而是改变债权和债务的其他条款的债务重组方式，如调整债务本金、改变债务利息、变更还款期限等。经修改其他条款的债权和债务分别形成重组债权和重组债务。

（四）组合方式

组合方式，是采用上述三种方式中一种以上方式的组合清偿债务的债务重组方式。例如，债权人和债务人约定，由债务人以机器设备清偿部分债务，将另一部分债务转为权益工具，调减剩余债务的本金，但利率和还款期限不变；再如，债务人以现金清偿部分债务，同时将剩余债务展期等。

第二节　债务重组的会计处理

一、债权和债务的终止确认

只有在符合金融资产和金融负债终止确认条件时才能终止确认相关债权和债务，并确认债务重组的相关损益，即债权人在收取债权现金流量的合同权利终止时终止确认债权，债务人在债务的现时义务解除时终止确认债务。

对于在报告期间已经开始协商、但在报告期资产负债表日后的债务重组，不属于资产负债表日后调整事项。

对于终止确认的债权，债权人应当结转已计提的减值准备中对应该债权终止确认部分的金额。

对于终止确认的分类为以公允价值计量且其变动计入其他综合收益的债权，之前计入其他综合收益的累计利得或损失应当从其他综合收益中转出，记入“投资收益”科目。

（一）以资产清偿债务或将债务转为权益工具

对于以资产清偿债务或者将债务转为权益工具方式进行的债务重组，由于债权人在拥有或控制相关资产时，通常其收取债权现金流量的合同权利也同时终止，债权人一般可以终止确认该债权。

同样地，由于债务人通过交付资产或权益工具解除了其清偿债务的现时义务，债务人一般可以终止确认该债务。

（二）修改其他条款

对于债权人，债务重组通过调整债务本金、改变债务利息、变更还款期限等修改合同条款方式进行的，通常情况下，应当整体考虑是否对全部债权的合同条款作出了实质性修改。如果作出实质性修改，或者债权人与债务人之间签订协议，以获取实质上不同的新金融资产方式替换债权，应当终止确认原债权，并按照修改后的条款或新协议确认新金融资产。

对于债务人，如果对债务或部分债务的合同条款作出“实质性修改”形成重组债务，或者债权人与债务人之间签订协议，以承担“实质上不同”的重组债务方式替换债务，债务人应当终止确认原债务，同时按照修改后的条款确认一项新金融负债。其中，如果重组债务未来现金流量（包括支付和收取的某些费用）现值与原债务的剩余期间现金流量现值之间的差异超过10%，则意味着新的合同条款进行了“实质性修改”或者重组债务是“实质上不同”的，有关现值的计算均采用原债务的实际利率。

（三）组合方式

对于债权人，通常情况下应当整体考虑是否终止确认全部债权。由于组合方式涉及多种债务重组方式，一般可以认为对全部债权的合同条款作出了实质性修改，从而终止确认全部债权，并按照修改后的条款确认新金融资产。

对于债务人，组合中以资产清偿债务或者将债务转为权益工具方式进行的债务重组，如果债务人清偿该部分债务的现时义务已经解除，应当终止确认该部分债务。组合中以修改其他条款方式进行的债务重组，需要根据具体情况，判断对应的部分债务是否满足终止确认条件。

二、债权人的会计处理

（一）以资产清偿债务或将债务转为权益工具

债务重组采用以资产清偿债务或者将债务转为权益工具方式进行的，债权人应当在受让的相关资产符合其定义和确认条件时予以确认。

1. 债权人受让金融资产

债权人受让包括现金在内的单项或多项金融资产的，金融资产初始确认时应当以其公允价值计量，金融资产确认金额与债权终止确认日账面价值之间的差额，借记或贷记“投资收益”科目。

借：库存现金/银行存款/交易性金融资产/债权投资/其他债权投资等

　　坏账准备等

　贷：应收账款等

　　　投资收益（差额，或借方）

2. 债权人受让非金融资产

债权人初始确认受让的金融资产以外的资产时，应当按照下列原则以成本计量：

（1）存货的成本，包括放弃债权的公允价值，以及使该资产达到当前位置和状态所发生的可直接归属于该资产的税金、运输费、装卸费、保险费等其他成本。

（2）对联营企业或合营企业投资的成本，包括放弃债权的公允价值，以及可直接归属于该资产的税金等其他成本。

（3）投资性房地产的成本，包括放弃债权的公允价值，以及可直接归属于该资产的税金等其他成本。

（4）固定资产的成本，包括放弃债权的公允价值，以及使该资产达到预定可使用状态前所发生的可直接归属于该资产的税金、运输费、装卸费、安装费、专业人员服务费等其他成本。确定固定资产成本时，应当考虑预计弃置费用因素。

（5）无形资产的成本，包括放弃债权的公允价值，以及可直接归属于使该资产达到预定用途所发生的税金等其他成本。

放弃债权的公允价值与账面价值之间的差额，借记或贷记“投资收益”科目。

借：原材料/长期股权投资/投资性房地产/固定资产/无形资产等

　　坏账准备等

　贷：应收账款等

　　　投资收益（差额，或借方）

【例 15-2·单选题】甲公司与乙公司均为增值税一般纳税人，因乙公司无法偿还到期债务，经协商，甲公司同意乙公司以库存商品偿还其所欠全部债务。债务重组日，甲公司应收乙公司债权的账面余额为 2000 万元，已计提坏账准备 1500 万元，公允价值为 500 万元，乙公司用于偿债商品的账面价值为 480 万元，公允价值为 600 万元，增值税额为 78 万元，不考虑其他因素，甲公司因上述交易应计入当期损益的金额是（　　）。

A. 0　　B. −178 万元　　C. 1322 万元　　D. 178 万元

【解析】债权人受让非金融资产，放弃债权的公允价值与账面价值之间的差额计入投资收益。甲公司放弃债权的账面价值为 500 万元（2000−1500），与公允价值相同，所以计入投资收益的金额为 0。甲公司受让库存商品的入账价值＝放弃债权的公允价值 500−增值税进项税额 78＝422（万元）。

甲公司会计处理如下：

借：库存商品　　422（500-78）

　　应交税费——应交增值税（进项税额）　　78

　　坏账准备　　1500

　贷：应收账款　　2000

【答案】 A

3. 债权人受让多项资产

债权人受让多项非金融资产，或者包括金融资产、非金融资产在内的多项资产的，金融资产按照当日公允价值计量，按照受让的金融资产以外的各项资产在债务重组合同生效日的公允价值比例，对放弃债权在合同生效日的公允价值扣除受让金融资产当日公允价值后的净额进行分配，并以此为基础分别确定各项资产的成本。放弃债权的公允价值与账面价值之间的差额，借记或贷记“投资收益”科目。

【例 15-3 · 多选题】 2×23 年 1 月 1 日，甲公司以摊余成本计量的“应收账款——乙公司”账户余额为 1000 万元，已计提坏账准备 200 万元。2×23 年 4 月 1 日，甲公司与乙公司签订债务重组合同，合同约定，乙公司以两项资产清偿债务，包括一项公允价值为 100 万元的其他债权投资和一项公允价值为 600 万元的固定资产。当日，该应收账款的公允价值为 750 万元，双方于当日办理完成相关资产的转让手续。不考虑其他因素，下列关于甲公司会计处理的表述中，正确的有（　　）。

A. 确认投资收益减少 50 万元

B. 确认其他债权投资增加 100 万元

C. 确认其他收益减少 100 万元

D. 确认固定资产增加 600 万元

【解析】 甲公司受让其他债权投资应以其债务重组日公允价值为基础计量，应确认其他债权投资 100 万元，选项 B 正确；甲公司应确认固定资产的金额 = 750 - 100 = 650（万元），选项 D 错误；甲公司应确认投资收益的金额 = 750 -（1000 - 200）= -50（万元），选项 A 正确，选项 C 错误。

甲公司会计处理如下：

借：其他债权投资　　100

　　固定资产　　650（750-100）

　　坏账准备　　200

　　投资收益　　50

　贷：应收账款　　1000

【答案】 AB

4. 债权人受让处置组

债务人以处置组清偿债务的，债权人应当先对处置组中的金融资产和负债进行初始计量，然后按照金融资产以外的各项资产在债务重组合同生效日的公允价值比例，对放弃债权在合同生效日的公允价值以及承担的处置组中负债的确认金额之和，扣除受让金融资产当日公允价值后的净额进行分配，并以此为基础分别确定各项资产的成本。

放弃债权的公允价值与账面价值之间的差额，借记或贷记“投资收益”科目。

借：库存现金/银行存款/交易性金融资产/债权投资/其他债权投资等
　　原材料/长期股权投资/投资性房地产/固定资产/无形资产等
　　坏账准备
　贷：××负债科目
　　　应收账款等
　　　投资收益（差额，或借方）

5. 债权人将受让的资产或处置组划分为持有待售类别

债务人以资产或处置组清偿债务，且债权人在取得日未将受让的相关资产或处置组作为非流动资产和非流动负债核算，而是将其划分为持有待售类别的，债权人应当在初始计量时，比较假定其不划分为持有待售类别情况下的初始计量金额和公允价值减去出售费用后的净额，以两者孰低计量。

借：持有待售资产等
　　坏账准备
　　资产减值损失
　贷：应收账款等

（二）修改其他条款

债务重组采用修改其他条款方式进行的，如果修改其他条款导致全部债权终止确认，债权人应当按照修改后的条款以公允价值初始计量重组债权。重组债权的确认金额与债权终止确认日账面价值之间的差额，借记或贷记“投资收益”科目。

借：应收账款——债务重组
　　坏账准备
　贷：应收账款等
　　　投资收益（差额，或借方）

如果修改其他条款未导致债权终止确认，债权人应当根据其分类，继续以摊余成本、以公允价值计量且其变动计入其他综合收益，或者以公允价值计量且其变动计入当期损益进行后续计量。

对于以摊余成本计量的债权，债权人应当根据重新议定合同的现金流量变化情况，重新计算该重组债权的账面余额，并将相关利得或损失记入“投资收益”科目。

重新计算的该重组债权的账面余额，应当根据将重新议定或修改的合同现金流量按债权原实际利率折现的现值确定。

对于修改或重新议定合同所产生的成本或费用，债权人应当调整修改后的重组债权的账面价值，并在修改后重组债权的剩余期限内摊销。

（三）组合方式

债务重组采用组合方式进行的，一般可以认为对全部债权的合同条款作出了实质性修改，债权人应当按照修改后的条款，以公允价值初始计量重组债权和受让的新金融资产，按照受让的金融资产以外的各项资产在债务重组合同生效日的公允价值比例，对放弃债权在合同生效日的公允价值扣除重组债权和受让金融资产当日公允价值后的净额进行分配，并以此为基础分别确定各项资产的成本。

放弃债权的公允价值与账面价值之间的差额，记入“投资收益”科目。

三、债务人的会计处理

（一）债务人以资产清偿债务

债务重组采用以资产清偿债务方式进行的，债务人应当将所清偿债务账面价值与转让资产账面价值之间的差额计入当期损益。

1. 债务人以金融资产清偿债务

债务人以单项或多项金融资产清偿债务的，债务的账面价值与偿债金融资产账面价值的差额，借记或贷记“投资收益”科目。

偿债金融资产已计提减值准备的，应结转已计提的减值准备。

对于以分类为以公允价值计量且其变动计入其他综合收益的债务工具投资清偿债务的，之前计入其他综合收益的累计利得或损失应当从其他综合收益中转出，借记或贷记“投资收益”科目。

对于以指定为以公允价值计量且其变动计入其他综合收益的非交易性权益工具投资清偿债务的，之前计入其他综合收益的累计利得或损失应当从其他综合收益中转出，借记或贷记“盈余公积”“利润分配——未分配利润”科目。

借：应付账款/长期借款等
　　债权投资减值准备/坏账准备等
　　贷：库存现金/银行存款/交易性金融资产/债权投资/其他债权投资/其他权益工具投资/应收账款等
　　　　投资收益（差额，或借方）

借：其他综合收益
　　贷：投资收益/盈余公积/利润分配——未分配利润

或相反分录。

2. 债务人以非金融资产清偿债务

债务人以单项或多项非金融资产（如固定资产、日常活动产出的商品或服务等）清偿债务，或者以包括金融资产和非金融资产在内的多项资产清偿债务的，不需要区分资产处置损益和债务重组损益，也不需要区分不同资产的处置损益，而应将所清偿债务账面价值与转让资产账面价值之间的差额，借记或贷记“其他收益——债务重组收益”科目。

偿债资产已计提减值准备的，应结转已计提的减值准备。

借：应付账款/长期借款等

固定资产减值准备/无形资产减值准备/存货跌价准备等

贷：固定资产/无形资产/库存商品等

其他收益——债务重组收益（差额，或借方）

债务人以包含非金融资产的处置组清偿债务的，应当将所清偿债务和处置组中负债的账面价值之和，与处置组中资产的账面价值之间的差额，借记或贷记“其他收益——债务重组收益”科目。

处置组所属的资产组或资产组组合分摊了企业合并中取得的商誉的，该处置组应当包含分摊至处置组的商誉。

处置组中的资产已计提减值准备的，应结转已计提的减值准备。

【例 15-4 · 单选题】 2×23 年 3 月 1 日，乙公司应付甲公司 105000 元，甲公司对该债权计提坏账准备 1000 元，由于乙公司发生严重财务困难，经与甲公司协商达成债务重组协议，乙公司以账面价值 20000 元、公允价值 80000 元的存货抵偿全部债务，不考虑相关税费及其他因素，乙公司应确认的债务重组收益为（　　）元。

A. 85000　　B. 84000　　C. 75000　　D. 74000

【解析】 乙公司应确认的债务重组收益 = 105000 - 20000 = 85000（元）。

乙公司的账务处理为：

借：应付账款　　105000

贷：库存商品　　20000

其他收益——债务重组收益　　85000

【答案】 A

（二）债务人将债务转为权益工具

债务重组采用将债务转为权益工具方式进行的，债务人初始确认权益工具时，应当按照权益工具的公允价值计量，权益工具的公允价值不能可靠计量的，应当按照所清偿债务的公允价值计量。所清偿债务账面价值与权益工具确认金额之间的差额，借记或贷记“投资收益”科目。

债务人因发行权益工具而支出的相关税费等，应当依次冲减资本公积、盈余公积、未分配利润等。

借：应付账款/长期借款等

贷：股本/资本公积等

投资收益（差额，或借方）

（三）修改其他条款

债务重组采用修改其他条款方式进行的，如果修改其他条款导致债务终止确认，债务人应当按照公允价值计量重组债务。终止确认的债务账面价值与重组债务确认金额之间的差额，借记或贷记“投资收益”科目。

如果修改其他条款未导致债务终止确认，或者仅导致部分债务终止确认，对于未终止确认的部分债务，债务人应当根据其分类，继续以摊余成本、以公允价值计量且其变动计入当期损益或其他适当方法进行后续计量。

对于以摊余成本计量的债务，债务人应当根据重新议定合同的现金流量变化情况，重新计算该重组债务的账面价值，并将相关利得或损失借记或贷记“投资收益”科目。

重新计算的该重组债务的账面价值，应当根据将重新议定或修改的合同现金流量按债务的原实际利率折现的现值确定。

对于修改或重新议定合同所产生的成本或费用，债务人应当调整修改后的重组债务的账面价值，并在修改后重组债务的剩余期限内摊销。

（四）组合方式

债务重组采用以资产清偿债务、将债务转为权益工具、修改其他条款等方式的组合进行的，对于权益工具，债务人应当在初始确认时按照权益工具的公允价值计量，权益工具的公允价值不能可靠计量的，应当按照所清偿债务的公允价值计量。

对于修改其他条款形成的重组债务，债务人应当参照上文“修改其他条款”部分，确认和计量重组债务。

所清偿债务的账面价值与转让资产的账面价值以及权益工具和重组债务的确认金额之和的差额，借记或贷记“其他收益——债务重组收益”或“投资收益”（仅涉及金融工具时）科目。

第十六章　所得税

第一节　计税基础与暂时性差异

一、所得税会计概述

我国所得税会计采用资产负债表债务法核算所得税。

资产负债表债务法是从资产负债表出发，通过比对资产负债表上列示的资产、负债按照会计准则规定确定的账面价值与按照税法规定确定的计税基础，对于两者之间的差异分别应纳税暂时性差异与可抵扣暂时性差异，确认相关的递延所得税负债与递延所得税资产，并在此基础上确定每一会计期间利润表中的所得税费用。

在采用资产负债表债务法核算所得税的情况下，企业一般应于每一资产负债表日进行所得税核算。发生如企业合并等特殊交易或事项时，在确认因交易或事项产生的资产、负债时即应确认相关的所得税影响。企业进行所得税核算时一般应遵循以下程序：

1. 按照会计准则规定确定资产负债表中除递延所得税资产和递延所得税负债以外的其他资产和负债项目的账面价值。

2. 按照会计准则中对于资产和负债计税基础的确定方法，以适用的税收法规为基础，确定资产负债表中有关资产、负债项目的计税基础。

3. 比较资产、负债的账面价值与其计税基础，对于两者之间存在差异的，分析其性质，除会计准则中规定的特殊情况外，分别应纳税暂时性差异与可抵扣暂时性差异，确定该资产负债表日递延所得税负债和递延所得税资产的应有金额，并与期初递延所得税资产和递延所得税负债的余额相比，确定当期应予进一步确认的递延所得税资产和递延所得税负债金额或应予转销的金额，作为构成利润表中所得税费用的递延所得税费用（或收益）。

4. 按照适用的税法规定计算确定当期应纳税所得额，将应纳税所得额与适用的所得税税率计算的结果确认为当期应交所得税，作为利润表中应予确认的所得税费用中的当期所得税部分。

5. 确定利润表中的所得税费用。利润表中的所得税费用包括当期所得税和递延所得税两个组成部分。企业在计算确定当期所得税和递延所得税后，两者之和（或之差），即为利润表中的所得税费用。

确定资产、负债的计税基础是所得税会计核算的关键所在。资产、负债的计税基础，即从税法的角度来看，企业持有的有关资产、负债的金额。

二、资产的计税基础

资产的计税基础，是指在企业收回资产账面价值过程中，计算应纳税所得额时按照税法规定可以自应税经济利益中抵扣的金额，即某一项资产在未来期间计税时可以税前扣除的金额。

资产在初始确认时，其计税基础一般为取得成本。从所得税角度考虑，某一单项资产产生的所得是指该项资产产生的未来经济利益流入扣除其取得成本之后的金额。一般情况下，税法认定的资产取得成本为购入时实际支付的金额。

在资产持续持有的过程中，可在未来期间税前扣除的金额是指资产的取得成本减去以前期间按照税法规定已经税前扣除的金额后的余额。如固定资产、无形资产等长期资产，在某一资产负债表日的计税基础是指其成本扣除按照税法规定已在以前期间税前扣除的累计折旧额或累计摊销额后的金额。

企业应当按照适用的税收法规规定计算确定资产的计税基础。如固定资产、无形资产等的计税基础可按以下方式确定。

（一）固定资产

以各种方式取得的固定资产，初始确认时入账价值基本上是被税法认可的，即取得时其账面价值一般等于计税基础。

固定资产在持有期间进行后续计量时，会计与税收处理的差异主要来自于折旧方法、折旧年限的不同以及固定资产减值准备的计提。

1. 折旧方法、折旧年限产生的差异

会计准则规定，企业应当根据固定资产经济利益的预期消耗方式合理选择折旧方法，如可以按年限平均法计提折旧，也可以按照双倍余额递减法、年数总和法等计提折旧，前提是有关的方法能够反映固定资产为企业带来经济利益的实现情况。税法一般会规定固定资产的折旧方法，除某些按照规定可以加速折旧的情况外，基本上可以税前扣除的是按照年限平均法计提的折旧。

另外，税法对每一类固定资产的折旧年限作出了规定，而会计准则规定的折旧年限是由企业按照固定资产性质和使用情况合理确定的。则折旧年限的不同，也会产生固定资产账面价值与计税基础之间的差异。

2. 计提固定资产减值准备产生的差异

持有固定资产的期间内，在对固定资产计提了减值准备以后，因税法规定企业所计提的资产减值准备在资产发生实质性损失前不允许税前扣除，也会造成固定资产的账面价值与计税基础的差异。

（二）无形资产

除内部研究开发形成的无形资产以外，以其他方式取得的无形资产，初始确认时其入账价值与税法规定的成本之间一般不存在差异。

1. 对于内部研究开发形成的无形资产，会计准则规定有关研究开发支出分为两个阶段，研究阶段的支出应当费用化计入当期损益，而开发阶段符合资本化条件的支出应当计入所形成无形资产的成本；税法规定，自行开发的无形资产，以开发过程中该资产符合资本化条件后至达到预定用途前发生的支出为计税基础。

对于研究开发费用，税法中规定可以加计扣除，即企业为开发新技术、新产品、新工艺发生的研究开发费用，未形成无形资产计入当期损益的，在据实扣除的基础上，再按照研究开发费用的75%（或100%）加计扣除；形成无形资产的，按照无形资产成本的175%（或200%）摊销。

对于内部研究开发形成的无形资产，一般情况下初始确认时按照会计准则规定确定的成本与其计税基础应当是相同的。对于享受税收优惠的研究开发支出，在形成无形资产时，按照会计准则规定确定的成本为研究开发过程中符合资本化条件后至达到预定用途前发生的支出，而因税法规定按照无形资产成本的175%（或200%）摊销，则其计税基础应在会计上入账价值的基础上加计75%（或100%），因而在初始确认时产生账面价值与计税基础的差异，但如果该无形资产的确认不是产生于企业合并、同时在确认时既不影响会计利润也不影响应纳税所得额，按照所得税会计准则的规定，不确认该暂时性差异的所得税影响。

2. 无形资产在后续计量时，会计与税法的差异主要产生于对无形资产是否需要摊销及无形资产减值准备的计提。会计准则规定应根据无形资产使用寿命情况，区分为使用寿命有限的无形资产和使用寿命不确定的无形资产。

对于使用寿命不确定的无形资产，不需要摊销，在会计期末应进行减值测试。税法规定，企业取得无形资产的成本，应在一定期限内摊销，有关摊销额允许税前扣除。

在对无形资产计提减值准备的情况下，因所计提的减值准备不允许税前扣除，也会造成其账面价值与计税基础的差异。

（三）以公允价值计量且其变动计入当期损益的金融资产

按照《企业会计准则第22号——金融工具确认和计量》的规定，对于以公允价值计量且其变动计入当期损益的金融资产，其于某一会计期末的账面价值为公允价值。税法规定，企业以公允价值计量的金融资产，持有期间公允价值的变动不计入应纳税所得额，在实际处置或结算时，处置取得的价款扣除其历史成本后的差额应计入处置或结算期间的应纳税所得额。则根据税法规定，企业按照会计准则确认的公允价值变动损益在计税时不予考虑，即有关金融资产在某一会计期末的计税基础为其取得成本，会造成该类金融资产账面价值与计税基础之间的差异。

（四）其他资产

因会计准则规定与税收法规规定不同，企业持有的其他资产可能造成其账面价值与计税基础之间存在差异。例如：

1. 其他计提资产减值准备的各项资产

有关资产计提减值准备后，其账面价值会下降，而税法规定资产在发生实质性损失前，预计的减值损失不允许税前扣除，即其计税基础不会因减值准备的计提而发生变化，造成资产的账面价值与计税基础之间的差异。

2. 投资性房地产

（1）以成本模式计量的投资性房地产，其账面价值与计税基础的确定与固定资产、无形资产相同。

（2）以公允价值模式计量的投资性房地产，其账面价值的确定类似于以公允价值计量的金融资产，其计税基础的确定类似于固定资产或无形资产的计税基础。

三、负债的计税基础

负债的计税基础，是指负债的账面价值减去未来期间计算应纳税所得额时按照税法规定可予抵扣的金额。

负债的确认与偿还一般不会影响企业未来期间的损益，也不会影响其未来期间的应纳税所得额，因此未来期间计算应纳税所得额时按照税法规定可予抵扣的金额为0，计税基础即为账面价值。但是，某些情况下，负债的确认可能会影响企业的损益，进而影响不同期间的应纳税所得额，使其计税基础与账面价值之间产生差异，如按照会计准则规定确认的某些预计负债。

（一）预计负债

按照《企业会计准则第13号——或有事项》规定，企业应将预计提供售后服务发生的支出在销售当期确认为费用，同时确认预计负债。如果税法规定，与销售产品相关的支出应于实际发生时税前扣除。因该类事项产生的预计负债在期末的计税基础为其账面价值与未来期间可税前扣除的金额之间的差额，因有关的支出实际发生时可全额税前扣除，其计税基础为0。

因其他事项确认的预计负债，应按照税法规定的计税原则确定其计税基础。某些情况下，某些事项确认的预计负债，税法规定其支出无论是否实际发生均不允许税前扣除，即未来期间按照税法规定可予抵扣的金额为0，则其账面价值与计税基础相同，比如因债务担保确认的预计负债。

（二）合同负债

企业在收到客户预付的款项时，因不符合收入确认条件，会计上将其确认为负债。税法对于收入的确认原则一般与会计规定相同，即会计上未确认收入时，计税时一般亦不计入应纳税所得额，该部分经济利益在未来期间计税时可予税前扣除的金额为0，计税基础等于账面价值。

如果不符合会计准则规定的收入确认条件，但按照税法规定应计入当期应纳税所得额时，未来期间无须纳税，有关合同负债的计税基础为0。

（三）应付职工薪酬

会计准则规定，企业为获取职工提供的服务给予的各种形式的报酬以及其他相关支出均应作为企业的成本、费用，在未支付之前确认为负债。税法对于合理的职工薪酬基本允许税前扣除，相关负债（应付职工薪酬）的账面价值等于计税基础。

（四）其他负债

企业的其他负债项目，如应交的罚款和滞纳金等，在尚未支付之前按照会计规定确认为费用，同时作为负债反映。税法规定，罚款和滞纳金不允许税前扣除，其计税基础为账面价值减去未来期间计税时可予税前扣除的金额0之间的差额，即计税基础等于账面价值。

四、暂时性差异

暂时性差异是指资产、负债的账面价值与其计税基础不同产生的差额。由于资产、负债的账面价值与其计税基础不同，产生了在未来收回资产或清偿负债的期间，应纳税所得额增加或减少并导致未来期间应交所得税增加或减少的情况，在这些暂时性差异发生的当期，一般应当确认相应的递延所得税负债或递延所得税资产。

根据暂时性差异对未来期间应纳税所得额的影响，分为应纳税暂时性差异和可抵扣暂时性差异。

（一）应纳税暂时性差异

应纳税暂时性差异，在未来期间转回时，会增加转回期间的应纳税所得额，即在未来期间不考虑该事项影响的应纳税所得额的基础上，由于该暂时性差异的转回，会进一步增加转回期间的应纳税所得额和应交所得税金额。在应纳税暂时性差异产生当期，应当确认相关的递延所得税负债。

应纳税暂时性差异通常产生于以下情况：

（1）资产的账面价值大于其计税基础。

该项资产未来期间产生的经济利益不能全部税前抵扣，两者之间的差额需要交所得税，产生应纳税暂时性差异。

（2）负债的账面价值小于其计税基础。

因负债的账面价值与其计税基础不同产生的暂时性差异，实质上是税法规定就该项负债在未来期间可以税前扣除的金额。负债的账面价值小于其计税基础，则意味着就该项负债在未来期间可以税前抵扣的金额为负数，即应在未来期间应纳税所得额的基础上调增，增加应纳税所得额和应交所得税金额，产生应纳税暂时性差异，应确认相关的递延所得税负债。

【例 16-1 · 多选题】 下列各项中，能够产生应纳税暂时性差异的有（ ）。

A. 账面价值大于其计税基础的资产

B. 账面价值小于其计税基础的负债

C. 超过税法扣除标准的业务宣传费

D. 按税法规定可以结转以后年度的未弥补亏损

【解析】 选项 A 和 B，资产的账面价值大于其计税基础、负债的账面价值小于其计税基础，产生应纳税暂时性差异；选项 C 和 D，均产生可抵扣暂时性差异。

【答案】 AB

（二）可抵扣暂时性差异

可抵扣暂时性差异，在未来期间转回时，会减少转回期间的应纳税所得额，减少未来期间的应交所得税。在可抵扣暂时性差异产生当期，符合确认条件的情况下，应当确认相关的递延所得税资产。

可抵扣暂时性差异一般产生于以下情况：

（1）资产的账面价值小于其计税基础。

资产在未来期间产生的经济利益少，按照税法规定允许税前扣除的金额多，则企业在未来期间可以减少应纳税所得额并减少应交所得税。

【例16-2·单选题】 甲公司于2×20年1月1日开始对N设备计提折旧，N设备的初始入账金额为30万元，预计使用年限为5年，预计净残值为零，采用双倍余额递减法计提折旧。2×20年12月31日，该设备存在减值迹象，确定的可收回金额为15万元。根据税法规定，该设备在2×20年至2×24年每年准予在税前扣除的折旧费用均为6万元。2×20年12月31日，N设备的暂时性差异是（　　）万元。

A. 9　　B. 12

C. 18　　D. 15

【解析】 2×20年12月31日，N设备计提减值前的账面价值＝30－30×2/5＝18（万元），可收回金额为15万元，应计提减值准备3万元，减值后N设备的账面价值为15万元，N设备的计税基础＝30－6＝24（万元），账面价值小于计税基础，产生可抵扣暂时性差异9万元（24－15），选项A正确。

【答案】 A

（2）负债的账面价值大于其计税基础。

负债产生的暂时性差异实质上是税法规定就该项负债可以在未来期间税前扣除的金额。一项负债的账面价值大于其计税基础，意味着未来期间按照税法规定构成负债的全部或部分金额可以自未来应税经济利益中扣除，减少未来期间的应纳税所得额和应交所得税。符合条件的情况下，应确认相关的递延所得税资产。

（三）特殊项目产生的暂时性差异

1. 对于按照税法规定可以结转以后年度的未弥补亏损及税款抵减，该类事项虽不是因资产、负债的账面价值与计税基础不同产生的，但本质上可抵扣亏损和税款抵减与可抵扣暂时性差异具有同样的作用，均能够减少未来期间的应纳税所得额，进而减少未来期间的应交所得税，在会计处理上，视同可抵扣暂时性差异，符合条件的情况下，应确认相关的递延所得税资产。

2. 某些交易或事项发生以后，因为不符合资产、负债的确认条件而未体现为资产负债表中的资产或负债，但按照税法规定能够确定其计税基础的，其账面价值0与计税基础之间的差异也构成暂时性差异。

如企业发生的符合条件的广告费和业务宣传费支出，除税法另有规定外，不超过当年销售收入15%的部分准予扣除；超过部分准予在以后纳税年度结转扣除。该类支出在发生时按照会计准则规定计入当期损益，不形成资产负债表中的资产，但因按照税法规定可以确定其计税基础，两者之间的差异也形成暂时性差异。

第二节　递延所得税负债和递延所得税资产的确认与计量

一、递延所得税负债的确认和计量

确认应纳税暂时性差异产生的递延所得税负债时，交易或事项发生时影响会计利润或应纳税所得额的，相关的所得税影响应作为利润表中所得税费用的组成部分；与直接计入所有者权益的交易或事项相关的，其所得税影响应增加或减少所有者权益；企业合并产生的，相关的递延所得税影响应调整购买日应确认的商誉或计入当期损益的金额。

（一）递延所得税负债的确认

企业在确认因应纳税暂时性差异产生的递延所得税负债时，应遵循以下原则：

1. 除会计准则中明确规定可不确认递延所得税负债的情况以外，企业对于所有的应纳税暂时性差异均应确认相关的递延所得税负债。除直接计入所有者权益的交易或事项以及企业合并外，在确认递延所得税负债的同时，应增加利润表中的所得税费用。

2. 不确认递延所得税负债的特殊情况。在有些情况下，虽然资产、负债的账面价值与其计税基础不同，产生了应纳税暂时性差异，但出于各方面考虑，会计准则规定不确认相关的递延所得税负债，主要包括：

（1）商誉的初始确认。

非同一控制下的企业合并中，企业合并成本大于合并中取得的被购买方可辨认净资产公允价值份额的差额，确认为商誉。因会计与税法的划分标准不同，按照税法规定作为免税合并的情况下，商誉的计税基础为0，其账面价值与计税基础之间的差额形成应纳税暂时性差异。但是，如果确认该部分暂时性差异产生的递延所得税负债，则意味着将进一步增加商誉的价值。因商誉本身即是企业合并成本在取得的被购买方可辨认资产、负债之间进行分配后的剩余价值，确认递延所得税负债进一步增加其账面价值会影响到会计信息的可靠性，而且增加了商誉的账面价值以后，可能很快就要计提减值准备，同时其账面价值的增加还会进一步产生应纳税暂时性差异，使得递延所得税负债和商誉价值量的变化不断循环。因此，会计上作为非同一控制下的企业合并，同时按照税法规定作为免税合并的情况下，商誉的计税基础为0，其账面价值与计税基础不同形成的应纳税暂时性差异，会计准则规定不确认相关的递延所得税负债。

应予说明的是，按照会计准则规定在非同一控制下企业合并中确认了商誉，并且按照所得税法规的规定，该商誉在初始确认时计税基础等于账面价值的，该商誉在后续计量过程中因会计准则与税法规定不同产生暂时性差异的，应当确认相关的所得税影响。

【例16-3·判断题】非同一控制下的企业合并中，购买日商誉的账面价值大于计税基础产生应纳税暂时性差异的，应当确认递延所得税负债。（　　）

【解析】非同一控制下的企业合并中，购买日商誉的账面价值大于计税基础产生的应纳税暂时性差异，不应确认递延所得税负债，因企业合并成本固定，若确认递延所得得税负债，则减少被购买方可辨认净资产公允价值，增加商誉，由此进入不断循环的状态。

【答案】×

（2）除企业合并以外的其他交易或事项中，如果该项交易或事项发生时既不影响会计利润，也不影响应纳税所得额，则所产生的资产、负债的初始确认金额与其计税基础不同，形成应纳税暂时性差异的，交易或事项发生时不确认相应的递延所得税负债。由于交易发生时既不影响会计利润，也不影响应纳税所得额，确认递延所得税负债的直接结果是增加有关资产的账面价值或是降低所确认负债的账面价值，使得资产、负债在初始确认时，违背历史成本原则，影响会计信息的可靠性。

（二）递延所得税负债的计量

递延所得税负债应以相关应纳税暂时性差异转回期间适用的所得税税率计量。在我国，除享受优惠政策的情况以外，企业适用的所得税税率在不同年度之间一般不会发生变化，企业在确认递延所得税负债时，可以现行适用所得税税率为基础计算确定。

对于享受优惠政策的企业，如国家需要重点扶持的高新技术企业，享受一定时期的税率优惠，则所产生的暂时性差异应以预计其转回期间的适用所得税税率为基础计量。另外，无论应纳税暂时性差异的转回期间如何，递延所得税负债不要求折现。

【例16-4·单选题】甲公司适用的企业所得税税率为25%。2×20年12月31日，甲公司一项以公允价值模式计量的投资性房地产的账面价值为600万元，计税基础为580万元，2×21年12月31日，该投资性房地产的账面价值为620万元，计税基础为500万元。不考虑其他因素，2×21年12月31日，甲公司递延所得税负债的期末余额是（　　）万元。

A. 20　　B. 5

C. 30　　D. 25

【解析】2×21年12月31日，甲公司递延所得税负债的期末余额=（620－500）×25%=30（万元），选项C正确。

【答案】C

【例16-5·单选题】2×18年10月18日，甲公司以银行存款3000万元购入乙公司的股票，分类为以公允价值计量且其变动计入当期损益的金融资产。2×18年12月31日该股票投资的公允价值为3200万元，2×19年12月31日该股票投资的公允价值为3250万元。甲公司适用的企业所得税税率为25%。2×19年12月31日，该股票投资的计税基础为3000万元。不考虑其他因素，甲公司对该股票投资公允价值变动应确认递延所得税负债的余额是（　　）万元。

A. 12.5　　B. 62.5

C. 112.5　　D. 50

【解析】交易性金融资产期末的账面价值为3250万元，计税基础为3000万元，产生

应纳税暂时性差异余额为 250 万元（3250-3000），应确认递延所得税负债余额为 62.5 万元（250×25%）。

【答案】B

二、递延所得税资产的确认和计量

（一）递延所得税资产的确认

1. 确认的一般原则

资产、负债的账面价值与其计税基础不同产生可抵扣暂时性差异的，在估计未来期间能够取得足够的应纳税所得额用以抵扣该可抵扣暂时性差异时，应当以很可能取得用来抵扣可抵扣暂时性差异的应纳税所得额为限，确认相关的递延所得税资产。

确认递延所得税资产时，应关注以下问题：

（1）递延所得税资产的确认应以未来期间可能取得的应纳税所得额为限。在可抵扣暂时性差异转回的未来期间内，企业无法产生足够的应纳税所得额用以抵减可抵扣暂时性差异的影响，使得与递延所得税资产相关的经济利益无法实现的，该部分递延所得税资产不应确认；企业有确凿的证据表明其于可抵扣暂时性差异转回的未来期间能够产生足够的应纳税所得额，用以抵扣可抵扣暂时性差异的，则应以可能取得的应纳税所得额为限，确认相关的递延所得税资产。

在判断企业于可抵扣暂时性差异转回的未来期间能否产生足够的应纳税所得额时，应考虑以下两个方面的影响：

①通过正常的生产经营活动能够实现的应纳税所得额，如企业通过销售商品、提供劳务等所实现的收入，扣除相关费用后的金额。

②以前期间产生的应纳税暂时性差异在未来期间转回时将产生应纳税所得额的增加额。

（2）对于按照税法规定可以结转以后年度的未弥补亏损和税款抵减，应视同可抵扣暂时性差异处理。在预计可利用可弥补亏损或税款抵减的未来期间内能够取得足够的应纳税所得额时，应当以很可能取得的应纳税所得额为限，确认相关的递延所得税资产，同时减少当期的所得税费用。

2. 不确认递延所得税资产的特殊情况

某些情况下，如果企业发生的某项交易或事项不是企业合并，并且交易发生时既不影响会计利润也不影响应纳税所得额，且该项交易中产生的资产、负债的初始确认金额与其计税基础不同，产生可抵扣暂时性差异的，会计准则规定在交易或事项发生时不确认相关的递延所得税资产。其原因如下：如果确认递延所得税资产，则需调整资产、负债的入账价值，对实际成本进行调整将有违历史成本原则，影响会计信息的可靠性，因此该种情况下不确认相关的递延所得税资产。

【例 16-6·多选题】2×20 年 1 月 1 日，甲公司开始自行研发一项用于生产 P 产品的新技术，研究阶段的支出为 400 万元，开发阶段满足资本化条件的支出为 600 万元。2×20 年 7 月 1 日，该新技术研发成功并立即用于 P 产品的生产。该新技术的预计使用年限为5年，预计残值为零，采用直线法进行摊销。根据税法规定，该新技术在其预计使用年限5年内每年准予在税前扣除的摊销费用为210万元。甲公司适用的企业所得税税率为25%。不考虑其他因素，甲公司2×20年7月1日与该新技术有关的下列各项会计处理表述中，正确的有（　　）。

A. 该新技术的入账金额为1000万元

B. 该新技术的可抵扣暂时性差异为450万元

C. 应确认与该新技术有关的递延所得税资产112.5万元

D. 该新技术的计税基础为1050万元

【解析】 该项新技术的入账价值为600万元，选项A不正确；2×20年7月1日新技术的账面价值为600万元，计税基础=210×5=1050（万元），资产计税基础大于账面价值，形成可抵扣暂时性差异450万元，选项B和D正确；

由于新技术在初始确认时，不是产生于企业合并交易，同时在确认时既不影响会计利润也不影响应纳税所得额，按照会计准则的规定，不确认该暂时性差异的所得税影响，选项C不正确。

【答案】 BD

（二）递延所得税资产的计量

1. 适用税率的确定

同递延所得税负债的计量原则相一致，确认递延所得税资产时，应当采用相关可抵扣暂时性差异转回期间适用的所得税税率为基础计算确定。另外，无论相关的可抵扣暂时性差异转回期间如何，递延所得税资产均不予折现。

2. 递延所得税资产的减值

与其他资产相一致，资产负债表日，企业应当对递延所得税资产的账面价值进行复核。如果未来期间很可能无法取得足够的应纳税所得额用以利用递延所得税资产的利益，应当减记递延所得税资产的账面价值。对于预期无法实现的部分，一般应确认为当期所得税费用，同时减少递延所得税资产的账面价值；对于原确认时计入所有者权益的递延所得税资产，其减记金额亦应计入所有者权益，不影响当期所得税费用。

递延所得税资产的账面价值因上述原因减记以后，以后期间根据新的环境和情况判断能够产生足够的应纳税所得额用以抵扣可抵扣暂时性差异，使得递延所得税资产包含的经济利益能够实现的，应相应恢复递延所得税资产的账面价值。

三、特定交易或事项涉及递延所得税的确认

与当期及以前期间直接计入所有者权益的交易或事项相关的当期所得税及递延所得税应当直接计入所有者权益。直接计入所有者权益的交易或事项主要有：对会计政策变更采用追溯调整法或对前期差错更正采用追溯重述法调整期初留存收益、以公允价值计量且其变动计入其他综合收益的金融资产的公允价值的变动计入其他综合收益、自用房地产转为采用公允价值模式计量的投资性房地产时公允价值大于原账面价值的差额计入其他综合收益等。

【例 16-7·判断题】企业在处置其他权益工具投资时，转回的该金融资产公允价值变动形成的递延所得税资产（或负债）应当直接计入所得税费用。（　　）

【解析】处置其他权益工具投资时，转回的该金融资产公允价值变动形成的递延所得税资产（或负债），应通过“其他综合收益”科目核算。

【答案】×

四、适用所得税税率变化对已确认递延所得税资产和递延所得税负债的影响

因适用税收法规的变化，导致企业在某一会计期间适用的所得税税率发生变化的，企业应对已确认的递延所得税资产和递延所得税负债进行重新计量。递延所得税资产和递延所得税负债的金额代表的是有关可抵扣暂时性差异或应纳税暂时性差异于未来期间转回时，导致应交所得税金额减少或增加的情况。

适用所得税税率的变化，应对原已确认的递延所得税资产和递延所得税负债的金额进行调整，反映所得税税率变化带来的影响。

除直接计入所有者权益的交易或事项产生的递延所得税资产和递延所得税负债其相关的调整金额应计入所有者权益以外，其他情况下产生的调整金额应确认为当期所得税费用（或收益）。

第三节　所得税费用的确认和计量

按照资产负债表债务法进行核算的情况下，利润表中的所得税费用由两部分组成：当期所得税和递延所得税。

一、当期所得税

当期所得税是指企业按照税法规定计算确定的针对当期发生的交易和事项，应缴纳给税务机关的所得税金额，即应交所得税。

企业在确定当期所得税时，对于当期发生的交易或事项，会计处理与税收处理不同的，应在会计利润的基础上，按照适用税收法规的要求进行调整（即纳税调整），计算出当期应纳税所得额，按照应纳税所得额与适用所得税税率计算确定当期应交所得税。一般情况下，应纳税所得额可在会计利润的基础上，考虑会计与税收规定之间的差异，按照以下公式计算确定：

应纳税所得额＝会计利润+纳税调整增加额－纳税调整减少额+境外应税所得弥补境内亏损－弥补以前年度亏损

当期所得税＝当期应交所得税＝应纳税所得额×适用税率－减免税额－抵免税额

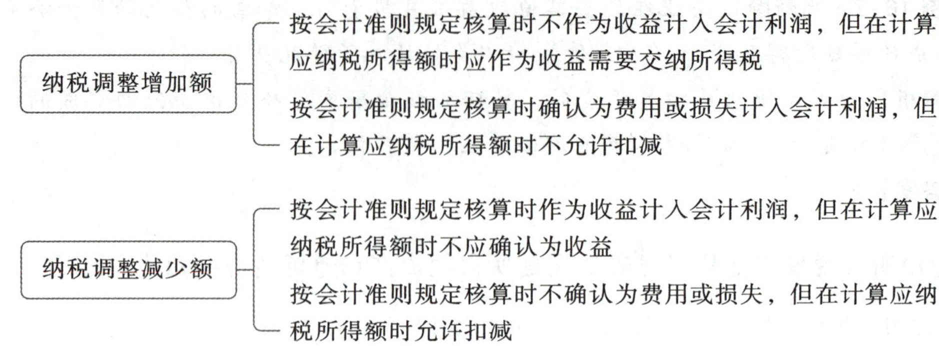

二、递延所得税

递延所得税费用（或收益）是指按照会计准则规定应予确认的递延所得税资产和递延所得税负债在会计期末应有的金额相对于原已确认金额之间的差额，即递延所得税资产和递延所得税负债的当期发生额，但不包括计入所有者权益的交易或事项的所得税影响。用公式表示即为：

递延所得税=当期递延所得税负债的增加+当期递延所得税资产的减少-当期递延所得税负债的减少-当期递延所得税资产的增加

需要注意以下两点：

（1）如果某项交易或事项按照会计准则规定应计入所有者权益，由该交易或事项产生的递延所得税资产或递延所得税负债及其变化也应计入所有者权益，不构成利润表中的递延所得税费用（或收益）。

（2）非同一控制下的企业合并中因资产、负债的入账价值与其计税基础不同产生的递延所得税资产或递延所得税负债，其确认结果直接影响购买日确认的商誉或计入利润表当期损益的金额，不影响购买日的所得税费用。

三、所得税费用

计算确定了当期应交所得税及递延所得税以后，利润表中应予确认的所得税费用为两者之和，即：

所得税费用=当期所得税+递延所得税

【例16-8·单选题】 2×17年，甲公司当期应交所得税15800万元，递延所得税资产本期净增加320万元（其中20万元对应其他综合收益），递延所得税负债未发生变化，不考虑其他因素，2×17年利润表应列示的所得税费用金额是（　　）万元。

A. 15480　　B. 16100

C. 15500　　D. 16120

【解析】 2×17年利润表应列示的所得税费用=应交所得税+递延所得税费用=15800-（320-20）=15500（万元）。

【答案】 C

四、合并财务报表中因抵销未实现内部交易损益产生的递延所得税

企业在编制合并财务报表时，因抵销未实现内部销售损益导致合并资产负债表中资产、负债的账面价值与其在纳入合并范围的企业按照适用税法规定确定的计税基础之间产生暂时性差异的，在合并资产负债表中应当确认递延所得税资产或递延所得税负债，同时调整合并利润表中的所得税费用，但与直接计入所有者权益的交易或事项及企业合并相关的递延所得税除外。

企业在编制合并财务报表时，应将纳入合并范围的企业之间发生的未实现内部交易损益予以抵销。因此，对于所涉及的资产负债项目在合并资产负债表中列示的账面价值与其在所属的企业个别资产负债表中的价值会不同，并进而可能产生与有关资产、负债所属纳税主体计税基础的不同，从合并财务报表作为一个完整经济主体的角度，应当确认该暂时性差异的所得税影响。

第十七章　外币折算

第一节　外币交易的会计处理

外币是指企业记账本位币以外的货币；外币交易是指以外币计价或者结算的交易，包括：

（1）买入或者卖出以外币计价的商品或者劳务；

（2）借入或者借出外币资金；

（3）其他以外币计价或者结算的交易。

一、记账本位币的确定

（一）记账本位币的定义

记账本位币是指企业经营所处的主要经济环境中的货币。它通常是企业主要收、支现金的经济环境中的货币，因为使用这一货币最能反映企业主要交易业务的经济结果。

我国企业一般以人民币作为记账本位币。需要说明的是，我国会计上所称的记账本位币与国际财务报告准则中的功能货币虽然名称不同，但其实质内容是一致的。

（二）企业记账本位币的确定

根据《中华人民共和国会计法》，企业通常应选择人民币作为记账本位币。业务收支以人民币以外的货币为主的企业，可以按规定选定其中一种货币作为记账本位币，但是编报的财务会计报告应当折算为人民币。

企业确定记账本位币，应当考虑下列因素：

（1）该货币主要影响商品和劳务的销售价格，通常以该货币进行商品和劳务的计价和结算。

例如，甲公司为从事商品贸易的企业，80%以上的销售收入以人民币计价和结算。人民币是主要影响甲公司商品销售价格的货币。

（2）该货币主要影响商品和劳务所需人工、材料和其他费用，通常以该货币进行上述费用的计价和结算。

例如，乙公司为商品制造企业，所需机器设备、厂房、人工、原材料等在国内采购，以人民币计价和结算。人民币是主要影响商品制造所需人工、材料和其他费用的货币。

（3）融资活动获得的货币以及保存从经营活动中收取款项所使用的货币。

在确定企业的记账本位币时，上述因素的重要程度因企业具体情况不同而异，需要企业管理层根据实际情况进行判断。

一般情况下，综合考虑前两项因素即可确定企业的记账本位币，但有些情况下，仅根据收支情况难以确定记账本位币的，企业需要进一步结合第（3）项因素进行综合分析后作出选择。

需要强调的是，这并不是说企业管理层可以根据需要随意选择记账本位币，企业管理层根据实际情况只能确定其中的一种货币作为记账本位币。

【例 17-1·多选题】下列各项中，属于企业在选择记账本位币时应当考虑的因素有（　　）。

A. 销售商品时计价和结算所使用的币种

B. 结算职工薪酬通常使用的币种

C. 融资活动获得的币种

D. 保存从经营活动中收取款项所使用的币种

【解析】企业选定记账本位币时，应当考虑下列因素：①该货币主要影响商品和劳务的销售价格，通常以该货币进行商品和劳务的计价和结算；②该货币主要影响商品和劳务所需人工、材料和其他费用，通常以该货币进行上述费用的计价和结算；③融资活动获得的货币以及保存从经营活动中收取款项所使用的货币。所以选项 A、B、C 和 D 均正确。

【答案】ABCD

（三）境外经营记账本位币的确定

1. 境外经营的含义

境外经营的判断，不是以其位置是否在境外为标准，而是要看其选定的记账本位币是否与企业的记账本位币相同。

因此，境外经营包含两种情况：

（1）企业在境外的子公司、合营企业、联营企业、分支机构。

（2）企业在境内的子公司、合营企业、联营企业、分支机构，采用不同于本企业记账本位币的，也视同境外经营。

2. 确定境外经营记账本位币需要考虑的因素

企业在确定境外经营记账本位币时，除考虑上述确定企业记账本位币需要考虑的因素外，还应当考虑下列有关该境外经营与企业之间关系的一些因素：

（1）境外经营对其所从事的活动是否拥有很强的自主性。

如果境外经营所从事的活动是视同本企业经营活动的延伸，构成企业经营活动的组成部分，该境外经营应当选择与企业记账本位币相同的货币作为记账本位币；如果境外经营所从事的活动拥有极大的自主性，境外经营应当根据其实际情况确定记账本位币，不必与企业记账本位币保持一致。

（2）与企业的交易是否在境外经营活动中占有较大比重。

如果境外经营与企业的交易在境外经营活动中所占的比例较大，境外经营应当选择与企业记账本位币相同的货币作为记账本位币；反之，应选择其他货币。

（3）境外经营活动产生的现金流量是否直接影响企业的现金流量、是否可以随时汇回。

如果境外经营活动产生的现金流量直接影响企业的现金流量，并可随时汇回，境外经营应当选择与企业记账本位币相同的货币作为记账本位币；反之，应选择其他货币。

（4）境外经营活动产生的现金流量是否足以偿还其现有债务和可预期的债务。

如果境外经营活动产生的现金流量在企业不提供资金的情况下，难以偿还其现有债务和正常情况下可预期的债务，境外经营应当选择与企业记账本位币相同的货币作为记账本位币；反之，应选择其他货币。

综上所述，企业确定本企业记账本位币或其境外经营记账本位币时，在综合多项因素记账本位币不明显的情况下，应当优先考虑（二）中的（1）和（2）项因素，然后考虑融资活动获得的货币、保存从经营活动中收取款项时所使用的货币，以及（三）中的因素，以确定记账本位币。

（四）记账本位币的变更

企业记账本位币一经确定，不得随意变更，除非与确定记账本位币相关的企业经营所处的主要经济环境发生重大变化。

主要经济环境发生重大变化，通常是指企业主要收取和支出现金的环境发生重大变化。使用该环境中的货币最能反映企业的主要交易业务的经济结果，为此当主要经济环境发生重大变化时，企业可能需要对记账本位币进行变更。

企业因经营所处的主要经济环境发生重大变化，确需变更记账本位币的，应当采用变更当日即期汇率将所有项目折算为变更后的记账本位币，折算后的金额作为以新的记账本位币计量的历史成本，由于采用同一即期汇率进行折算，不会产生汇兑差额。

企业需要提供确凿的证据证明企业经营所处的主要经济环境确实发生了重大变化，并应当在附注中披露变更的理由。企业记账本位币发生变更的，在按照变更当日的即期汇率将所有项目变更为记账本位币时，其比较财务报表应当以可比当日的即期汇率折算所有资产负债表和利润表项目。

二、外币交易的会计处理

（一）外币交易发生日的会计处理

企业发生外币交易的，应采用交易发生日的即期汇率或即期汇率的近似汇率将外币金额折算为记账本位币金额，按照折算后的记账本位币金额登记有关记账本位币账户；同时，按照外币金额登记相应的外币账户。

企业通常应当采用即期汇率进行折算。即期汇率一般指中国人民银行公布的当日人民币汇率的中间价。但是，在企业发生单纯的货币兑换交易或涉及货币兑换的交易事项时，仅用中间价不能反映货币买卖的损益，则应当按照交易实际采用的汇率（即银行买入价或卖出价）折算。

当汇率变化不大时，为简化核算，企业也可以采用即期汇率的近似汇率进行折算。即期汇率的近似汇率是指按照系统合理的方法确定的、与交易发生日即期汇率近似的汇率，通常采用当期平均汇率或加权平均汇率等。加权平均汇率需要采用外币交易的外币金额作为权重进行计算。

企业收到投资者以外币投入的资本，无论是否有合同约定汇率，均不得采用合同约定汇率和即期汇率的近似汇率折算，而应当采用交易发生日的即期汇率折算。因此不产生外币资本折算差额。需要说明的是，虽然“股本”（或“实收资本”）账户的金额不能反映股权比例，但并不改变企业分配和清算的约定比例，这一比例通常已经在合同中作出约定。

（二）资产负债表日或结算日的会计处理

资产负债表日，企业应当分别外币货币性项目和外币非货币性项目进行处理。

1. 外币货币性项目

货币性项目是指企业持有的货币和将以固定或可确定金额的货币收取的资产或者偿付的负债。

项目	货币性资产	货币性负债
常见举例	库存现金、银行存款、应收账款、其他应收款、长期应收款等	应付账款、其他应付款、短期借款、应付债券、长期借款、长期应付款等

资产负债表日或结算货币性项目时，企业应当采用资产负债表日或结算当日即期汇率折算外币货币性项目，因当日即期汇率与初始确认时或者前一资产负债表日即期汇率不同而产生的汇兑差额，作为财务费用处理，同时调增或调减外币货币性项目的记账本位币金额。

【例 17-2·判断题】外币货币性资产项目的汇兑差额，企业应当计入当期损益。（ ）

【答案】√

2. 外币非货币性项目

非货币性项目是货币性项目以外的项目，如存货、长期股权投资、以公允价值计量且其变动计入当期损益的金融资产（股票、基金等）、固定资产、无形资产等。

（1）对于以历史成本计量的外币非货币性项目，已在交易发生日按当日即期汇率折算，资产负债表日不应改变其原记账本位币金额，不产生汇兑差额。

因为这些项目在取得时已按取得时即期汇率折算，从而构成这些项目的历史成本，如果再按资产负债表日的即期汇率折算，就会导致这些项目价值不断变动，从而使这些项目的折旧、摊销和减值不断地随之变动。这与这些项目的实际情况不符。

（2）对于以成本与可变现净值孰低计量的存货，在以外币购入存货并且该存货在资产负债表日的可变现净值以外币反映的情况下，确定资产负债表日存货价值时应当考虑汇率变动的影响。

即先将可变现净值按资产负债表日即期汇率折算为记账本位币金额，再与以记账本位币反映的存货成本进行比较，从而确定该项存货的期末价值。

（3）对于以公允价值计量的外币非货币性项目，期末公允价值以外币反映的，应当先将该外币金额按照公允价值确定当日的即期汇率折算为记账本位币金额，再与原记账本位币金额进行比较。

对于以公允价值计量且其变动计入当期损益的金融资产，折算后的记账本位币金额与原记账本位币金额之间的差额应作为公允价值变动损益（含汇率变动），计入当期损益。

对于分类为以公允价值计量且其变动计入其他综合收益的债务工具投资形成的汇兑差额计入财务费用，公允价值变动计入其他综合收益。

对于指定为以公允价值计量且其变动计入其他综合收益的非交易性权益工具投资，其折算后的记账本位币金额与原记账本位币金额之间的差额应计入其他综合收益。

【例 17-3・判断题】 企业持有的以公允价值计量且其变动计入当期损益的外币金融资产，资产负债表日折算后的记账本位币金额与原记账本位币金额之间的差额应计入当期损益。(　　)

【解析】 对于以公允价值计量且其变动计入当期损益的外币金融资产，折算后的记账本位币金额与原记账本位币金额之间的差额应作为公允价值变动损益（含汇率变动），计入当期损益。

【答案】 √

第二节　外币财务报表的折算

一、外币财务报表折算的一般原则

（一）境外经营财务报表的折算

企业将境外经营纳入本企业财务报表或合并财务报表中时，如果境外经营的记账本位币不同于本企业的记账本位币，且境外经营处于非恶性通货膨胀经济情况下，需要将境外经营的财务报表折算为以企业记账本位币反映的财务报表。

在对企业境外经营财务报表进行折算前，应当调整境外经营的会计期间和会计政策，使之与企业会计期间和会计政策相一致，根据调整后的会计政策和会计期间编制相应货币（记账本位币以外的货币）的财务报表，然后再按照以下规定进行折算：

（1）资产负债表中的资产和负债项目，采用资产负债表日的即期汇率折算，所有者权益项目除“未分配利润”项目外，其他项目采用发生时的即期汇率折算。

（2）利润表中的收入和费用项目，采用交易发生日的即期汇率折算；也可以采用按照系统合理的方法确定的、与交易发生日的即期汇率近似的汇率折算。

（3）产生的**外币财务报表折算差额**，在资产负债表中所有者权益项目下“**其他综合收益**”项目列示。

比较财务报表的折算比照上述规定处理。

当期计提的盈余公积采用当期平均汇率折算，期初盈余公积为以前年度计提的盈余公积按相应年度平均汇率折算后金额的累计，期初未分配利润记账本位币金额为以前年度未分配利润记账本位币金额的累计。

外币报表折算差额为以记账本位币反映的净资产减去以记账本位币反映的实收资本、资本公积、盈余公积及未分配利润等项目金额后的余额。

企业选定的记账本位币不是人民币的，应当按照境外经营财务报表折算原则将其财务报表折算为人民币财务报表。

【例 17-4・多选题】 下列各项关于企业境外经营财务报表折算的会计处理表述中，正确的有（　　）。

A. 短期借款项目采用资产负债表日的即期汇率折算

B. 未分配利润项目采用发生时的即期汇率折算

C. 实收资本项目采用发生时的即期汇率折算

D. 固定资产项目采用资产负债表日的即期汇率折算

【解析】企业境外经营财务报表折算时，资产负债表中的资产和负债项目，采用资产负债表日的即期汇率折算；所有者权益项目除“未分配利润”项目外，其他项目采用发生时的即期汇率折算。选项A、C和D正确。

【答案】ACD

（二）包含境外经营的合并财务报表编制的特别处理

企业境外经营为其子公司的情况下，企业在编制合并财务报表时，对于境外经营财务报表折算差额，需要在母公司与子公司少数股东之间按照各自在境外经营所有者权益中所享有的份额进行分摊，其中归属于母公司应分担的部分在合并资产负债表和合并所有者权益变动表中所有者权益项目下“其他综合收益”项目列示，属于子公司少数股东应分担的部分应并入“少数股东权益”项目列示。

企业存在实质上构成对子公司（境外经营）净投资的外币货币性项目的情况下，在编制合并财务报表时，应分别以下两种情况编制抵销分录：

（1）实质上构成对子公司净投资的外币货币性项目以母公司或子公司的记账本位币反映的，应在抵销长期应收应付项目的同时，将其产生的汇兑差额转入“其他综合收益”项目。

（2）实质上构成对子公司净投资的外币货币性项目以母、子公司的记账本位币以外的货币反映，则应将母、子公司此项外币货币性项目产生的汇兑差额相互抵销，差额转入“其他综合收益”项目。

如果合并财务报表中各子公司之间也存在实质上构成对另一子公司（境外经营）净投资的外币货币性项目，在编制合并财务报表时应比照上述原则编制相应的抵销分录。

二、境外经营的处置

企业可能通过出售、清算、返还股本或放弃全部或部分权益等方式处置其在境外经营中的权益。

企业在处置境外经营时，应当将资产负债表中所有者权益项目中与该境外经营相关的外币财务报表折算差额，转入处置当期损益。

部分处置境外经营的，应当按处置的比例计算处置部分的外币财务报表折算差额，转入处置当期损益。

第十八章　租　赁

第一节　租赁概述

一、租赁的识别

（一）租赁的定义

租赁，是指在一定期间内，出租人将资产的使用权让与承租人以获取对价的合同。

如果合同一方让渡了在一定期间内控制一项或多项已识别资产使用的权利以换取对价，则该合同为租赁或者包含租赁。

根据上述定义，一项租赁应当包含以下要素：

（1）存在一定期间；

（2）存在已识别资产；

（3）资产供应方向客户转移对已识别资产使用权的控制。

在合同中，“一定期间”也可以表述为已识别资产的使用量，如某项设备的产出量。如果客户有权在部分合同期内控制已识别资产的使用，则合同包含一项在该部分合同期间的租赁。

企业应当在合同开始日，评估合同是否为租赁或包含租赁。除非合同条款或条件发生变化，企业无须重新评估合同是否为租赁或者是否包含租赁。

（二）已识别资产

已识别资产通常由合同明确指定，也可以在资产可供客户使用时隐性指定。

有些情况下，即使合同已对资产进行指定，但如果资产供应方在整个使用期间拥有对该资产的实质性替换权，则该资产不属于已识别资产。

同时符合下列条件时，表明资产供应方拥有资产的实质性替换权：

（1）资产供应方拥有在整个使用期间替换资产的实际能力。例如，客户无法阻止供应方替换资产，且资产供应方易于获得或者可以在合理期间内取得用于替换的资产。

（2）资产供应方通过行使替换资产的权利将获得经济利益。即，替换资产的预期经济利益将超过替换资产所需成本。

需要注意的是，如果合同仅赋予资产供应方在特定日期或者特定事件发生日或之后拥有替换资产的权利或义务，考虑到资产供应方没有在整个使用期间替换资产的实际能力，资产供应方的替换权不具有实质性。

企业难以确定资产供应方是否拥有实质性替换权的，应视为资产供应方没有对该资产的实质性替换权。

（三）客户是否控制已识别资产使用权的判断

为确定合同是否让渡了在一定期间内控制已识别资产使用的权利，企业应当评估客户是否有权获得在使用期间因使用已识别资产所产生的几乎全部经济利益，并有权在该使用期间主导已识别资产的使用。

1. 客户是否有权获得因使用资产所产生的几乎全部经济利益

在评估客户是否有权获得因使用已识别资产所产生的几乎全部经济利益时，企业应当在约定的客户权利范围内考虑其所产生的经济利益。

例如，如果合同规定汽车在使用期间仅限在某一特定区域使用，则企业应当仅考虑在该区域内使用汽车所产生的经济利益，而不包括在该区域外使用汽车所产生的经济利益；又如，如果合同规定客户在使用期间仅能在特定里程范围内驾驶汽车，则企业应当仅考虑在允许的里程范围内使用汽车所产生的经济利益，而不包括超出该里程范围使用汽车所产生的经济利益。

如果合同规定客户应向资产供应方或另一方支付因使用资产所产生的部分现金流量作为对价，该现金流量仍应视为客户因使用资产而获得的经济利益的一部分。

例如，如果客户因使用零售区域需向供应方支付零售收入的一定比例作为对价，该条款本身并不妨碍客户拥有获得使用零售区域所产生的几乎全部经济利益的权利。

2. 客户是否有权主导资产的使用

存在下列情形之一的，可视为客户有权主导对已识别资产在整个使用期间的使用：

（1）客户有权在整个使用期间主导已识别资产的使用目的和使用方式。

（2）已识别资产的使用目的和使用方式在使用期间前已预先确定，并且客户有权在整个使用期间自行或主导他人按照其确定的方式运营该资产，或者客户设计了已识别资产（或资产的特定方面）并在设计时已预先确定了该资产在整个使用期间的使用目的和使用方式。

合同可能包含一些旨在保护资产供应方在已识别资产中的权益、保护资产供应方的工作人员或者确保资产供应方不因客户使用租赁资产而违反法律法规的条款和条件。

例如，合同可能规定资产使用的最大工作量、限制客户使用资产的地点或时间，要求客户遵守特定的操作惯例或者要求客户在变更资产使用方式时通知资产供应方等。

这些权利虽然对客户使用资产权利的范围作出了限定，但是其本身不足以否定客户拥有主导资产使用的权利。

二、租赁的分拆和合并

（一）租赁的分拆

合同中同时包含多项单独租赁的，承租人和出租人应当将合同予以分拆，并分别各项单独租赁进行会计处理。

合同中同时包含租赁和非租赁部分的，承租人和出租人应当将租赁和非租赁部分进行分拆，除非承租人按照新租赁准则的规定选择采用简化处理。

分拆时，各租赁部分应当分别按照新租赁准则进行会计处理，非租赁部分应当按照其他适用的企业会计准则进行会计处理。

同时符合下列条件，使用已识别资产的权利构成合同中的一项单独租赁：

（1）承租人可从单独使用该资产或将其与易于获得的其他资源一起使用中获利。

（2）该资产与合同中的其他资产不存在高度依赖或高度关联关系。

1. 承租人的处理

在分拆租赁和非租赁部分时，承租人应当按照各项租赁部分单独价格及非租赁部分的单独价格之和的相对比例分摊合同对价。租赁和非租赁部分的相对单独价格，应当根据出租人或类似资产供应方就该部分或类似部分向企业单独收取的价格确定。

为简化处理，承租人可以按照租赁资产的类别选择是否分拆合同包含的租赁和非租赁部分。承租人选择不分拆的，应当将各租赁部分及与其相关的非租赁部分分别合并为租赁，按照新租赁准则进行会计处理。

2. 出租人的处理

出租人应当分拆租赁部分和非租赁部分，根据《企业会计准则第14号——收入》（2017）关于交易价格分摊的规定分摊合同对价。

（二）租赁的合并

企业与同一交易方或其关联方在同一时间或相近时间订立的两份或多份包含租赁的合同，在满足下列条件之一时，应当合并为一份合同进行会计处理：

（1）该两份或多份合同基于总体商业目的而订立并构成一揽子交易，若不作为整体考虑则无法理解其总体商业目的。

（2）该两份或多份合同中的某份合同的对价金额取决于其他合同的定价或履行情况。

（3）该两份或多份合同让渡的资产使用权合起来构成一项单独租赁。

两份或多份合同合并为一份合同进行会计处理的，仍然需要区分该一份合同中的租赁部分和非租赁部分。

三、租赁期

租赁期是指承租人有权使用租赁资产且不可撤销的期间。

承租人有续租选择权，且合理确定将行使该选择权的，租赁期还应当包含续租选择权涵盖的期间；承租人有终止租赁选择权，但合理确定将不会行使该选择权的，租赁期应当包含终止租赁选择权涵盖的期间。

（一）租赁期开始日

租赁期自租赁期开始日起计算。租赁期开始日，是指出租人提供租赁资产使其可供承租人使用的起始日期。

如果承租人在租赁协议约定的起租日或租金起付日之前已获得对租赁资产使用权的控制，则表明租赁期已经开始。

租赁协议中对起租日或租金支付时间的约定，并不影响租赁期开始日的判断。

（二）不可撤销期间

在确定租赁期和评估不可撤销租赁期间时，企业应根据租赁条款约定确定可强制执行合同的期间。

如果承租人和出租人双方均有权在未经另一方许可的情况下终止租赁，且罚款金额不重大，则该租赁不再可强制执行。

如果只有承租人有权终止租赁，则在确定租赁期时，企业应将该项权利视为承租人可行使的终止租赁选择权予以考虑。

如果只有出租人有权终止租赁，则不可撤销的租赁期包括终止租赁选择权所涵盖的期间。

（三）续租选择权和终止租赁选择权

在租赁期开始日，企业应当评估承租人是否合理确定将行使续租或购买标的资产的选择权，或者将不行使终止租赁选择权。在评估时，企业应当考虑对承租人行使续租选择权或不行使终止租赁选择权带来经济利益的所有相关事实和情况，包括自租赁期开始日至选择权行使日之间的事实和情况的预期变化。需考虑的因素包括但不限于以下方面：

（1）与市价相比，选择权期间的合同条款和条件。

（2）在合同期内承租人进行或预期进行重大租赁资产改良的，在可行使续租选择权、终止租赁选择权或者购买租赁资产选择权时，预期能为承租人带来的重大经济利益。

（3）与终止租赁相关的成本。

（4）租赁资产对承租人运营的重要程度。

（5）与行使选择权相关的条件及满足相关条件的可能性。

租赁的不可撤销期间的长短会影响对承租人是否合理确定将行使或不行使选择权的评估。通常，不可撤销期间越短，获取替代资产的相对成本就越高，承租人行使续租选择权或不行使终止租赁选择权的可能性就越大。

续租选择权或终止租赁选择权可能与租赁的其他条款相结合。

购买选择权的评估方式与续租选择权或终止租赁选择权的评估方式相同，购买选择权在经济上与将租赁期延长至租赁资产全部剩余经济寿命的续租选择权类似。

（四）对租赁期和购买选择权的重新评估

发生承租人可控范围内的重大事件或变化，且影响承租人是否合理确定将行使相应选择权的，承租人应当对其是否合理确定将行使续租选择权、购买选择权或不行使终止租赁选择权进行重新评估，并根据重新评估结果修改租赁期。

承租人可控范围内的重大事件或变化包括但不限于下列情形：

（1）在租赁期开始日未预计到的重大租赁资产改良，在可行使续租选择权、终止租赁选择权或购买选择权时，预期将为承租人带来重大经济利益。

（2）在租赁期开始日未预计到的租赁资产的重大改动或定制化调整。

（3）承租人作出的与行使或不行使选择权直接相关的经营决策。例如，决定续租互补性资产、处置可替代的资产或处置包含相关使用权资产的业务。

如果不可撤销的租赁期间发生变化，企业应当修改租赁期。例如，在下述情况下，不可撤销的租赁期将发生变化：

（1）承租人实际行使了选择权，但该选择权在之前企业确定租赁期时未涵盖；

（2）承租人未实际行使选择权，但该选择权在之前企业确定租赁期时已涵盖；

（3）某些事件的发生导致根据合同规定承租人有义务行使选择权，但该选择权在之前企业确定租赁期时未涵盖；

（4）某些事件的发生导致根据合同规定禁止承租人行使选择权，但该选择权在之前企业确定租赁期时已涵盖。

第二节　承租人会计处理

在租赁期开始日，承租人应当对租赁确认使用权资产和租赁负债，应用短期租赁和低价值资产租赁简化处理的除外。

一、租赁负债的初始计量

租赁负债应当按照租赁期开始日尚未支付的租赁付款额的现值进行初始计量。

（一）租赁付款额

租赁付款额，是指承租人向出租人支付的与在租赁期内使用租赁资产的权利相关的款项。租赁付款额包括以下五项内容：

1. 固定付款额及实质固定付款额，存在租赁激励的，扣除租赁激励相关金额。

实质固定付款额是指在形式上可能包含变量但实质上无法避免的付款额。常见情形包括：

（1）付款额设定为可变租赁付款额，但该可变条款几乎不可能发生，没有真正的经济实质。

（2）承租人有多套付款额方案，但其中仅有一套是可行的。在此情况下，承租人应采用该可行的付款额方案作为租赁付款额。

（3）承租人有多套可行的付款额方案，但必须选择其中一套。在此情况下，承租人应采用总折现金额最低的一套作为租赁付款额。

2. 取决于指数或比率的可变租赁付款额。

可变租赁付款额，是指承租人为取得在租赁期内使用租赁资产的权利，而向出租人支付的因租赁期开始日后的事实或情况发生变化（而非时间推移）而变动的款项。

可变租赁付款额可能与下列指标或情况挂钩：

（1）市场比率或指数。例如，随基准利率或消费者价格指数变动调整租赁付款额。

（2）承租人源自租赁资产的绩效。例如，零售业不动产租赁可能会要求基于使用该不动产取得的销售收入的一定比例确定租赁付款额。

（3）租赁资产的使用。例如，车辆租赁可能要求承租人在超过特定里程数时支付额外的租赁付款额。

【例 18-1·判断题】 纳入租赁负债初始计量的可变租赁付款额仅限取决于指数或比率的可变租赁付款额。（　　）

【答案】 √

3. 购买选择权的行权价格，前提是承租人合理确定将行使该选择权。

4. 行使终止租赁选择权需支付的款项，前提是租赁期反映出承租人将行使终止租赁选择权。

5. 根据承租人提供的担保余值预计应支付的款项。

担保余值，是指与出租人无关的一方向出租人提供担保，保证在租赁结束时租赁资产的价值至少为某指定的金额。

如果承租人提供了对余值的担保，则租赁付款额应包含该担保下预计应支付的款项，它反映了承租人预计将支付的金额，而不是承租人担保余值下的最大敞口。

（二）折现率

租赁负债应当按照租赁期开始日尚未支付的租赁付款额的现值进行初始计量。在计算租赁付款额的现值时，承租人应当采用租赁内含利率作为折现率；无法确定租赁内含利率的，应当采用承租人增量借款利率作为折现率。

租赁内含利率，是指使出租人的租赁收款额的现值与未担保余值的现值之和等于租赁资产公允价值与出租人的初始直接费用之和的利率。初始直接费用，是指为达成租赁所发生的增量成本。

无论是否实际取得租赁都会发生的支出，不属于初始直接费用，例如，为评估是否签订租赁合同而发生的差旅费、法律费用等，此类费用应当在发生时计入当期损益。

承租人增量借款利率，是指承租人在类似经济环境下为获得与使用权资产价值接近的资产，在类似期间以类似抵押条件借入资金须支付的利率。

二、使用权资产的初始计量

使用权资产，是指承租人可在租赁期内使用租赁资产的权利。在租赁期开始日，承租人应当按照成本对使用权资产进行初始计量。该成本包括下列四项：

（1）租赁负债的初始计量金额。

（2）在租赁期开始日或之前支付的租赁付款额，存在租赁激励的，应扣除已享受的租赁激励相关金额。

（3）承租人发生的初始直接费用。

（4）承租人为拆卸及移除租赁资产、复原租赁资产所在场地或将租赁资产恢复至租赁条款约定状态预计将发生的成本。前述成本属于为生产存货而发生的，适用《企业会计准则第1号——存货》。

三、租赁负债的后续计量

（一）计量基础

在租赁期开始日后，承租人应当按以下原则对租赁负债进行后续计量：

（1）确认租赁负债的利息时，增加租赁负债的账面金额；

（2）支付租赁付款额时，减少租赁负债的账面金额；

（3）因重估或租赁变更等原因导致租赁付款额发生变动时，重新计量租赁负债的账面价值。

承租人应当按照固定的周期性利率计算租赁负债在租赁期内各期间的利息费用，并计入当期损益，但按照《企业会计准则第17号——借款费用》等其他准则规定应当计入相关资产成本的，从其规定。

（二）租赁负债的重新计量

在租赁期开始日后，当发生下列四种情形时，承租人应当按照变动后的租赁付款额的现值重新计量租赁负债，并相应调整使用权资产的账面价值。使用权资产的账面价值已调减至零，但租赁负债仍需进一步调减的，承租人应当将剩余金额计入当期损益。

1. 实质固定付款额发生变动

如果租赁付款额最初是可变的，但在租赁期开始日后的某一时点转为固定，在潜在可变性消除时，该付款额成为实质固定付款额，应纳入租赁负债的计量中。承租人应当按照变动后租赁付款额的现值重新计量租赁负债。

在该情形下，承租人采用的折现率不变。即，采用租赁期开始日确定的折现率。

2. 担保余值预计的应付金额发生变动

在租赁期开始日后，承租人应对其在担保余值下预计支付的金额进行估计。该金额发生变动的，承租人应当按照变动后租赁付款额的现值重新计量租赁负债。

在该情形下，承租人采用的折现率不变。

3. 用于确定租赁付款额的指数或比率发生变动

（1）在租赁期开始日后，因浮动利率的变动而导致未来租赁付款额发生变动的，承租人应当按照变动后租赁付款额的现值重新计量租赁负债。

在该情形下，承租人应采用反映利率变动的修订后的折现率进行折现。

（2）在租赁期开始日后，因用于确定租赁付款额的指数或比率（浮动利率除外）的变动而导致未来租赁付款额发生变动的，承租人应当按照变动后租赁付款额的现值重新计量租赁负债。

在该情形下，承租人采用的折现率不变。

4. 购买选择权、续租选择权或终止租赁选择权的评估结果或实际行使情况发生变化

租赁期开始日后，发生下列情形的，承租人应采用修订后的折现率对变动后的租赁付款额进行折现，以重新计量租赁负债：

（1）发生承租人可控范围内的重大事件或变化，且影响承租人是否合理确定将行使续租选择权或终止租赁选择权的，承租人应当对其是否合理确定将行使相应选择权进行重新评估。

(2) 发生承租人可控范围内的重大事件或变化，且影响承租人是否合理确定将行使购买选择权的，承租人应当对其是否合理确定将行使购买选择权进行重新评估。

上述两种情形下，承租人在计算变动后租赁付款额的现值时，应当采用剩余租赁期间的租赁内含利率作为折现率；无法确定剩余租赁期间的租赁内含利率的，应当采用重估日的承租人增量借款利率作为折现率。

四、使用权资产的后续计量

(一) 计量基础

在租赁期开始日后，承租人应当采用成本模式对使用权资产进行后续计量，即以成本减累计折旧及累计减值损失计量使用权资产。承租人按照规定重新计量租赁负债的，应当相应调整使用权资产的账面价值。

(二) 使用权资产的折旧

承租人应当参照《企业会计准则第 4 号——固定资产》有关折旧规定，自租赁期开始日起对使用权资产计提折旧。

使用权资产通常应自租赁期开始的当月计提折旧，当月计提确有困难的，为便于实务操作，企业也可以选择自租赁期开始的下月计提折旧，但应对同类使用权资产采取相同的折旧政策。计提的折旧金额应根据使用权资产的用途，计入相关资产的成本或者当期损益。

承租人在确定使用权资产的折旧方法时，应当根据与使用权资产有关的经济利益的预期消耗方式作出决定。通常，承租人按直线法对使用权资产计提折旧，其他折旧方法更能反映使用权资产有关经济利益预期消耗方式的，应采用其他折旧方法。

承租人在确定使用权资产的折旧年限时，应遵循以下原则：

①承租人能够合理确定租赁期届满时取得租赁资产所有权的，应当在租赁资产剩余使用寿命内计提折旧。

②承租人无法合理确定租赁期届满时能够取得租赁资产所有权的，应当在租赁期与租赁资产剩余使用寿命两者孰短的期间内计提折旧。

③如果使用权资产的剩余使用寿命短于前两者，则应在使用权资产的剩余使用寿命内计提折旧。

(三) 使用权资产的减值

在租赁期开始日后，承租人应当按照《企业会计准则第 8 号——资产减值》的规定，确定使用权资产是否发生减值，并对已识别的减值损失进行会计处理。

使用权资产发生减值的，按应减记的金额，借记“资产减值损失”科目，贷记“使用权资产减值准备”科目。使用权资产减值准备一旦计提，不得转回。承租人应当按照扣除减值损失之后的使用权资产的账面价值，计提后续折旧。

五、租赁变更的会计处理

租赁变更，是指原合同条款之外的租赁范围、租赁对价、租赁期限的变更，包括增加或终止一项或多项租赁资产的使用权，延长或缩短合同规定的租赁期等。租赁变更生效日，是指双方就租赁变更达成一致的日期。

1. 租赁变更作为一项单独租赁处理

租赁发生变更且同时符合下列条件的，承租人应当将该租赁变更作为一项单独租赁进行会计处理：

（1）该租赁变更通过增加一项或多项租赁资产的使用权而扩大了租赁范围。

（2）增加的对价与租赁范围扩大部分的单独价格按该合同情况调整后的金额相当。

2. 租赁变更未作为一项单独租赁处理

租赁变更未作为一项单独租赁进行会计处理的，在租赁变更生效日，承租人应当按照新租赁准则有关租赁分拆的规定对变更后合同的对价进行分摊；按照有关租赁期的规定确定变更后的租赁期，并采用变更后的折现率对变更后的租赁付款额进行折现，以重新计量租赁负债。

就上述租赁负债调整的影响，承租人应区分以下情形进行会计处理：

（1）租赁变更导致租赁范围缩小或租赁期缩短的，承租人应当调减使用权资产的账面价值，以反映租赁的部分终止或完全终止。承租人应将部分终止或完全终止租赁的相关利得或损失计入当期损益。

（2）其他租赁变更，承租人应当相应调整使用权资产的账面价值。

六、短期租赁和低价值资产租赁

对于短期租赁和低价值资产租赁，承租人可以选择不确认使用权资产和租赁负债。

作出该选择的，承租人应当将短期租赁和低价值资产租赁的租赁付款额，在租赁期内各个期间按照直线法或其他系统合理的方法计入相关资产成本或当期损益。其他系统合理的方法能够更好地反映承租人的受益模式的，承租人应当采用该方法。

（一）短期租赁

短期租赁，是指在租赁期开始日，租赁期不超过 12 个月的租赁。包含购买选择权的租赁不属于短期租赁。

对于短期租赁，承租人可以按照租赁资产的类别作出采用简化会计处理的选择。如果承租人对某类租赁资产作出了简化会计处理的选择，则该类资产下所有的短期租赁都应采用简化会计处理。

按照简化会计处理的短期租赁发生租赁变更或者其他原因导致租赁期发生变化的，承租人应当将其视为一项新租赁，重新按照上述原则判断该项新租赁是否可以选择简化会计处理。

（二）低价值资产租赁

低价值资产租赁，是指单项租赁资产为全新资产时价值较低的租赁。

承租人在判断是否是低价值资产租赁时，应基于租赁资产的全新状态下的绝对价值进行评估，不受承租人规模、性质等影响，也不应考虑资产已被使用的年限以及该资产对于承租人或相关租赁交易的重要性。

常见的低价值资产的例子包括平板电脑、普通办公家具、电话等小型资产。

对于低价值资产租赁，承租人可根据每项租赁的具体情况作出简化会计处理选择。选择采用简化会计处理的，其低价值资产还应同时满足以下条件：承租人能够从单独使用该低价值资产或将其与承租人易于获得的其他资源一起使用中获利，且该项资产与其他租赁资产没有高度依赖或高度关联关系，如果承租人已经或者预期要把相关资产进行转租赁，则不能将原租赁按照低价值资产租赁进行简化会计处理。

第三节　出租人会计处理

一、出租人的租赁分类

（一）融资租赁和经营租赁

出租人应当在租赁开始日将租赁分为融资租赁和经营租赁。租赁开始日，是指租赁合同签署日与租赁各方就主要租赁条款作出承诺日中的较早者。租赁开始日可能早于租赁期开始日，也可能与租赁期开始日重合。

一项租赁属于融资租赁还是经营租赁取决于交易的实质，而不是合同的形式。如果一项租赁实质上转移了与租赁资产所有权有关的几乎全部风险和报酬，出租人应当将该项租赁分类为融资租赁。出租人应当将除融资租赁以外的其他租赁分类为经营租赁。

租赁开始日后，除非发生租赁变更，出租人无须对租赁的分类进行重新评估。租赁资产预计使用寿命、预计余值等会计估计变更或发生承租人违约等情况变化的，出租人不对租赁进行重分类。

（二）融资租赁的分类标准

1. 一项租赁存在下列一种或多种情形的，通常分类为融资租赁：

（1）在租赁期届满时，租赁资产的所有权转移给承租人。

（2）承租人有购买租赁资产的选择权，所订立的购买价款预计将远低于行使选择权时租赁资产的公允价值，因而在租赁开始日就可以合理确定承租人将行使该选择权。

（3）资产的所有权虽然不转移，但租赁期占租赁资产使用寿命的大部分。实务中，此处的“大部分”一般指租赁期占租赁开始日租赁资产使用寿命的75%以上（含75%）。

（4）在租赁开始日，租赁收款额的现值几乎相当于租赁资产的公允价值。实务中，此处的“几乎相当于”，通常掌握在90%以上（含90%）。

（5）租赁资产性质特殊，如果不作较大改造，只有承租人才能使用。

2. 一项租赁存在下列一项或多项迹象的，也可能分类为融资租赁：

（1）若承租人撤销租赁，撤销租赁对出租人造成的损失由承租人承担。

（2）资产余值的公允价值波动所产生的利得或损失归属于承租人。

（3）承租人有能力以远低于市场水平的租金继续租赁至下一期间。

二、出租人对融资租赁的会计处理

（一）初始计量

在租赁期开始日，出租人应当对融资租赁确认应收融资租赁款，并终止确认融资租赁资产。出租人对应收融资租赁款进行初始计量时，应当以租赁投资净额作为应收融资租赁款的入账价值。

租赁投资净额为未担保余值和租赁期开始日尚未收到的租赁收款额按照租赁内含利率折现的现值之和。

租赁内含利率，是指使出租人的租赁收款额的现值与未担保余值的现值之和等于租赁资产公允价值与出租人的初始直接费用之和的利率。

因此，出租人发生的初始直接费用包括在租赁投资净额中，也即包括在应收融资租赁款的初始入账价值中。

租赁收款额，是指出租人因让渡在租赁期内使用租赁资产的权利而应向承租人收取的款项，包括：

（1）承租人需支付的固定付款额及实质固定付款额。存在租赁激励的，应当扣除租赁激励相关金额。

（2）取决于指数或比率的可变租赁付款额。该款项在初始计量时根据租赁期开始日的指数或比率确定。

（3）购买选择权的行权价格，前提是合理确定承租人将行使该选择权。

（4）承租人行使终止租赁选择权需支付的款项，前提是租赁期反映出承租人将行使终止租赁选择权。

（5）由承租人、与承租人有关的一方以及有经济能力履行担保义务的独立第三方向出租人提供的担保余值。

若融资租赁合同以收到租赁保证金为生效条件，出租人收到承租人交来的租赁保证金时，应借记“银行存款”科目，贷记“其他应付款——租赁保证金”科目。

承租人到期不交租金，以保证金抵作租金时，应借记“其他应付款——租赁保证金”科目，贷记“应收融资租赁款”科目。

承租人违约，按租赁合同或协议规定没收保证金时，应借记“其他应付款——租赁保证金”科目，贷记“营业外收入”等科目。

（二）融资租赁的后续计量

出租人应当按照固定的周期性利率计算并确认租赁期内各个期间的利息收入。

纳入出租人租赁投资净额的可变租赁付款额仅限取决于指数或比率的可变租赁付款额。在初始计量时，应当采用租赁期开始日的指数或比率进行初始计量。

出租人应定期复核计算租赁投资总额时所使用的未担保余值。若预计未担保余值降低，出租人应修改租赁期内的收益分配，并立即确认预计的减少额。

出租人取得的未纳入租赁投资净额计量的可变租赁付款额，如与资产的未来绩效或使用情况挂钩的可变租赁付款额，应当在实际发生时计入当期损益。

（三）融资租赁变更的会计处理

融资租赁发生变更且同时符合下列条件的，出租人应当将该变更作为一项单独租赁进行会计处理：

（1）该变更通过增加一项或多项租赁资产的使用权而扩大了租赁范围；

（2）增加的对价与租赁范围扩大部分的单独价格按该合同情况调整后的金额相当。

如果融资租赁的变更未作为一项单独租赁进行会计处理，且满足假如变更在租赁开始日生效，该租赁会被分类为经营租赁条件的，出租人应当自租赁变更生效日开始将其作为一项新租赁进行会计处理，并以租赁变更生效日前的租赁投资净额作为租赁资产的账面价值。

如果融资租赁的变更未作为一项单独租赁进行会计处理，且满足假如变更在租赁开始日生效，该租赁会被分类为融资租赁条件的，出租人应当按照《企业会计准则第 22 号——金融工具确认和计量》（2017）关于修改或重新议定合同的规定进行会计处理。即，修改或重新议定租赁合同，未导致应收融资租赁款终止确认，但导致未来现金流量发生变化的，应当重新计算该应收融资租赁款的账面余额，并将相关利得或损失计入当期损益。

重新计算应收融资租赁款账面余额时，应当根据重新议定或修改的租赁合同现金流量按照应收融资租赁款的原折现率或按照《企业会计准则第 24 号——套期会计》（2017）规定重新计算的折现率（如适用）折现的现值确定。

对于修改或重新议定租赁合同所产生的所有成本和费用，企业应当调整修改后的应收融资租赁款的账面价值，并在修改后的应收融资租赁款的剩余期限内进行摊销。

三、出租人对经营租赁的会计处理

（一）租金的处理

在租赁期内各个期间，出租人应采用直线法或者其他系统合理的方法将经营租赁的租赁收款额确认为租金收入。如果其他系统合理的方法能够更好地反映因使用租赁资产所产生经济利益的消耗模式的，则出租人应采用该方法。

（二）出租人对经营租赁提供激励措施

出租人提供免租期的，出租人应将租金总额在不扣除免租期的整个租赁期内，按直线法或其他合理的方法进行分配，免租期内应当确认租金收入。出租人承担了承租人某些费用的，出租人应将该费用自租金收入总额中扣除，按扣除后的租金收入余额在租赁期内进行分配。

（三）初始直接费用

出租人发生的与经营租赁有关的初始直接费用应当资本化至租赁标的资产的成本，在租赁期内按照与租金收入相同的确认基础分期计入当期损益。

（四）折旧和减值

对于经营租赁资产中的固定资产，出租人应当采用类似资产的折旧政策计提折旧；对于其他经营租赁资产，应当根据该资产适用的企业会计准则，采用系统合理的方法进行摊销。

出租人应当按照《企业会计准则第 8 号——资产减值》的规定，确定经营租赁资产是否发生减值，并对已识别的减值损失进行会计处理。

（五）可变租赁付款额

出租人取得的与经营租赁有关的可变租赁付款额，如果是与指数或比率挂钩的，应在租赁期开始日计入租赁收款额；除此之外的其他可变租赁付款额，应当在实际发生时计入当期损益。

（六）经营租赁的变更

经营租赁发生变更的，出租人应自变更生效日开始，将其作为一项新的租赁进行会计处理，与变更前租赁有关的预收或应收租赁收款额视为新租赁的收款额。

【例 18-2 · 单选题】 2×21 年 7 月 1 日，甲公司与乙公司签订了一项写字楼租赁合同，甲公司将该写字楼以经营租赁方式出租给乙公司。合同约定，租赁期为 2×21 年 7 月 1 日至 2×22 年 6 月 30 日，租赁期前 2 个月免收租金，后 10 个月每月收取租金 15 万元，此外，甲公司承担了本应由乙公司负担的电子灯牌制作安装费 3 万元。甲公司按直线法确认租金收入。不考虑其他因素，甲公司 2×21 年度应确认的租金收入是（　　）万元。

A. 73.5　　B. 49　　C. 60　　D. 75

【解析】 出租人提供免租期的，出租人应将租金总额在不扣除免租期的整个租赁期内，按直线法或其他合理的方法进行分配，免租期内应当确认租金收入。出租人承担了承租人某些费用的，出租人应将该费用自租金收入总额中扣除，按扣除后的租金收入余额在租赁期内进行分配。甲公司 2×21 年度应确认的租金收入＝（15×10－3）/12×6＝73.5（万元）。

【答案】 A

第四节　特殊租赁业务的会计处理

一、转租赁

转租情况下，原租赁合同和转租赁合同通常都是单独协商的，交易对手也是不同的企业，转租出租人对原租赁合同和转租赁合同分别根据承租人和出租人会计处理要求进行会计处理。

在对转租赁进行分类时，转租出租人应基于原租赁中产生的使用权资产，而不是租赁资产（如作为租赁对象的不动产或设备）进行分类。原租赁资产不归转租出租人所有，原租赁资产也未计入其资产负债表。因此，转租出租人应基于其控制的资产（即使用权资产）进行会计处理。

原租赁为短期租赁，且转租出租人作为承租人采用简化会计处理方法的，应将转租赁分类为经营租赁。

二、生产商或经销商出租人的融资租赁

如果生产商或经销商出租其产品或商品构成融资租赁，该交易产生的损益应相当于按照

考虑适用的交易量或商业折扣后的正常售价直接销售标的资产所产生的损益。在租赁期开始日，生产商或经销商出租人应当按照租赁资产公允价值与租赁收款额按市场利率折现的现值两者孰低确认收入，并按照租赁资产账面价值扣除未担保余值的现值后的余额结转销售成本，收入和销售成本的差额作为销售损益。

由于取得融资租赁所发生的成本主要与生产商或经销商赚取的销售利得相关，生产商或经销商出租人应当在租赁期开始日将其计入损益。即，与其他融资租赁出租人不同，生产商或经销商出租人取得融资租赁所发生的成本不属于初始直接费用，不计入租赁投资净额。

三、售后租回交易

若企业（卖方兼承租人）将资产转让给其他企业（买方兼出租人），并从买方兼出租人租回该项资产，则卖方兼承租人和买方兼出租人均应按照售后租回交易的规定进行会计处理。企业应当按照《企业会计准则第 14 号——收入》（2017）的规定，评估确定售后租回交易中的资产转让是否属于销售，并区别进行会计处理。

（一）售后租回交易中的资产转让属于销售

卖方兼承租人应当按原资产账面价值中与租回获得的使用权有关的部分，计量售后租回所形成的使用权资产，并仅就转让至买方兼出租人的权利确认相关利得或损失。买方兼出租人根据其他适用的企业会计准则对资产购买进行会计处理，并根据新租赁准则对资产出租进行会计处理。

如果销售对价的公允价值与资产的公允价值不同，或者出租人未按市场价格收取租金，企业应当进行以下调整：

（1）销售对价低于市场价格的款项作为预付租金进行会计处理；

（2）销售对价高于市场价格的款项作为买方兼出租人向卖方兼承租人提供的额外融资进行会计处理。

同时，承租人按照公允价值调整相关销售利得或损失，出租人按市场价格调整租金收入。

在进行上述调整时，企业应当按以下二者中较易确定者进行：（1）销售对价的公允价值与资产的公允价值的差异；（2）合同付款额的现值与按市场租金计算的付款额的现值的差异。

（二）售后租回交易中的资产转让不属于销售

卖方兼承租人不终止确认所转让的资产，而应当将收到的现金作为金融负债，并按照《企业会计准则第 22 号——金融工具确认和计量》（2017）进行会计处理。买方兼出租人不确认被转让资产，而应当将支付的现金作为金融资产，并按照《企业会计准则第 22 号——金融工具确认和计量》（2017）进行会计处理。

第十九章　持有待售的非流动资产、处置组和终止经营

第一节　持有待售的非流动资产、处置组

一、持有待售类别的分类原则

（一）相关定义及分类原则

《企业会计准则第 42 号——持有待售的非流动资产、处置组和终止经营》分类和列报规定适用于非流动资产和处置组。

1. 非流动资产

非流动资产是流动资产以外的资产，如固定资产、无形资产、长期股权投资等。

持有待售准则的计量规定适用于所有非流动资产，但下列各项的计量适用其他相关会计准则：

①采用公允价值模式进行后续计量的投资性房地产，适用《企业会计准则第 3 号——投资性房地产》。

②递延所得税资产，适用《企业会计准则第 18 号——所得税》。

③由金融工具相关会计准则规范的金融资产，适用金融工具相关会计准则等。

2. 处置组

处置组，是指在一项交易中作为整体通过出售或其他方式一并处置的一组资产，以及在该交易中转让的与这些资产直接相关的负债。

处置组所属的资产组或资产组组合按照《企业会计准则第 8 号——资产减值》分摊了企业合并中取得的商誉的，该处置组应当包含分摊至处置组的商誉。

（二）划分为持有待售类别应满足的具体条件

企业主要通过出售而非持续使用一项非流动资产或处置组收回其账面价值的，应当将其划分为持有待售类别。

非流动资产或处置组划分为持有待售类别，应当同时满足下列条件：

（1）可立即出售，即根据类似交易中出售此类资产或处置组的惯例，在当前状况下即可立即出售。

（2）出售极可能发生，即企业已经就一项出售计划作出决议且获得确定的购买承诺，预计出售将在一年内完成。有关规定要求企业相关权力机构或者监管部门批准后方可出售的，应当已经获得批准。

【例 19-1·多选题】由于A公司经营范围发生改变，A公司计划将生产D产品的全套生产线出售，A公司尚有一批积压的未完成客户订单。A公司决定在完成所积压的客户订单后再将生产线转让给买方。2×19年5月1日A公司与B公司签订买卖合同，不考虑其他因素，针对上述情况以下有关A公司做法正确的有（　　）。

A. 2×19年5月1日之前A公司应将生产线作为固定资产核算

B. 2×19年5月1日之后A公司应将生产线确认为固定资产

C. 2×19年5月1日A公司不应将生产线转为持有待售非流动资产

D. 2×19年5月1日A公司应将生产线转为持有待售非流动资产

【解析】A公司持有生产线的目的是生产产品，应确认为固定资产，选项A正确；由于生产线在完成积压订单后方可出售，在完成所有积压的客户订单前，该生产线在当前状态下不能立即出售，不符合划分为持有待售类别的条件，选项B和C正确，选项D错误。

【答案】ABC

（三）例外条款

因企业无法控制的下列原因之一，导致非关联方之间的交易未能在一年内完成，且有充分证据表明企业仍然承诺出售非流动资产或处置组的，企业应当继续将非流动资产或处置组划分为持有待售类别：

1. 意外设定条件

买方或其他方意外设定导致出售延期的条件，企业针对这些条件已经及时采取行动，且预计能够自设定导致出售延期的条件起一年内顺利化解延期因素。

2. 发生罕见情况

因发生罕见情况，导致持有待售的非流动资产或处置组未能在一年内完成出售，企业在最初一年内已经针对这些新情况采取必要措施且重新满足了持有待售类别的划分条件。

二、某些特定持有待售类别分类的具体应用

（一）专为转售而取得的非流动资产或处置组

企业专为转售而取得的非流动资产或处置组，在取得日满足“预计出售将在一年内完成”的规定条件，且短期（通常为3个月）内很可能满足持有待售类别的其他划分条件的，企业应当在取得日将其划分为持有待售类别。

（二）持有待售的长期股权投资

情形	处理原则
企业因出售对子公司的投资等原因导致其丧失对子公司控制权	母公司个别财务报表中将对子公司投资整体划分为持有待售类别，在合并财务报表中将子公司所有资产和负债划分为持有待售类别

<table>
<tr><th>情形</th><th colspan="2">处理原则</th></tr>
<tr><td>企业因出售对子公司的投资等原因未导致其丧失对子公司控制权</td><td colspan="2">母公司个别财务报表中仍应将其整体作为长期股权投资核算，不将拟出售的部分划分为持有待售类别</td></tr>
<tr><td>将对联营企业或合营企业的权益性投资全部分类为持有待售资产</td><td colspan="2">应当对全部投资停止权益法核算</td></tr>
<tr><td rowspan="2">将对联营企业或合营企业的权益性投资部分分类为持有待售资产</td><td>划分为持有待售资产的部分</td><td>停止权益法核算</td></tr>
<tr><td>未划分为持有待售资产的部分</td><td>应当在划分为持有待售的那部分权益性投资出售前继续采用权益法进行会计处理</td></tr>
</table>

【例 19-2·判断题】 企业计划出售对子公司的部分权益性投资且出售后仍拥有对子公司的控制权时，应将拟出售部分的投资划分为持有待售资产。（　　）

【解析】 如果出售部分权益性投资后企业仍拥有对子公司的控制权，在拟出售阶段对此类投资仍应将其整体作为长期股权投资核算，不将拟出售的部分划分为持有待售类别。

【答案】 ×

三、持有待售类别的计量

（一）划分为持有待售类别前的计量

企业将非流动资产或处置组首次划分为持有待售类别前，应当按照相关会计准则规定计量非流动资产或处置组中各项资产和负债的账面价值。

（二）划分为持有待售类别时的计量

1. 持有待售的非流动资产或处置组的初始计量

企业初始计量持有待售的非流动资产或处置组时，其账面价值高于公允价值减去出售费用后的净额的，应当将账面价值减记至公允价值减去出售费用后的净额，减记的金额确认为资产减值损失，计入当期损益，同时计提持有待售资产减值准备。

相关账务处理（以无形资产为例）：

借：持有待售资产——无形资产

　　累计摊销

　　无形资产减值准备

　贷：无形资产

借：资产减值损失

　贷：持有待售资产减值准备

【例 19-3 · 单选题】 A 公司计划出售一项无形资产，于 2×23 年 10 月 30 日与 B 公司签订合同，将于一年内出售该无形资产，销售价格为 1000 万元，预计出售费用为 200 万元。该无形资产于 2×22 年 10 月 30 日取得，成本为 1500 万元，预计使用寿命为 5 年，无残值，采用直线法计提摊销。不考虑其他因素，该无形资产于 2×23 年 10 月 30 日应计提的减值准备金额为（　　）万元。

A. 0　　B. 400

C. 1200　　D. 800

【解析】 2×23 年 10 月 30 日无形资产被划分为持有待售类别前的账面价值 = 1500 - 1500/5 = 1200（万元），2×23 年 10 月 30 日划分为持有待售无形资产的公允价值减去出售费用后的净额 = 1000 - 200 = 800（万元），应计提减值准备 = 1200 - 800 = 400（万元）。

【答案】 B

2. 专为转售而取得的非流动资产或处置组的初始计量

专为转售而取得的非流动资产或处置组，取得时，比较其不划分为持有待售类别情况下的初始计量金额与取得当日公允价值减去出售费用后的净额，按照两者孰低计量。

相关账务处理：（以长期股权投资为例）

（1）不划分为持有待售类别情况下的初始计量金额≤取得当日公允价值减去出售费用后的净额，按不划分为持有待售类别情况下的初始计量金额计量。

借：持有待售资产——长期股权投资

　贷：银行存款等

（2）不划分为持有待售类别情况下的初始计量金额>取得当日公允价值减去出售费用后的净额，按取得当日公允价值减去出售费用后的净额计量。

借：持有待售资产——长期股权投资

　　资产减值损失

　贷：银行存款等

【例 19-4 · 单选题】 2×18 年 3 月 1 日，A 公司购入 B 公司 100%股权，支付价款 1600 万元。购入该股权之前，A 公司的管理层已经作出决议，一旦购入 B 公司，将在一年内将其出售给 C 公司，B 公司当前状况下即可立即出售。预计 A 公司还将为出售该子公司支付 12 万元的出售费用。A 公司与 B 公司计划于 2×18 年 3 月 31 日签署股权转让合同。A 公司尚未与 B 公司议定转让价格，购买日股权公允价值与支付价款一致。A 公司 2×18 年 3 月 1 日应确认的持有待售资产金额为（　　）万元。

A. 1600　　B. 1588

C. 0　　D. 1612

【解析】B公司是专为转售而取得的子公司，其不划分为持有待售类别情况下的初始计量金额为1600万元，当日公允价值减去出售费用后的净额为1588万元（1600－12），按照二者孰低计量，则A公司2×18年3月1日应确认的持有待售资产金额为1588万元，选项B正确。

【答案】B

（三）划分为持有待售类别后的计量

1. 持有待售的非流动资产的后续计量

（1）在资产负债表日重新计量持有待售的非流动资产或处置组。

①账面价值>公允价值减去出售费用后的净额，将账面价值减记至公允价值减去出售费用后的净额：

借：资产减值损失

　贷：持有待售资产减值准备

②账面价值<公允价值减去出售费用后的净额，以前减记的金额应当予以恢复：

借：持有待售资产减值准备

　贷：资产减值损失

【提示】划分为持有待售类别前确认的资产减值损失不得转回。

（2）持有待售的固定资产、无形资产，不应计提折旧或摊销。

【例19-5·判断题】企业对持有待售资产计提的减值准备在以后期间不允许转回。（　）

【解析】企业资产负债表日重新计量时，持有待售资产的公允价值减去出售费用后的净额增加，以前减记的金额应当予以恢复，并在划分为持有待售类别后确认的资产减值损失金额内转回，转回金额计入当期损益。

【答案】×

2. 持有待售的处置组的后续计量

（1）首先按照其他相关会计准则规定，计量处置组中不适用持有待售准则计量规定的资产和负债的账面价值。

不适用持有待售准则计量规定的资产和负债，包括：

①处置组中的流动资产。

②适用其他准则计量规定的非流动资产，如按照《企业会计准则第22号——金融工具确认和计量》的规定计量的金融资产。

③负债。

【提示】持有待售的处置组中负债的利息和其他费用，应当继续予以确认。

（2）然后比较持有待售的处置组整体账面价值与公允价值减去出售费用后的净额，如果账面价值高于其公允价值减去出售费用后的净额，应当将账面价值减记至公允价值减去出售费用后的净额。

（3）如果该处置组包含商誉，应当先抵减商誉的账面价值，再根据处置组中适用持有待售准则计量规定的各项非流动资产账面价值所占比重，按比例抵减其账面价值。

（4）确认的资产减值损失金额应当以适用持有待售准则计量规定的各项资产的账面价值为限，不应分摊至处置组中的流动资产或适用其他准则计量规定的非流动资产。

【提示1】划分为持有待售类别后适用持有待售准则计量规定的非流动资产，恢复减值金额在确认的资产减值损失金额内转回。

【提示2】已抵减的商誉账面价值，以及适用持有待售准则计量规定的非流动资产在划分为持有待售类别前确认的资产减值损失不得转回。

（四）不再继续划分为持有待售类别的计量

非流动资产或处置组因不再满足持有待售类别的划分条件而不再继续划分为持有待售类别或非流动资产从持有待售的处置组中移除时，应当按照以下两者孰低计量：

（1）划分为持有待售类别前的账面价值，按照假定不划分为持有待售类别情况下本应确认的折旧、摊销或减值等进行调整后的金额。

（2）可收回金额。

（五）终止确认

企业终止确认持有待售的非流动资产或处置组时，应当将尚未确认的利得或损失计入当期损益。

四、持有待售类别的列报

企业应当在资产负债表中区别于其他资产和负债，作为流动资产和流动负债，单独列示为"持有待售资产"和"持有待售负债"。

"持有待售资产"和"持有待售负债"不应当相互抵销。

【例19-6·多选题】2×16年12月10日，甲公司的一台生产用设备达到预定可使用状态并投入使用，初始入账金额为3450万元，预计使用年限20年，预计净残值为50万元，采用年限平均法计提折旧，2×21年12月31日，甲公司与乙公司签订一项不可撤销的销售合同，拟在4个月内将该设备转让给乙公司。合同约定的销售价格为2560万元，预计的出售费用为60万元，该设备满足划分为持有待售资产的条件，不考虑其他因素。下列各项关于甲公司该设备会计处理的表述中，正确的有（　　）。

A. 2×21年12月31日，划分为持有待售类别前的账面价值为2560万元

B. 2×21年度，应计提折旧金额为170万元

C. 2×21年12月31日，应确认的减值损失为100万元

D. 2×21年12月31日，在资产负债表"持有待售资产"项目中列报的金额为2500万元

【解析】划分为持有待售类别前的账面价值＝3450－（3450－50）/20×5＝2600（万

元），选项A错误；2×21年应计提折旧＝（3450－50）/20＝170（万元），选项B正确；2×21年12月31日，应确认的减值损失＝2600－（2560－60）＝100（万元），选项C正确；2×21年12月31日，资产负债表“持有待售资产”项目中列报的金额为2500万元，选项D正确。

【答案】BCD

第二节　终止经营

一、终止经营的定义

终止经营，是指企业满足下列条件之一的、能够单独区分的组成部分，且该组成部分已经处置或划分为持有待售类别：

（1）该组成部分代表一项独立的主要业务或一个单独的主要经营地区。

（2）该组成部分是拟对一项独立的主要业务或一个单独的主要经营地区进行处置的一项相关联计划的一部分。

（3）该组成部分是专为转售而取得的子公司。

终止经营的定义：

关键点（同时满足）	内容
单独区分	能够与企业的其他部分清楚区分
具有一定的规模	一项独立的主要业务或一个单独的主要经营地区
时点要求（满足其一）	资产负债表日之前，已经处置
	资产负债表日之前，已经划分为持有待售类别

二、终止经营的列报

企业应当在利润表中分别列示持续经营损益和终止经营损益。

1. 不符合终止经营定义的持有待售的非流动资产或处置组的列报

不符合终止经营定义的持有待售的非流动资产或处置组所产生的相关损益，应当在利润表中作为持续经营损益列报：

（1）企业初始计量或在资产负债表日重新计量持有待售的非流动资产或处置组时，因账面价值高于其公允价值减去出售费用后的净额而确认的资产减值损失。

（2）后续资产负债表日，因恢复以前减记的金额而转回的资产减值损失。

（3）持有待售的非流动资产或处置组的处置损益。

2. 终止经营的列报

终止经营的相关损益应当作为终止经营损益列报，列报的终止经营损益应当包含整个报

告期间，而不仅包含认定为终止经营后的报告期间。相关损益具体包括：

（1）终止经营的经营活动损益，如销售商品、提供服务的收入、相关成本和费用等。

（2）企业初始计量或在资产负债表日重新计量符合终止经营定义的持有待售的处置组时，因账面价值高于其公允价值减去出售费用后的净额而确认的资产减值损失。

（3）后续资产负债表日，因恢复以前减记的金额而转回的资产减值损失。

（4）终止经营的处置损益。

（5）终止经营处置损益的调整金额，如：与买方商定交易价格调整额和补偿金等。

企业还应当在附注中披露终止经营的相关信息。

第二十章　企业合并

第一节　企业合并概述

一、企业合并的界定

企业合并，是指将两个或者两个以上单独的企业合并形成一个报告主体的交易或事项。

企业合并的特征：

（1）取得的资产或资产、负债组合构成业务，而非购买单项资产。

（2）交易或事项发生前后，控制权发生变化。

二、企业合并的方式

合并方式	合并影响
控股合并（A+B=A+B）	合并后，被合并方仍维持其独立法人资格
吸收合并（A+B=A）	合并后，注销被合并方的法人资格
新设合并（A+B=C）	合并后，注销合并方、被合并方的法人资格，重新注册成立一家新的企业

三、企业合并类型的划分

企业合并分为同一控制下的企业合并和非同一控制下的企业合并。

四、业务的判断

（1）构成业务的要素

合并方在合并中取得的生产经营活动或资产的组合，具有投入、加工处理过程及产出能力，通常判断为构成业务。

（2）简化判断方式——集中度测试（非同一控制下企业合并）

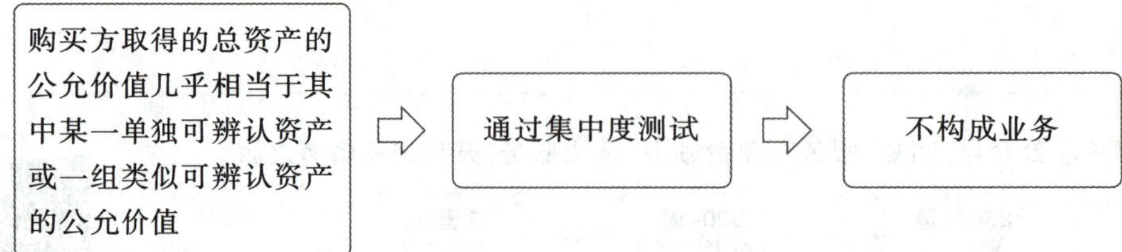

如果该组合未通过集中度测试，购买方仍应按照构成业务的判断条件的规定进行判断。

第二节　同一控制下企业合并的会计处理

一、同一控制下企业合并的判断

同一控制下的企业合并，是指参与合并的企业在合并前后均受同一方或相同的多方最终控制且该控制并非暂时性的。

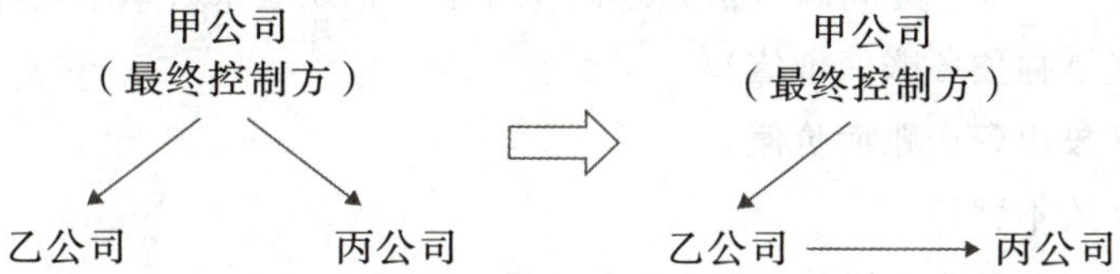

二、同一控制下企业合并的会计处理原则

（1）不产生新的资产和负债。

合并方在合并中确认取得的被合并方的资产、负债仅限于被合并方账面上原已确认的资产和负债，同一控制下的企业合并中一般也不产生新的商誉因素，即不确认新的资产。

（2）被合并方各项资产、负债的账面价值不变。

合并方在合并中取得的被合并方各项资产、负债应维持其在被合并方的原账面价值不变。

（3）不确认损益。

合并方在合并中取得的净资产的入账价值与为进行企业合并支付的对价账面价值之间的差额，应当调整所有者权益相关项目，不计入企业合并当期损益。

合并方取得的净资产账面价值与支付的合并对价账面价值（或发行股份面值总额）的差额，应当调整资本公积，资本公积不足冲减的，依次冲减盈余公积和未分配利润。

（4）一体化存续。

对于同一控制下的控股合并，应视同合并后形成的报告主体自最终控制方开始实施控制时一直是一体化存续下来的。

（5）如果被合并方是最终控制方以前年度从第三方收购来的情况下：

①以被合并方的资产、负债在最终控制方财务报表中的账面价值为基础，进行相关会计处理；

②确认被合并方在企业合并前账面上原已确认的商誉（最终控制方收购被合并方而形成的商誉）。

三、同一控制下控股合并的会计处理

1. 个别财务报表中长期股权投资的确认和计量

同一控制下企业合并形成的长期股权投资，初始投资成本=合并日合并方应享有被合并方所有者权益在最终控制方合并财务报表中的账面价值的份额+最终控制方收购被合并方时形成的商誉。

借：长期股权投资

　　应收股利

　　资本公积——股本溢价/资本溢价（借方差额）

　　盈余公积（借方差额，资本公积不足冲减的）

　　利润分配——未分配利润（借方差额，资本公积及盈余公积不足冲减的）

　贷：负债（承担债务账面价值）

　　　资产（投出资产账面价值）

　　　股本（股本面值）

　　　资本公积——股本溢价/资本溢价（贷方差额）

2. 合并日合并财务报表的编制

企业合并形成母子公司关系的，母公司应当编制合并日的合并资产负债表、合并利润表和合并现金流量表。

（1）合并资产负债表

①被合并方的各项资产、负债。

合并资产负债表中被合并方的各项资产、负债，应当按其账面价值计量。

合并方与被合并方在合并日及以前期间发生的交易，应作为内部交易进行抵销。

②对被合并方留存收益的恢复。

在合并资产负债表中，对于被合并方在企业合并前实现的留存收益（盈余公积和未分配利润之和）中归属于合并方的部分，应按以下原则，自合并方的资本公积（资本溢价或股本溢价）转入盈余公积和未分配利润：

借：资本公积（以合并方资本公积贷方余额为限）

　贷：盈余公积（归属于母公司的部分）

　　　未分配利润（归属于母公司的部分）

（2）合并利润表

合并利润表应当包括参与合并各方自合并当期期初至合并日所发生的收入、费用和利润。被合并方在合并前实现的净利润，应当在合并利润表中单列项目反映。

（3）合并现金流量表

合并现金流量表应当包括参与合并各方自合并当期期初至合并日的现金流量。

【例 20-1・多选题】 关于同一控制下的企业合并合并日合并财务报表的编制，下列说法中正确的有（　　）。

A. 合并资产负债表中被合并方的各项资产、负债，应当按其账面价值计量

B. 合并资产负债表中被合并方的各项资产、负债，应当按其公允价值计量

C. 合并利润表应当包括合并方与被合并方自合并当期期初至合并日所发生的收入、费用和利润

D. 合并日需要编制合并资产负债表、合并利润表和合并现金流量表

【解析】同一控制下的企业合并，合并日合并资产负债表中被合并方的各项资产、负债，应当按其账面价值计量，选项A正确，选项B错误；合并日合并利润表应当包括合并方与被合并方自合并当期期初至合并日所发生的收入、费用和利润，选项C正确；合并日需要编制合并资产负债表、合并利润表和合并现金流量表，选项D正确。

【答案】ACD

3. 通过多次交易分步实现的同一控制下企业合并

（1）个别财务报表

初始投资成本=合并日合并方应享有被合并方所有者权益在最终控制方合并财务报表中的账面价值的份额+最终控制方收购被合并方时形成的商誉

借：长期股权投资（初始投资成本）

　　资本公积——股本溢价/资本溢价（借方差额）

　　盈余公积（借方差额，资本公积不足冲减的）

　　利润分配——未分配利润（借方差额，资本公积及盈余公积不足冲减的）

　贷：负债（承担债务账面价值）

　　　资产（投出资产账面价值）

　　　股本（股本面值）

　　　长期股权投资/其他权益工具投资等（原股权账面价值）

　　　资本公积——股本溢价/资本溢价（贷方差额）

（2）合并财务报表

应视同参与合并的各方在最终控制方开始控制时即以目前的状态存在进行调整。

为避免对被合并方净资产的价值进行重复计算，合并方在取得被合并方控制权之前持有的股权投资，在取得原股权之日与合并方和被合并方同处于同一方最终控制之日孰晚日起至合并日之间已确认有关损益、其他综合收益以及其他净资产变动，应分别冲减比较报表期间的期初留存收益或当期损益。

4. 同一控制下企业合并涉及的或有对价

同一控制下企业合并形成的控股合并，在确认长期股权投资初始投资成本时，应按《企业会计准则第13号——或有事项》的规定，判断是否应就或有对价确认预计负债或者确认资产，以及应确认的金额。

确认预计负债或资产的，该预计负债或资产金额与后续或有对价结算金额的差额不影响当期损益，而应当调整资本公积（资本溢价或股本溢价），资本公积（资本溢价或股本溢价）的余额不足冲减的，调整留存收益。

四、同一控制下吸收合并的会计处理

吸收合并后，注销被合并方的法人资格，合并方对取得的被合并方的资产、负债以及合并差额进行处理。

（1）入账金额的确定

合并方对同一控制下吸收合并中取得的资产、负债应当按照相关资产、负债在被合并方的原账面价值入账。

（2）合并差额的处理

①发行权益性证券方式取得。

所确认的净资产入账价值与发行股份面值总额的差额，应调整资本公积（资本溢价或股本溢价）。

资本公积（资本溢价或股本溢价）的余额不足冲减的，应冲减盈余公积和未分配利润。

②以支付现金、转让非现金资产或承担债务方式取得。

所确认的净资产入账价值与支付的现金、转让的非现金资产及所承担债务账面价值的差额，相应调整资本公积（资本溢价或股本溢价）。

资本公积（资本溢价或股本溢价）的余额不足冲减的，应调整盈余公积和未分配利润。

五、合并方为进行企业合并发生的有关费用的处理

（1）直接相关费用

合并方为进行企业合并发生的各项直接相关费用，包括为进行企业合并而支付的审计费用、评估费用、法律服务费用等，应当于发生时计入当期损益（管理费用）。

借：管理费用

　贷：银行存款

（2）与所发行债务工具和权益性证券相关的佣金、手续费

为企业合并发行债券或承担其他债务支付的手续费、佣金等，应当计入所发行债券及其他债务的初始计量金额。

企业合并中发行权益性证券发生的手续费、佣金等费用，应当抵减权益性证券溢价收入，溢价收入不足冲减的，冲减留存收益。

借：资本公积——资本溢价/股本溢价等

　贷：银行存款

第三节　非同一控制下企业合并的会计处理

一、非同一控制下企业合并的会计处理原则

（一）确定购买方

购买方是指在企业合并中取得对另一方或多方控制权的一方。

（二）确定购买日

购买日是购买方获得对被购买方控制权的日期，即企业合并交易进行过程中发生控制权转移的日期。

同时满足以下条件时，一般可认为实现了控制权的转移，形成购买日：

（1）企业合并合同或协议已获股东大会等内部权力机构通过。

（2）按照规定，合并事项需要经过国家有关主管部门审批的，已获得相关部门的批准。

（3）参与合并各方已办理了必要的财产权交接手续。

（4）购买方已支付了购买价款的大部分（一般应超过50%），并且有能力、有计划支付剩余款项。

（5）购买方实际上已经控制了被购买方的财务和经营政策，享有相应的收益并承担相应的风险。

【例20-2·单选题】2×22年11月30日，甲公司与乙公司签订股权转让合同。合同约定，甲公司向乙公司定向增发2000万股甲公司股票作为对价，购买乙公司所持有的丙公司60%股权，该交易为非同一控制下企业合并。2×22年12月30日，双方签订移交资产约定书，约定自2×22年12月30日起乙公司将标的资产交付甲公司，同时甲公司自2×22年12月31日起向丙公司派驻高级管理人员，对丙公司实施控制。截至2×22年12月31日，乙公司已办妥丙公司的股权变更手续；甲公司本次增发的股份尚未办理股权登记手续，但预计相关资产的权属变更不存在实质性障碍。2×23年1月31日，会计师事务所对甲公司截至2×22年12月31日的注册资本出具了验资报告。2×23年3月1日，甲公司本次增发的股份在中国证券登记结算公司办理了股权登记手续。甲公司取得丙公司60%股权的购买日是（　　）。

A. 2×22年11月30日　　B. 2×22年12月31日

C. 2×23年1月31日　　D. 2×23年3月1日

【解析】虽然作为合并对价增发的股票在2×23年3月1日才办理股权登记手续，但由于企业合并交易在2×22年12月31日已经完成所有的实质性审批程序，且甲公司已经实质上取得了对丙公司的控制权，可以合理判断购买日为2×22年12月31日。

【答案】B

（三）确定企业合并成本

非同一控制下企业合并，合并成本包括购买方为进行企业合并支付的现金或非现金资产、发行或承担的债务、发行的权益性证券等在购买日的公允价值之和。

购买方为企业合并发生的审计、法律服务、评估咨询等中介费用以及其他相关管理费用，应当于发生时计入当期损益（管理费用）。

购买方作为合并对价发行的权益性证券的交易费用，应当抵减权益性证券溢价收入。

【提示】非同一控制下企业合并发生的直接相关费用及发行的权益性证券的交易费用的处理，与同一控制下企业合并相同。

（四）企业合并成本在取得的可辨认资产和负债之间的分配

购买方在企业合并中取得的被购买方各项可辨认资产和负债，要作为本企业的资产、负债（或合并财务报表中的资产、负债）进行确认。

（五）企业合并成本与合并中取得的被购买方可辨认净资产公允价值份额之间差额的处理

购买方对于企业合并成本与确认的被购买方可辨认净资产公允价值份额的差额，应视情况分别处理：

（1）企业合并成本大于合并中取得的被购买方可辨认净资产公允价值份额的差额，应确认为商誉。

（2）企业合并成本小于合并中取得的被购买方可辨认净资产公允价值份额的差额，应计入合并当期的营业外收入（因购买日不需要编制合并利润表，该差额体现在合并资产负债表上，应调整合并资产负债表的盈余公积和未分配利润）。

（六）企业合并成本或合并中取得的可辨认资产、负债公允价值的调整

企业合并发生当期的期末，因合并中取得的各项可辨认资产、负债及或有负债的公允价值或企业合并成本只能暂时确定的，购买方应当以所确定的暂时价值为基础对企业合并进行确认和计量。

购买日后 12 个月内需对确认的暂时价值进行调整的，视为在购买日确认和计量。

二、非同一控制下控股合并的会计处理

1. 个别财务报表中长期股权投资的确认和计量

（1）购买日应当按照确定的企业合并成本，借记“长期股权投资”科目；

（2）按享有被投资企业已宣告但尚未发放的现金股利或利润，借记“应收股利”科目；

（3）按支付合并对价的账面价值，贷记有关资产科目等；

（4）以支付非货币性资产为对价的，按照处置非货币性资产进行处理，相关的资产处置损益计入合并当期的利润表。

2. 购买日合并财务报表的编制

在合并资产负债表中，合并中取得的被购买方各项可辨认资产、负债应以其在购买日的公允价值计量，被购买方资产、负债评估增值或减值，按公允价值与账面价值的差额，在合并财务报表中调整：

①资产评估增值	②负债评估增值
借：存货等 　贷：资本公积	借：资本公积 　贷：应付账款等
评估减值作相反分录	

3. 购买日后合并财务报表的编制

企业合并当期期末以及合并以后期间，应当纳入合并财务报表中的被购买方资产、负债等，是以购买日确定的公允价值为基础持续计算的结果。

三、非同一控制下吸收合并的会计处理

1. 入账金额的确定

非同一控制下的吸收合并，购买方在购买日应当将合并中取得的符合确认条件的各项资产、负债按其公允价值确认为本企业的资产和负债。

2. 合并差额的处理

（1）作为合并对价的有关非货币性资产按处置非货币性资产进行处理，相关的资产处置损益计入合并当期的利润表；

（2）确定的企业合并成本与所取得的被购买方可辨认净资产公允价值的差额，视情况分别确认为商誉或是作为企业合并当期的损益计入利润表。

【例 20-3 · 判断题】 在非同一控制下的吸收合并中，购买方合并成本大于合并中取得的被购买方可辨认净资产公允价值的差额，应确认为商誉。（ ）

【答案】 √

四、通过多次交易分步实现的非同一控制下企业合并的会计处理

1. 个别财务报表

（1）购买日之前持有的被购买方的股权采用权益法核算的（权益法转为成本法）

①初始投资成本

初始投资成本 = 购买日原股权投资的账面价值 + 购买日新增投资成本

②持有期间形成的其他综合收益及其他资本公积

购买日之前持有的被购买方的股权采用权益法核算的，因权益法形成的其他综合收益或其他资本公积暂时不作处理。

（2）购买日之前持有的股权投资按公允价值计量的（公允价值计量转为成本法）

①初始投资成本

初始投资成本 = 购买日原股权投资的公允价值 + 购买日新增投资成本

②持有期间形成的其他综合收益

购买日之前持有的被购买方的股权涉及其他综合收益的，转入留存收益。

2. 合并财务报表

如果属于“一揽子”交易，应将各项交易作为一项取得子公司控制权的交易进行会计处理。

如果不属于“一揽子”交易，对于购买日之前持有的被购买方的股权，应当按照该股权在购买日的公允价值进行重新计量，公允价值与其账面价值的差额计入当期投资收益。

（1）购买日之前持有的被购买方的股权采用权益法核算的（权益法转为成本法）

①合并成本

合并成本 = 购买日原股权投资的公允价值 + 购买日新增投资成本

②原股权账面价值与公允价值的差额

公允价值与其账面价值的差额计入当期投资收益。

③持有期间形成的其他综合收益及其他资本公积

购买日之前持有的被购买方的股权涉及其他综合收益以及其他所有者权益变动的，与其相关的其他综合收益（可转损益）、其他所有者权益变动应当转为购买日所属当期投资收益，与其相关的不可转损益的其他综合收益转入留存收益。

（2）购买日之前持有的股权投资按公允价值计量的（公允价值计量转为成本法）

合并成本 = 购买日原股权投资的公允价值+购买日新增投资成本

五、反向购买的会计处理

（一）反向购买的含义

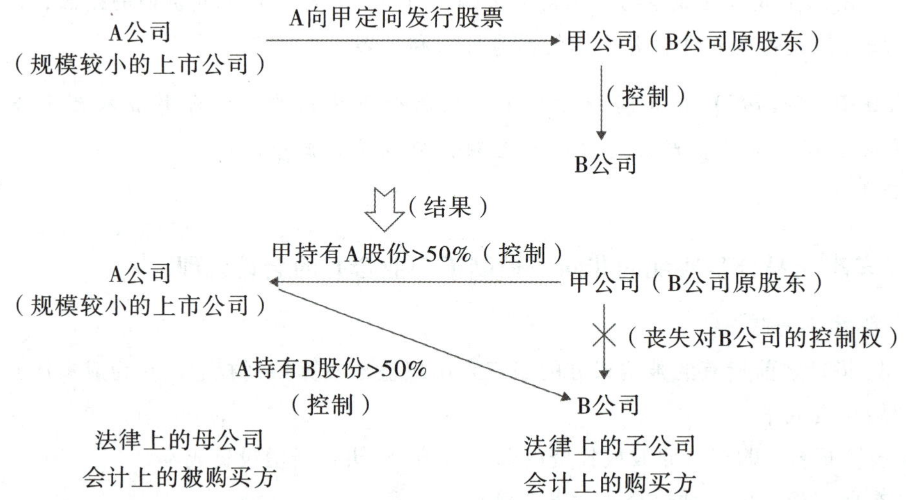

（二）合并成本

反向购买中，法律上的子公司（购买方）的企业合并成本，是指其如果以发行权益性证券的方式为获取在合并后报告主体的股权比例，应向法律上母公司（被购买方）的股东发行的权益性证券数量与其公允价值计算的结果。

【例 20-4 · 单选题】 甲公司为一家规模较小的上市公司，乙公司为某大型未上市的民营企业。甲公司和乙公司的股本金额分别为 1600 万元和 1200 万元。为实现资源的优化配置，甲公司于 2×23 年 4 月 30 日通过向乙公司原股东定向增发 2400 万股本公司普通股取得乙公司全部的 1200 万股普通股。甲公司每股普通股在 2×23 年 4 月 30 日的公允价值为 6 元，乙公司每股普通股当日的公允价值为 12 元。甲公司、乙公司每股普通股的面值均为 1 元。甲公司和乙公司在合并前不存在任何关联方关系。此项合并中，乙公司（购买方）的合并成本为（　　）万元。

A. 9600　　B. 10000　　C. 18000　　D. 22500

【解析】 甲公司在该项合并中向乙公司原股东增发了 2400 万股普通股，合并后乙公司原股东持有甲公司的股权比例为60%［2400/（2400+1600）×100%］，如果假定乙公司发行本公司普通股在合并后主体享有同样的股权比例，则乙公司应当发行的普通股股数为800万股（1200÷60%－1200），增发股票的公允价值即合并成本＝800×12＝9600（万元）。

【答案】A

（三）合并财务报表的编制

项目	合并金额
流动资产	A公司在购买日的公允价值+B公司账面价值
非流动资产	A公司在购买日的公允价值（不含反向购买时产生的长期股权投资）+B公司账面价值
商誉	B公司的合并成本-A公司可辨认净资产公允价值的份额（如为负数，应反映在留存收益中）
资产总额	合计
流动负债	A公司在购买日的公允价值+B公司账面价值
非流动负债	A公司在购买日的公允价值+B公司账面价值
负债总额	合计
股本（A公司股票股数）	B公司合并前发行在外的股份面值×A公司持有B公司股权比例+假定B公司在确定该项企业合并成本过程中新发行的权益性工具的面值（虚拟股票面值）
资本公积	差额（倒挤）
盈余公积	B公司合并前盈余公积×A公司持有B公司股权比例
未分配利润	B公司合并前未分配利润×A公司持有B公司股权比例
少数股东权益（B公司的少数股东享有的部分）	少数股东按持股比例计算享有B公司合并前净资产账面价值的份额
所有者权益总额	资产总额-负债总额

（四）每股收益的计算

每股收益＝归属于普通股股东的净利润/发行在外普通股加权平均数

发行在外普通股加权平均数为：

①自当期期初至购买日，发行在外的普通股数量应假设为在该项合并中法律上母公司（A公司）向法律上子公司（B公司）股东（甲公司）发行的普通股股数。

②自购买日至期末，发行在外的普通股数量为法律上母公司（A 公司）实际发行在外的普通股股数。

六、购买子公司少数股权的会计处理

（一）母公司个别财务报表的会计处理

母公司个别财务报表中对于自子公司少数股东处新取得的长期股权投资，应当按照支付的现金或非现金资产的公允价值及直接相关费用之和，确定长期股权投资的入账价值。

（二）合并财务报表的会计处理

母公司个别财务报表中确认的长期股权投资成本，与按照新增持股比例计算应享有子公司自购买日（或合并日）开始持续计算的可辨认净资产份额之间的差额，应当调整合并财务报表中的资本公积（资本溢价或股本溢价），资本公积（资本溢价或股本溢价）的余额不足冲减的，调整留存收益。

【例 20-5 · 单选题】 甲公司购买其子公司（乙公司）的少数股东拥有的乙公司股权时，因购买少数股权新取得的长期股权投资的成本，低于按照新增持股比例计算应享有乙公司自购买日开始持续计算的净资产份额的部分，应当调整的合并财务报表项目是（　　）。

A. 资本公积　　B. 投资收益

C. 未分配利润　　D. 盈余公积

【解析】 母公司购买子公司的少数股权，在合并财务报表的角度属于权益性交易，因购买少数股东股权新取得的长期股权投资小于按照新增持股比例计算应享有子公司自购买日开始持续计算的可辨认净资产份额的差额调整资本公积（资本溢价或股本溢价）。

【答案】 A

第二十一章　财务报告

第一节　财务报告概述

财务报告是指企业对外提供的反映企业某一特定日期的财务状况和某一会计期间的经营成果、现金流量等会计信息的文件。

一、财务报表概述

（一）财务报表的构成

财务报表由报表本身及其附注两部分构成。一套完整的财务报表至少应当包括“四表一注”，即资产负债表、利润表、现金流量表、所有者权益（或股东权益，下同）变动表以及附注。

1. 资产负债表是反映企业在某一特定日期的财务状况的会计报表。

2. 利润表是反映企业在一定会计期间的经营成果和综合收益的会计报表。

3. 现金流量表是反映企业在一定会计期间的现金和现金等价物流入和流出的会计报表。

4. 所有者权益变动表是反映构成企业所有者权益的各组成部分当期增减变动情况的报表。

5. 附注是对在财务报表中列示项目所作的进一步说明，以及对未能在这些报表中列示项目的说明等。

（二）财务报表的分类

财务报表可以按照不同的标准进行分类。

1. 按财务报表编报期间的不同，可以分为中期财务报表和年度财务报表。

中期财务报表是以短于一个完整会计年度的报告期间为基础编制的财务报表，包括月报、季报和半年报等。中期财务报表至少应当包括资产负债表、利润表、现金流量表和附注，其中，中期资产负债表、利润表和现金流量表应当是完整报表，其格式和内容应当与年度财务报表相一致。与年度财务报表相比，中期财务报表中的附注披露可适当简略。

2. 按财务报表编报主体的不同，可以分为个别财务报表和合并财务报表。

个别财务报表是由企业在自身会计核算基础上对账簿记录进行加工而编制的财务报表，它主要用以反映企业自身的财务状况、经营成果和现金流量情况。合并财务报表是以母公司和子公司组成的企业集团为会计主体，根据母公司和所属子公司的财务报表，由母公司编制的综合反映企业集团财务状况、经营成果及现金流量的财务报表。

二、财务报表列报的基本要求

（一）依据各项会计准则确认和计量的结果编制财务报表

企业应当根据实际发生的交易和事项，遵循基本准则、各项具体会计准则及解释的规定进行确认和计量，并在此基础上编制财务报表。

（二）列报基础

持续经营是会计的基本前提，是会计确认、计量及编制财务报表的基础。

（三）权责发生制

除现金流量表按照收付实现制编制外，企业应当按照权责发生制编制其他财务报表。

（四）列报的一致性

可比性是企业会计信息质量的一项重要质量要求，目的是使同一企业不同期间和同一期间不同企业的财务报表相互可比。

（五）重要性和项目列报

项目在财务报表中是单独列报还是合并列报，应当依据重要性原则来判断。如果某项目单个看不具有重要性，则可将其与其他项目合并列报；如具有重要性，则应当单独列报。

（六）财务报表项目金额间的相互抵销

财务报表项目应当以总额列报，资产和负债、收入和费用、直接计入当期利润的利得和损失金额不能相互抵销，即不得以净额列报。

以下三种情况不属于抵销：

（1）一组类似交易形成的利得和损失以净额列示的，不属于抵销。

（2）资产扣除备抵项目。

（3）非日常活动产生的损益以同一交易或一组类似交易形成的净额列示，不属于抵销。

（七）比较信息的列报

企业在列报当期财务报表时，至少应当提供所有列报项目上一可比会计期间的比较数据，以及与理解当期财务报表相关的说明。列报比较信息的这一要求既适用于四张报表，也适用于附注。

（八）财务报表表首部分的列报要求

财务报表一般分为表首、正表两部分。企业应当在表首部分概括地说明下列基本信息：

（1）编报企业的名称，如企业名称在所属当期发生变更的，还应明确标明；

（2）对资产负债表而言，须披露资产负债表日；对利润表、现金流量表和所有者权益变动表而言，须披露报表涵盖的会计期间；

（3）货币名称和单位，按照我国企业会计准则的规定，企业应当以人民币作为记账本位币列报，并标明金额单位，如人民币元、人民币万元等；

（4）财务报表是合并财务报表的，应当予以标明。

（九）报告期间

企业至少应当编制年度财务报表。根据《中华人民共和国会计法》的规定，会计年度自公历1月1日起至12月31日止。编制年度财务报表涵盖的期间短于一年的情况下，比如企业在年度中间（如3月1日）开始设立等，企业应当披露年度财务报表的实际涵盖期间及其短于一年的原因，并应当说明由此引起的财务报表项目与比较数据不具可比性这一事实。

第二节 合并财务报表概述

一、合并财务报表的概念

合并财务报表是指反映母公司和其全部子公司形成的企业集团整体财务状况、经营成果和现金流量的财务报表。

与个别财务报表相比，合并财务报表具有下列特点：

（1）反映的对象是由母公司和其全部子公司组成的会计主体；

（2）编制者是母公司，但所对应的会计主体是由母公司及其控制的所有子公司所构成的合并财务报表主体；

（3）合并财务报表是站在合并集团的立场上，以纳入合并范围的企业个别财务报表为基础，根据其他有关资料，抵销母公司与子公司、子公司相互之间发生的内部交易，考虑了特殊交易事项对合并财务报表的影响后编制的，旨在反映合并集团作为一个整体的财务状况、经营成果和现金流量。

二、合并范围的确定

合并财务报表的合并范围应当以控制为基础予以确定，不仅包括根据表决权（或类似权利）本身或者结合其他安排确定的子公司，也包括基于一项或多项合同安排的结构化主体。

（一）控制的定义

控制，是指投资方拥有对被投资方的权力，通过参与被投资方的相关活动而享有可变回报，并且有能力运用对被投资方的权力影响其回报金额。

（二）控制的判断

投资方应当在综合考虑所有相关事实和情况的基础上对是否控制被投资方进行判断。

相关事实和情况主要包括：

（1）被投资方的设立目的和设计。

（2）被投资方的相关活动以及如何对相关活动作出决策。

（3）投资方享有的权利是否使其目前有能力主导被投资方的相关活动。

（4）投资方是否通过参与被投资方的相关活动而享有可变回报。

（5）投资方是否有能力运用对被投资方的权力影响其回报金额。

（6）投资方与其他方的关系。

1. 评估被投资方的设立目的和设计

在判断投资方是否控制被投资方的各个环节，投资方都应当考虑被投资方的设立目的和设计，以明确哪些是相关活动，如何对相关活动进行决策，谁拥有现实能力主导这些活动，以及谁从这些活动中获得回报。

2. 识别被投资方的相关活动及其决策机制

要判断企业是否拥有对被投资方的权力，首先需要识别被投资方的相关活动。相关活动是指对被投资方的回报产生重大影响的活动。

两个或两个以上企业能够分别单方面主导被投资方的不同相关活动时，能够主导对被投资方回报产生最重大影响活动的一方拥有对被投资方的权力。

3. 确定投资方拥有的与被投资方相关的权力

权力来自于权利。为拥有对被投资方的权力，投资方必须拥有现时权利，该权利使投资方目前有能力主导被投资方的相关活动。

（1）“权力”是一种实质性权利。

投资方在判断是否拥有对被投资方的权力时，应当仅考虑与被投资方相关的实质性权利。实质性权利是指持有人在对相关活动进行决策时，有实际能力行使的可执行权利。

在评估投资方是否拥有对被投资方的权力时，投资方须评估其自身拥有的权利及由其他方拥有的权利是否为保护性权利。保护性权利，是指仅为了保护权利持有人利益却没有赋予持有人对相关活动决策权的一项权利。仅享有保护性权利的投资方不拥有对被投资方的权力。保护性权利通常只能在被投资方发生根本性改变或某些例外情况发生时才能够行使，它既没有赋予其持有人对被投资方拥有权力，也不能阻止其他方对被投资方拥有权力。

（2）权利来自于表决权的情形。

如，表决权、委派或罢免有能力主导被投资方相关活动的该被投资方关键管理人员或其他主体的权利、由管理合同授予的决策权利、决定被投资方进行某项交易或否决某项交易的权利。这些权利单独或者结合在一起，可能赋予投资方对被投资方的权力。

表决权比例通常与其出资比例或持股比例是一致的，但公司章程另有规定的除外。

①通过直接或间接拥有半数以上表决权而拥有权力。

在进行控制分析时，不仅仅需要考虑直接表决权，还需要考虑企业持有的潜在表决权以及其他方持有的潜在表决权的影响，以确定企业对被投资方是否拥有权力。

潜在表决权是获得被投资方表决权的权利，例如可转换工具、认股权证、远期股权购买合同或期权所产生的权利。

②直接或间接结合，也只拥有半数或半数以下表决权，但仍然可以通过表决权判断拥有权力。

持有半数或半数以下表决权的企业（或者虽持有半数以上表决权，但仅凭自身表决权比例仍不足以主导被投资方相关活动的企业），应综合考虑下列事实和情况，以判断其持有的

表决权与相关事实和情况相结合是否可以赋予企业对于被投资方的权力：

一是考虑企业持有的表决权相对于其他投资方持有的表决权份额的大小，以及其他投资方持有表决权的分散程度。

二是考虑与其他表决权持有人的协议。

三是考虑其他合同安排产生的权力。

四是如果结合表决权和上述所列因素，仍不足以判断企业能否控制被投资方，则还需要考虑是否存在其他事实或情况，能够证明企业拥有主导被投资方相关活动的现时能力。

③持有被投资方半数以上表决权但并无权力。

确定持有半数以上表决权的企业是否拥有权力，关键在于该企业是否拥有主导被投资方相关活动的现时能力。

半数以上表决权通过，只是作出决策的通常做法，有些情况下，根据相关章程、协议或其他法律文件，主导相关活动的决策所要求的表决权比例高于持有半数以上表决权的一方持有的表决权比例。

（3）权力来自表决权以外的其他权利的情形。

当表决权不能对被投资方的回报产生重大影响时，并且被投资方的相关活动由合同安排所决定，投资方需要评估这些合同安排，以评价其享有的权利是否足够使其拥有对被投资方的权力。

最常见的情形是根据合同安排成立的结构化主体。结构化主体，是指在确定其控制方时没有将表决权或类似权利作为决定因素而设计的主体。主导该主体相关活动的依据通常是合同安排或其他安排形式。

4. 因参与被投资方的相关活动而享有可变回报

可变回报是可能随被投资方的业绩变动的非固定回报，可以是正的，也可以是负的，或者两者兼有。

在评估源自被投资方的回报是否可变及此类回报的可变程度时，投资方应考虑安排的实质而不是回报的法律形式。

5. 有能力运用对被投资方的权力影响其回报金额

只有当投资方不仅拥有对被投资方的权力、通过参与被投资方的相关活动而享有可变回报，并且有能力运用被投资方的权力来影响其回报的金额时，投资方才控制被投资方。

权力是能够“主导”被投资方相关活动的现时能力，可见，权力是为自己行使的（行使人为主要责任人），而不是代其他方行使权力（行使人为代理人）。

6. 投资方与其他方的关系

决策者在确定其是否为代理人时，应总体考虑自身、被投资方以及其他方之间的关系，尤其需综合考虑决策者对被投资方的决策权范围、其他方享有的实质性权利、决策者的薪酬水平、决策者因持有被投资方的其他权益而承担可变回报的风险这四项因素。除非某一方拥有罢免该决策者的实质性权利，且能够实现无理由罢免，否则应当全面分析评价这四项因素的影响。

（三）对被投资方可分割部分的控制

投资方通常应当对是否控制被投资方整体进行判断，但极个别情况下，有确凿证据表明同时满足下列条件并且符合相关法律法规规定的，投资方应当将被投资方的一部分（以下简称“该部分”）视为被投资方可分割的部分（单独主体），进而判断是否控制该部分（单独主体）：

（1）该部分的资产是偿付该部分负债或该部分其他权益的唯一来源，不能用于偿还该部分以外的被投资方的其他负债；

（2）除与该部分相关的各方外，其他方不享有与该部分资产相关的权利，也不享有与该部分资产剩余现金流量相关的权利。

如果被投资方的一部分资产和负债及相关权益满足上述条件，构成可分割部分，则投资方应当基于控制的判断标准确定其是否能够控制该可分割部分。如果投资方控制该可分割部分，则应将其纳入合并财务报表的范围。在这种情况下，其他投资方在评估其对被投资方的控制及合并被投资方的财务报表时，不应包括被投资方的这一部分。

（四）合并范围的豁免——投资性主体

母公司应当将其全部子公司纳入合并范围。但是，如果母公司是投资性主体，则只应将那些为投资性主体的投资活动提供相关服务的子公司纳入合并范围，其他子公司不应予以合并，母公司对其他子公司的投资应当按照公允价值计量且其变动计入当期损益。

母公司如果其本身不是投资性主体，则应当将其控制的全部主体，包括投资性主体以及通过投资性主体间接控制的主体，纳入合并财务报表范围。

当母公司同时满足以下三个条件时，该母公司属于投资性主体：

（1）该公司以向投资方提供投资管理服务为目的，从一个或多个投资者获取资金；

（2）该公司的唯一经营目的，是通过资本增值、投资收益或两者兼有而让投资者获得回报；

（3）该公司按照公允价值对几乎所有投资的业绩进行计量和评价。

投资性主体通常应当符合下列所有特征：

（1）拥有一个以上投资；

（2）拥有一个以上投资者；

（3）投资者不是该主体的关联方；

（4）该主体的所有者权益以股权或类似权益存在。

投资性主体的判断需要持续进行，当有事实和情况表明构成投资性主体定义的三项要素发生变化，或者任何典型特征发生变化时，应当重新评估其是否符合投资性主体。

当母公司由非投资性主体转变为投资性主体时，除仅将为其投资活动提供相关服务的子公司纳入合并财务报表范围编制合并财务报表外，企业自转变日起对其他子公司不应予以合并。

当母公司由投资性主体转变为非投资性主体时，应将原未纳入合并财务报表范围的子公司于转变日纳入合并财务报表范围，将转变日视为购买日，原未纳入合并财务报表范围的子公司于转变日的公允价值视为购买的交易对价，按照非同一控制下企业合并的会计处理方法进行会计处理。

【例 21-1·单选题】母公司是投资性主体的，对不纳入合并范围的子公司的投资应当按照公允价值进行后续计量，公允价值变动应当计入的财务报表项目是（　　）。

A. 其他综合收益

B. 公允价值变动收益

C. 资本公积

D. 投资收益

【解析】母公司是投资性主体的，则只应将那些为投资性主体的投资活动提供相关服务的子公司纳入合并范围，其他子公司不应予以合并，母公司对其他子公司的投资应当按照公允价值计量且其变动计入当期损益，所以对其公允价值变动应记入“公允价值变动收益”项目，选项 B 正确。

【答案】B

（五）控制的持续评估

控制的评估是持续的，当环境或情况发生变化时，投资方需要评估控制的基本要素中的一个或多个是否发生了变化。如果有任何事实或情况表明控制的基本要素中的一个或多个发生了变化，投资方应重新评估对被投资方是否具有控制。

三、合并财务报表的编制原则

合并财务报表的编制除应遵循财务报表编制的一般原则和要求，如真实可靠、内容完整之外，还应当遵循以下原则和要求。

（一）以个别财务报表为基础编制

合并财务报表是利用母公司和子公司编制的体现各自财务状况和经营成果的财务报表数据，通过合并财务报表特有方法进行编制的。以纳入合并范围的个别财务报表为基础，可以说是客观性原则在合并财务报表编制时的具体体现。

（二）一体性原则

合并财务报表反映的是母公司和其全部子公司形成的企业集团整体的财务状况、经营成果和现金流量。母公司编制合并财务报表，应当将整个企业集团视为一个会计主体，依据相关企业会计准则的确认、计量和列报要求，按照统一的会计政策，反映企业集团整体财务状况、经营成果和现金流量。

（三）重要性原则

在编制合并财务报表时，必须特别强调重要性原则的运用。如对一些项目在企业集团中的某一企业具有重要性，但对于整个企业集团则不一定具有重要性，在这种情况下根据重要性的要求对财务报表项目进行取舍，则具有重要的意义。

此外，母公司与子公司、子公司相互之间发生的经济业务，对整个企业集团财务状况和经营成果影响不大时，为简化合并手续也应根据重要性原则进行取舍，可以不编制抵销分录而直接编制合并财务报表。

四、合并财务报表编制的前期准备事项

（一）统一母、子公司的会计政策

在编制合并财务报表前，应当尽可能统一母公司和子公司的会计政策，统一要求子公司所采用的会计政策与母公司保持一致。

（二）统一母、子公司的资产负债表日及会计期间

编制合并财务报表，必须统一企业集团内所有子公司的资产负债表日和会计期间，使子公司的资产负债表日和会计期间与母公司的资产负债表日和会计期间保持一致，以便于子公司提供相同资产负债表日和会计期间的财务报表。

（三）对子公司以外币表示的财务报表进行折算

对母公司和子公司的财务报表进行合并，其前提必须是母、子公司个别财务报表所采用的货币计量单位一致。我国允许外币业务比较多的企业采用某一外币作为记账本位币，境外企业一般也是采用其所在国或地区的货币作为其记账本位币。在将这些企业的财务报表进行合并时，则必须将其折算为母公司所采用的记账本位币表示的财务报表。

（四）收集编制合并财务报表的相关资料

五、合并财务报表的编制程序

（一）设置合并工作底稿

合并工作底稿的作用是为合并财务报表的编制提供基础。

（二）将个别财务报表的数据过入合并工作底稿

将母公司、纳入合并范围的子公司个别资产负债表、个别利润表、个别现金流量表及个别所有者权益变动表各项目的数据过入合并工作底稿，并在合并工作底稿中对母公司和子公司个别财务报表各项目的数据进行加总，计算得出个别资产负债表、个别利润表、个别现金流量表及个别所有者权益变动表各项目合计数额。

（三）编制调整分录与抵销分录

编制调整分录与抵销分录，进行调整抵销处理是合并财务报表编制的关键和主要内容，其目的在于将因会计政策及计量基础的差异而对个别财务报表的影响进行调整，以及将个别财务报表各项目的加总数据中重复的因素等予以抵销。

（四）计算合并财务报表各项目的合并数额

在母公司和纳入合并范围的子公司个别财务报表各项目加总数额的基础上，分别计算财务报表中的资产项目、负债项目、所有者权益项目、收入项目和费用项目的合并数。

（五）填列合并财务报表

根据合并工作底稿中计算出的资产、负债、所有者权益、收入、成本费用类各项目的合并数，填列正式的合并财务报表。

第三节　合并资产负债表

合并资产负债表是反映企业集团在某一特定日期财务状况的财务报表，由合并资产、负债和所有者权益各项目组成。

一、对子公司的个别财务报表进行调整

在编制合并财务报表时，首先应对各子公司进行分类，分为同一控制下企业合并中取得的子公司和非同一控制下企业合并中取得的子公司两类。

（一）属于同一控制下企业合并中取得的子公司

对于属于同一控制下企业合并中取得的子公司的个别财务报表，如果不存在与母公司会计政策和会计期间不一致的情况，则不需要对该子公司的个别财务报表进行调整，只需要抵销内部交易对合并财务报表的影响即可。

（二）属于非同一控制下企业合并中取得的子公司

对于属于非同一控制下企业合并中取得的子公司，除了存在与母公司会计政策和会计期间不一致的情况，需要对该子公司的个别财务报表进行调整外，还应当根据母公司为该子公司设置备查簿的记录，以该子公司的各项可辨认资产、负债及或有负债等在购买日的公允价值为基础，通过编制调整分录，对该子公司的个别财务报表进行调整，以使子公司的个别财务报表反映为在购买日公允价值基础上确定的可辨认资产、负债及或有负债在本期资产负债表日的金额。

在合并工作底稿中编制的调整分录为：（以管理用固定资产评估增值为例）

（1）投资当年

借：固定资产——原价

　贷：资本公积

借：资本公积

　贷：递延所得税负债

借：管理费用

　贷：固定资产——累计折旧

借：递延所得税负债

　贷：所得税费用

（2）以后年度（连续编制）

借：固定资产——原价

　贷：资本公积——年初

借：资本公积——年初

　贷：递延所得税负债

借：未分配利润——年初（年初累计补提折旧）
　贷：固定资产——累计折旧
借：递延所得税负债
　贷：未分配利润——年初
借：管理费用（当年按公允价值应补提折旧）
　贷：固定资产——累计折旧
借：递延所得税负债
　贷：所得税费用

二、按权益法调整对子公司的长期股权投资

在合并工作底稿中，将对子公司的长期股权投资调整为权益法时，应按照《企业会计准则第2号——长期股权投资》所规定的权益法进行调整。

在确认应享有子公司净损益的份额时，对于属于非同一控制下企业合并形成的长期股权投资，应当以在备查簿中记录的子公司各项可辨认资产、负债及或有负债等在购买日的公允价值为基础，对该子公司的净利润进行调整后确认；对于属于同一控制下的企业合并形成的长期股权投资，可以直接以该子公司的净利润进行确认，但是该子公司的会计政策或会计期间与母公司不一致的，仍需要对净利润进行调整。

在合并工作底稿中编制的调整分录：

①对于当期该子公司实现的净利润，按母公司应享有的份额

借：长期股权投资
　贷：投资收益

②对于当期该子公司发生的净亏损，按母公司应分担的份额

借：投资收益
　贷：长期股权投资

③对于当期子公司宣告分派现金股利或利润时，按母公司应享有的份额

借：投资收益
　贷：长期股权投资

④对于子公司除净损益、利润分配以外所有者权益的其他变动，如果是增加，按母公司应享有的份额

借：长期股权投资
　贷：其他综合收益/资本公积等

如果是减少，作相反分录。

三、编制合并资产负债表时应进行抵销处理的项目

编制合并资产负债表时需要进行抵销处理的项目主要有：

（1）母公司对子公司的长期股权投资与母公司在子公司所有者权益中所享有的份额；

（2）母公司与子公司、子公司相互之间产生的内部债权与债务项目；

（3）母公司与子公司、子公司相互之间销售商品（或提供劳务，下同）或其他方式形成的存货、固定资产、工程物资、在建工程、无形资产等所包含的未实现内部销售损益；

（4）与抵销的长期股权投资、应收账款、存货、固定资产、工程物资、在建工程、无形资产等资产相关的减值准备的抵销；

（5）母公司与子公司、子公司相互之间发生的其他内部交易对合并资产负债表的影响；

（6）因抵销未实现内部销售损益导致合并资产负债表中资产、负债的账面价值与其在所属纳税主体的计税基础之间产生暂时性差异的，在合并资产负债表中应当确认递延所得税资产或递延所得税负债，同时调整合并利润表中的所得税费用，但与直接计入所有者权益的交易或事项及企业合并相关的递延所得税除外。

（一）长期股权投资与子公司所有者权益的抵销处理

母公司对子公司的长期股权投资，一方面反映为长期股权投资以外的其他资产的减少，另一方面反映为长期股权投资的增加，在母公司个别资产负债表中作为资产类项目中的长期股权投资列示。

子公司接受这一投资时，一方面增加资产，另一方面作为实收资本（或股本，下同）等处理；在其个别资产负债表中，一方面反映为实收资本等的增加，另一方面反映为相对应的资产的增加。

从企业集团整体来看，母公司对子公司进行的长期股权投资实际上相当于母公司将资本拨付下属核算单位，并不引起整个企业集团的资产、负债和所有者权益的增减变动。因此，编制合并财务报表时，应当在母公司与子公司财务报表数据简单相加的基础上，将母公司对子公司长期股权投资与子公司所有者权益予以抵销。

（1）在子公司为全资子公司的情况下，母公司对子公司长期股权投资的金额和子公司所有者权益各项目的金额应当全额抵销。

在合并工作底稿中编制的抵销分录为：

借：实收资本（或股本）

　　资本公积

　　其他综合收益

　　盈余公积

　　未分配利润——年末

　　商誉

　贷：长期股权投资

（2）在子公司为非全资子公司的情况下，应当将母公司对子公司长期股权投资的金额与子公司所有者权益中母公司所享有的份额相抵销。子公司所有者权益中不属于母公司的份额，即子公司所有者权益中抵销母公司所享有的份额后的余额，在合并财务报表中作为“少数股东权益”处理。

在合并工作底稿中编制的抵销分录为：

借：实收资本（或股本）
　　资本公积
　　其他综合收益
　　盈余公积
　　未分配利润——年末
　　商誉
　贷：长期股权投资
　　　少数股东权益

合并财务报表准则规定，子公司持有母公司的长期股权投资，应当视为企业集团的库存股，作为所有者权益的减项，在合并资产负债表中所有者权益项目下以“减：库存股”项目列示。子公司相互之间持有的长期股权投资，应当比照母公司对子公司的股权投资的抵销方法，将长期股权投资与其对应的子公司所有者权益中所享有的份额相互抵销。

（二）内部债权与债务的抵销处理

需要进行抵销处理的内部债权债务项目主要包括：

（1）应收票据与应付票据；

（2）应收账款与应付账款；

（3）预付款项与合同负债；

（4）债权投资（假定该项债券投资，持有方划归为以摊余成本计量的金融资产，如果划分为其他类的金融资产，原理相同）与应付债券；

（5）其他应收款（含应收利息、应收股利）与其他应付款（含应付利息、应付股利）。

1. 应收账款与应付账款的抵销处理

（1）初次编制合并财务报表时应收账款与应付账款等的抵销处理。

在应收账款计提坏账准备的情况下，某一会计期间坏账准备的金额是以当期应收账款为基础计提的。

①在编制合并财务报表时，内部应收账款抵销时，其抵销分录为：

借：应付账款
　贷：应收账款

②内部应收账款计提的坏账准备抵销时，其抵销分录为：

借：应收账款——坏账准备
　贷：信用减值损失

（2）连续编制合并财务报表时内部应收账款与应付账款等的抵销处理。

从合并财务报表来讲，内部应收账款计提坏账准备的抵销是与抵销当期信用减值损失相对应的，上期抵销的坏账准备的金额，即上期信用减值损失抵减的金额，最终将影响本期合并所有者权益变动表中的期初未分配利润金额的增加。

由于利润表和所有者权益变动表是反映企业一定会计期间经营成果及其分配情况的财务报表，其上期期末未分配利润就是本期所有者权益变动表期初未分配利润（假定不存在会计

政策变更和前期差错更正的情况)。

本期编制合并财务报表是以本期母公司和子公司当期的个别财务报表为基础编制的，随着上期编制合并财务报表时内部应收账款计提坏账准备的抵销，以此个别财务报表为基础加总得出的期初未分配利润与上一会计期间合并所有者权益变动表中的未分配利润金额之间则将产生差额。为此，编制合并财务报表时，必须将上期因内部应收账款计提坏账准备抵销而抵销的信用减值损失对本期期初未分配利润的影响予以抵销，调整本期期初未分配利润的金额。

在连续编制合并财务报表进行抵销处理时，应按下列程序进行抵销：

①将内部应收账款与应付账款予以抵销。

借：应付账款

　贷：应收账款

②应将上期信用减值损失中抵销的内部应收账款计提的坏账准备对本期期初未分配利润的影响予以抵销。

借：应收账款——坏账准备

　贷：未分配利润——年初

③对于本期个别财务报表中内部应收账款相对应的坏账准备增减变动的金额也应予以抵销。

a. 本期个别资产负债表中期末内部应收账款相对应的坏账准备的增加额：

借：应收账款——坏账准备

　贷：信用减值损失

b. 本期个别资产负债表中期末内部应收账款相对应的坏账准备的减少额：

借：信用减值损失

　贷：应收账款——坏账准备

在第三期编制合并财务报表的情况下，必须将第二期内部应收账款期末余额相应的坏账准备予以抵销，以调整期初未分配利润的金额。然后，计算确定本期内部应收账款相对应的坏账准备增减变动的金额，并将其增减变动的金额予以抵销。其抵销分录与第二期编制的抵销分录相同。

(3) 内部应收款项相关所得税合并财务报表会计处理。

①抵销期初坏账准备对递延所得税的影响

借：未分配利润——年初

　贷：递延所得税资产

②确认递延所得税资产期初、期末余额的差额，递延所得税资产的期末余额=期末坏账准备余额×所得税税率

若坏账准备期末余额大于期初余额

借：所得税费用

　贷：递延所得税资产

若坏账准备期末余额小于期初余额

借：递延所得税资产

　贷：所得税费用

2. 其他债权与债务项目的抵销处理

在某些情况下，债券投资而持有的企业集团内部成员企业的债券并不是从发行债券的企业直接购进，而是在证券市场上从第三方手中购进的。在这种情况下，债权投资（其他债权投资）中的债券投资与发行债券企业的应付债券抵销时，可能会出现差额，应当计入合并利润表的“投资收益”或“财务费用”项目。

（三）存货价值中包含的未实现内部销售损益的抵销处理

在内部购销活动中，销售企业将集团内部销售作为收入确认并计算销售利润。而购买企业则是以支付的购货款作为其入账成本；在本期内未实现对外销售而形成期末存货时，其存货价值中也相应地包括两部分内容：一部分为真正的存货成本（即销售企业销售该商品的成本）；另一部分为销售企业的销售毛利（即其销售收入减去销售成本的差额）。

对于期末存货价值中包括的这部分销售毛利，从企业集团整体来看，并不是真正实现的利润。因此，在编制合并资产负债表时，应当将存货价值中包含的未实现内部销售损益予以抵销。

1. 当期内部购进商品并形成存货情况下的抵销处理

按照内部销售收入的金额：

借：营业收入

　贷：营业成本

按照期末内部购进形成的存货价值中包含的未实现内部销售损益的金额：

借：营业成本

　贷：存货

2. 连续编制合并财务报表时内部购进商品的抵销处理

在连续编制合并财务报表的情况下，首先必须将上期抵销的存货价值中包含的未实现内部销售损益对本期期初未分配利润的影响予以抵销，调整本期期初未分配利润的金额；然后再对本期内部购进存货进行抵销处理，其具体抵销处理程序和方法如下：

（1）将上期抵销的存货价值中包含的未实现内部销售损益对本期期初未分配利润的影响进行抵销。

借：未分配利润——年初

　贷：营业成本

这一抵销分录，可以理解为上期内部购进的存货中包含的未实现内部销售损益在本期视同为实现利润，将未实现内部销售损益转为实现利润，冲减当期的合并营业成本。

（2）对于本期发生内部购销活动的，将内部销售收入、内部销售成本及内部购进存货中未实现内部销售损益予以抵销。

借：营业收入

　贷：营业成本

（3）将期末内部购进存货价值中包含的未实现内部销售损益予以抵销。

借：营业成本

　贷：存货

3. 内部交易存货跌价准备的抵销

（1）抵销存货跌价准备期初数。

借：存货——存货跌价准备

　贷：未分配利润——年初

（2）抵销因本期销售存货结转的存货跌价准备。

借：营业成本

　贷：存货——存货跌价准备

（3）抵销存货跌价准备期末数与上述余额的差额，但存货跌价准备的抵销应以存货中包含的未实现内部销售利润为限。

借：存货——存货跌价准备

　贷：资产减值损失

个别财务报表若为转回减值损失，则作相反会计分录。

4. 内部交易存货相关所得税合并财务报表处理

（1）期末留存存货未计提跌价准备

递延所得税资产的期末余额=期末存货中未实现内部销售利润×所得税税率

（2）期末留存存货已计提跌价准备

①合并财务报表中递延所得税资产期末余额

递延所得税资产的期末余额=期末合并财务报表存货可抵扣暂时性差异余额×所得税税率

②合并财务报表中本期调整递延所得税资产

本期期末递延所得税资产的调整金额=合并财务报表中递延所得税资产的期末余额-购货方个别财务报表中已确认的递延所得税资产期末余额

合并财务报表相关抵销分录：

a. 先调期初

借：递延所得税资产

　贷：未分配利润——年初

b. 再调差额

借：递延所得税资产

　贷：所得税费用

或相反分录。

【例 21-2·单选题】甲公司系乙公司的母公司，2×21 年 10 月 1 日，乙公司将一批成本为 200 万元的库存商品以 300 万元的价格出售给甲公司，甲公司当年对外售出该库存商品的40%，2×21年12月31日，甲、乙公司个别资产负债表中存货项目的列报金额分别为2000万元、1000万元，不考虑其他因素，2×21年12月31日，甲公司合并资产负债表中存货项目的列报金额为（　　）万元。

A. 2900　　B. 3000　　C. 2960　　D. 2940

【解析】甲公司合并资产负债表中存货项目的列报金额=2000+1000-（300-200）×60%=2940（万元），选项D正确。

【答案】D

（四）内部固定资产交易的抵销处理

内部固定资产交易，是指企业集团内部发生交易的一方与固定资产有关的购销业务。

1. 企业集团内部的母公司或子公司将自身生产的产品销售给企业集团内部的其他企业作为固定资产使用。

（1）内部交易形成的固定资产在购入当期的抵销处理。

①将与内部交易形成的固定资产相关的销售收入、销售成本以及原价中包含的未实现内部销售损益予以抵销。

借：营业收入

　贷：营业成本

　　固定资产——原价

②将内部交易形成的固定资产当期多计提的折旧费和累计折旧予以抵销。从单个企业来说，对计提折旧进行会计处理时，一方面增加当期的费用或计入相关资产的成本；另一方面形成累计折旧。因此，对内部交易形成的固定资产当期多计提的折旧费抵销时，应按当期多计提的折旧额。

借：固定资产——累计折旧

　贷：管理费用等

（2）连续编制合并财务报表时内部交易形成固定资产，其抵销处理程序和方法如下：

①将内部交易形成的固定资产原价中包含的未实现内部销售损益抵销，并调整期初未分配利润的金额。

借：未分配利润——年初

　贷：固定资产——原价

②将以前会计期间内部交易形成的固定资产多计提的累计折旧抵销，并调整期初未分配利润的金额。

借：固定资产——累计折旧

　贷：未分配利润——年初

③将本期由于该内部交易形成的固定资产包含未实现内部销售损益而多计提的折旧费予以抵销，并调整本期的累计折旧额。

借：固定资产——累计折旧

　贷：管理费用等

【例 21-3·多选题】甲公司持有乙公司80%有表决权的股份，能够对乙公司实施控制，不考虑其他因素，下列各项甲公司发生的内部交易中，影响甲公司合并利润表中少数股东损益的有（　　）。

A. 乙公司将一项设备以低于账面价值的价格销售给甲公司，甲公司作为固定资产核算

B. 甲公司将一笔闲置资金免息提供给乙公司使用

C. 乙公司将一批存货以高于成本的价格销售给甲公司，年末甲公司全部未对外售出该批存货

D. 甲公司将一批存货以高于成本的价格销售给乙公司，年末乙公司全部未对外售出该批存货

【解析】母公司向子公司出售资产（顺流交易）所发生的未实现内部交易损益，应当全额抵销“归属于母公司所有者的净利润”，选项 B 和 D 不正确。子公司向母公司出售资产（逆流交易）所发生的未实现内部交易损益，应当按照母公司对该子公司的分配比例在“归属于母公司所有者的净利润”和“少数股东损益”之间分配抵销，选项 A 和 C 正确。

【答案】AC

2. 企业集团内部企业将其自用的固定资产出售给集团内部的其他企业，通过抵销后，使其在合并财务报表中该固定资产仍然以销售企业的原账面价值反映。

在合并工作底稿中编制的抵销分录为：

借：资产处置收益

　贷：固定资产——原价

或相反分录。

同时，将本期由于该内部交易形成的固定资产包含未实现内部销售损益而多计提（或少计提）的折旧费用予以抵销：

借：固定资产——累计折旧

　贷：管理费用等

或相反分录。

3. 内部交易固定资产等相关所得税合并财务报表会计处理。

合并财务报表中递延所得税期末调整金额=合并财务报表中递延所得税资产的期末余额-购货方个别财务报表中已确认的递延所得税资产期末余额

在合并工作底稿中编制的抵销分录为：

（1）先调期初

借：递延所得税资产

　贷：未分配利润——年初

（2）再调差额

借：递延所得税资产

　贷：所得税费用

或相反分录。

四、子公司发生超额亏损在合并资产负债表中的反映

子公司少数股东分担的当期亏损超过了少数股东在该子公司期初所有者权益中所享有的份额，其余额仍应当冲减少数股东权益，即少数股东权益可以出现负数。

五、报告期内增加或处置子公司以及业务

母公司在报告期内因同一控制下企业合并增加的子公司以及业务，编制合并资产负债表时，应当调整合并资产负债表的期初数，同时应当对比较报表的相关项目进行调整，视同合并后的报告主体自最终控制方开始控制时点起一直存在。因非同一控制下企业合并或其他方式增加的子公司以及业务，编制合并资产负债表时，不应当调整合并资产负债表的期初数。

母公司在报告期内处置子公司以及业务，编制合并资产负债表时，不应当调整合并资产负债表的期初数。

第四节　合并利润表

合并利润表应当以母公司和子公司的利润表为基础，在抵销母公司与子公司、子公司相互之间发生的内部交易对合并利润表的影响后，由母公司合并编制。

一、编制合并利润表时应进行抵销处理的项目

编制合并利润表时需要进行抵销处理的项目，主要有：

（1）母公司与子公司、子公司相互之间销售商品所产生的营业收入和营业成本项目；

（2）母公司与子公司、子公司相互之间销售商品，期末未实现对外销售而形成存货、固定资产、工程物资、在建工程、无形资产等项目中包含的未实现内部销售损益；

（3）母公司与子公司、子公司相互之间销售商品形成固定资产、无形资产等项目计提折旧额或摊销额中包含的未实现内部销售损益；

（4）母公司与子公司、子公司相互之间持有对方债券所产生的投资收益、利息收入及其他综合收益等；

（5）母公司与子公司、子公司相互之间持有对方长期股权投资的投资收益；

（6）母公司与子公司、子公司相互之间发生的其他内部交易对合并利润表的影响。

（一）内部投资收益（利息收入）和利息费用的抵销处理

企业集团内部母公司与子公司、子公司相互之间可能发生持有对方债券的内部交易。在编制合并财务报表时，应当在抵销内部发行的应付债券和债权投资（其他债权投资）等内部债权债务的同时，将内部应付债券和债权投资（其他债权投资）相关的利息费用与投资收益（利息收入）相互抵销。

应编制的抵销分录为：

借：投资收益

　贷：财务费用

（二）母公司与子公司、子公司相互之间持有对方长期股权投资的投资收益的抵销处理

内部投资收益是指母公司对子公司或子公司对母公司、子公司相互之间的长期股权投资的收益，即母公司对子公司的长期股权投资在合并工作底稿中按权益法调整的投资收益，实际上就是子公司当期营业收入减去营业成本和期间费用、所得税费用等后的余额与其持股比例相乘的结果。

①在子公司为全资子公司的情况下，应编制的抵销分录为：

借：投资收益

　未分配利润——年初

　贷：提取盈余公积

　　对所有者（或股东）的分配

　　未分配利润——年末

②在子公司为非全资子公司的情况下，应编制的抵销分录为：

借：投资收益

　少数股东损益

　未分配利润——年初

　贷：提取盈余公积

　　对所有者（或股东）的分配

　　未分配利润——年末

【例 21-4 · 单选题】 乙公司为甲公司的全资子公司，且甲公司无其他子公司。2×23 年度乙公司实现净利润 500 万元，提取盈余公积 50 万元，宣告分配现金股利 150 万元，2×23 年甲公司个别报表中确认投资收益 480 万元，不考虑其他因素，2×23 年合并利润表中“投资收益”项目的列示金额是（　　）万元。

A. 330　　B. 480　　C. 630　　D. 500

【解析】 从子公司分得现金股利确认的投资收益在合并财务报表中应予抵销，合并财务报表中成本法调整为权益法确认的投资收益最终也要抵销。因此合并财务报表中确认的投资收益 = 480+500−150−500 = 330（万元）。

【答案】 A

二、报告期内增加或处置子公司以及业务

母公司在报告期内因同一控制下企业合并增加的子公司以及业务，应当将该子公司以及业务合并当期期初至报告期末的收入、费用、利润纳入合并利润表，同时应当对比较报表的相关项目进行调整，视同合并后的报告主体自最终控制方开始控制时点起一直存在。因非同一控制下企业合并或其他方式增加的子公司以及业务，应当将该子公司以及业务自购买日至

报告期末的收入、费用、利润纳入合并利润表。

母公司在报告期内处置子公司以及业务，应当将该子公司以及业务期初至处置日的收入、费用、利润纳入合并利润表。

第五节　合并现金流量表

合并现金流量表是综合反映母公司及其所有子公司组成的企业集团在一定会计期间现金和现金等价物流入和流出的报表。

合并现金流量表的编制原理、编制方法和编制程序与合并资产负债表、合并利润表的编制原理、编制方法和编制程序相同。即首先编制合并工作底稿，将母公司和所有子公司的个别现金流量表各项目的数据全部过入同一合并工作底稿中；其次根据当期母公司与子公司以及子公司相互之间发生的影响其现金流量增减变动的内部交易，编制相应的抵销分录，通过抵销分录将个别现金流量表中重复反映的现金流入量和现金流出量予以抵销；最后，在此基础上计算出合并现金流量表的各项目的合并金额，并填制合并现金流量表。

一、编制合并现金流量表时应进行抵销处理的项目

编制合并现金流量表时需要进行抵销处理的项目，主要有：

（1）母公司与子公司、子公司相互之间当期以现金投资或收购股权增加的投资所产生的现金流量；

（2）母公司与子公司、子公司相互之间当期取得投资收益收到的现金与分配股利、利润或偿付利息支付的现金；

（3）母公司与子公司、子公司相互之间以现金结算债权与债务所产生的现金流量；

（4）母公司与子公司、子公司相互之间当期销售商品所产生的现金流量；

（5）母公司与子公司、子公司相互之间处置固定资产、无形资产和其他长期资产收回的现金净额与购建固定资产、无形资产和其他长期资产支付的现金；

（6）母公司与子公司、子公司相互之间当期发生的其他内部交易所产生的现金流量。

（一）企业集团内部当期以现金投资或收购股权增加的投资所产生的现金流量的抵销处理

母公司直接以现金对子公司进行的长期股权投资或以现金从子公司的其他所有者（即企业集团内的其他子公司）处收购股权，表现为母公司现金流出，在母公司个别现金流量表作为投资活动现金流出列示。

子公司接受这一投资（或处置投资）时，表现为现金流入，在其个别现金流量表中反映为筹资活动的现金流入（或投资活动的现金流入）。

从企业集团整体来看，母公司以现金对子公司进行的长期股权投资实际上相当于母公司

将资本拨付下属核算单位，并不引起整个企业集团的现金流量的增减变动。

因此，编制合并现金流量表时，应当在母公司与子公司现金流量表数据简单相加的基础上，将母公司当期以现金对子公司进行长期股权投资所产生的现金流量予以抵销。

（二）企业集团内部当期取得投资收益收到的现金与分配股利、利润或偿付利息支付的现金的抵销处理

母公司对子公司进行的长期股权投资和债权投资，在持有期间收到子公司分派的现金股利（利润）或债券利息，表现为现金流入，在母公司个别现金流量表中作为取得投资收益收到的现金列示。

子公司向母公司分派现金股利（利润）或支付债券利息，表现为现金流出，在其个别现金流量表中反映为分配股利、利润或偿付利息支付的现金。

从整个企业集团来看，这种投资收益的现金收支，并不引起整个企业集团的现金流量的增减变动。因此，编制合并现金流量表时，应当在母公司与子公司现金流量表数据简单相加的基础上，将母公司当期取得投资收益收到的现金与子公司分配股利、利润或偿付利息支付的现金予以抵销。

（三）企业集团内部以现金结算债权与债务所产生的现金流量的抵销处理

母公司与子公司、子公司相互之间当期以现金结算应收款项或应付款项等债权与债务，表现为现金流入或现金流出，在母公司个别现金流量表中作为销售商品、提供劳务收到的现金或购买商品、接受劳务支付的现金列示，在子公司个别现金流量表中作为购买商品、接受劳务支付的现金或销售商品、提供劳务收到的现金列示。

从整个企业集团来看，这种现金结算债权与债务，并不引起整个企业集团的现金流量的增减变动。因此，编制合并现金流量表时，应当在母公司与子公司现金流量表数据简单相加的基础上，将母公司当期以现金结算债权与债务所产生的现金流量予以抵销。

（四）企业集团内部当期销售商品所产生的现金流量的抵销处理

母公司向子公司当期销售商品（或子公司向母公司销售商品或子公司相互之间销售商品，下同）所收到的现金，表现为现金流入，在母公司个别现金流量表中作为销售商品、提供劳务收到的现金列示。

子公司向母公司支付购货款，表现为现金流出，在其个别现金流量表中作为购买商品、接受劳务支付的现金列示。

从整个企业集团来看，这种内部商品购销现金收支，并不会引起整个企业集团的现金流量的增减变动。因此，编制合并现金流量表时，应当在母公司与子公司现金流量表数据简单相加的基础上，将母公司与子公司、子公司相互之间当期销售商品所产生的现金流量予以抵销。

（五）企业集团内部处置固定资产等收回的现金净额与购建固定资产等支付的现金的抵销处理

母公司向子公司处置固定资产等长期资产，表现为现金流入，在母公司个别现金流量表中作为处置固定资产、无形资产和其他长期资产收回的现金净额列示。

子公司表现为现金流出，在其个别现金流量表中作为购建固定资产、无形资产和其他长期资产支付的现金列示。

从整个企业集团来看，这种固定资产处置与购置的现金收支，并不会引起整个企业集团的现金流量的增减变动。因此，编制合并现金流量表时，应当在母公司与子公司现金流量表数据简单相加的基础上，将母公司与子公司、子公司相互之间处置固定资产、无形资产和其他长期资产收回的现金净额与购建固定资产、无形资产和其他长期资产支付的现金相互抵销。

二、合并现金流量表中有关少数股东权益项目的反映

对于子公司与少数股东之间发生的现金流入和现金流出，从整个企业集团来看，也影响到其整体的现金流入和现金流出数量的增减变动，必须在合并现金流量表中予以反映。

子公司与少数股东之间发生的影响现金流入和现金流出的经济业务包括：少数股东对子公司增加权益性投资、少数股东依法从子公司中抽回权益性投资、子公司向其少数股东支付现金股利或利润等。

为了便于企业集团合并财务报表使用者了解掌握企业集团现金流量的情况，有必要将与子公司少数股东之间的现金流入和现金流出的情况单独予以反映。

对于子公司的少数股东增加在子公司中的权益性投资，在合并现金流量表中应当在“筹资活动产生的现金流量”之下的“吸收投资收到的现金”项目下“其中：子公司吸收少数股东投资收到的现金”项目反映。

对于子公司向少数股东支付现金股利或利润，在合并现金流量表中应当在“筹资活动产生的现金流量”之下的“分配股利、利润或偿付利息支付的现金”项目下“其中：子公司支付给少数股东的股利、利润”项目反映。

对于子公司的少数股东依法抽回在子公司中的权益性投资，在合并现金流量表中应当在“筹资活动产生的现金流量”之下的“支付其他与筹资活动有关的现金”项目反映。

需要说明的是，在企业合并当期，母公司购买子公司及其他营业单位支付对价中以现金支付的部分与子公司及其他营业单位在购买日持有的现金和现金等价物应当相互抵销，区别两种情况分别处理：

（1）子公司及其他营业单位在购买日持有的现金和现金等价物小于母公司支付对价中以现金支付的部分，按减去子公司及其他营业单位在购买日持有的现金和现金等价物后的净额在“取得子公司及其他营业单位支付的现金净额”项目反映。

应编制的抵销分录为：

借：取得子公司及其他营业单位支付的现金净额

　贷：年初现金及现金等价物余额

（2）子公司及其他营业单位在购买日持有的现金和现金等价物大于母公司支付对价中以现金支付的部分，按减去子公司及其他营业单位在购买日持有的现金和现金等价物后的净额在“收到其他与投资活动有关的现金”项目反映。

应编制的抵销分录为：

借：取得子公司及其他营业单位支付的现金净额

　　收到其他与投资活动有关的现金

　贷：年初现金及现金等价物余额

【例 21-5·判断题】 子公司少数股东以货币资金对子公司增加权益性投资，母公司在合并现金流量表中应将该现金流入分类为投资性活动产生的现金流量。(　　)

【解析】 对于子公司的少数股东增加在子公司中的权益性投资，在合并现金流量表中应当在“筹资活动产生的现金流量”下反映。

【答案】 ×

三、报告期内增加或处置子公司以及业务

母公司在报告期内因同一控制下企业合并增加的子公司以及业务，应当将该子公司以及业务合并当期期初至报告期末的现金流量纳入合并现金流量表，同时应当对比较报表的相关项目进行调整，视同合并后的报告主体自最终控制方开始控制时点起一直存在。因非同一控制下企业合并增加的子公司以及业务，应当将该子公司自购买日至报告期末的现金流量纳入合并现金流量表。

母公司在报告期内处置子公司以及业务，应当将该子公司以及业务期初至处置日的现金流量纳入合并现金流量表。

第六节　合并所有者权益变动表

合并所有者权益变动表是反映构成企业集团所有者权益的各组成部分当期的增减变动情况的财务报表。合并所有者权益变动表应当以母公司和子公司的所有者权益变动表为基础，在抵销母公司与子公司、子公司相互之间发生的内部交易对合并所有者权益变动表的影响后，由母公司合并编制。

编制合并所有者权益变动表时需要进行抵销处理的项目，主要有：

(1) 母公司对子公司的长期股权投资与母公司在子公司所有者权益中所享有的份额相互抵销；

(2) 母公司对子公司、子公司相互之间持有对方长期股权投资的投资收益应当抵销等；

(3) 母公司与子公司、子公司相互之间发生的其他内部交易对所有者权益变动的影响。

需要说明的是，从合并财务报表前后一致的理念、原则出发，将母公司及其全部子公司构成的企业集团作为一个会计主体，反映企业集团外部交易的情况，企业集团内部母子公司之间的投资收益和利润分配与其他内部交易一样应当相互抵销。同时，应当关注合并所有者权益变动表“未分配利润”的年末余额，将其中子公司当年提取的盈余公积归属于母公司的金额进行单项附注披露。

还需要说明的是，子公司在“专项储备”项目中反映的按照国家相关规定提取的安全生产费等，与留存收益不同，在长期股权投资与子公司所有者权益相互抵销后，应当按归属于母公司所有者的份额予以恢复，借记“未分配利润”项目，贷记“专项储备”项目。

第七节　合并财务报表附注

一、合并财务报表附注概述

附注是合并财务报表不可或缺的组成部分，是对在合并资产负债表、合并利润表、合并现金流量表和合并所有者权益变动表等报表中列示项目的文字描述或明细资料，以及对未能在这些报表中列示项目的说明等。

附注与资产负债表、利润表、现金流量表、所有者权益变动表等报表具有同等的重要性，是财务报表的重要组成部分。报表使用者了解企业的财务状况、经营成果和现金流量，应当全面阅读附注。

二、附注披露的内容

企业（母公司）应当按照规定披露合并财务报表附注信息，主要包括下列内容。

（一）公司基本情况

公司基本情况包括公司概况、合并财务报表范围等。

（二）财务报表的编制基础

（三）重要会计政策及会计估计

重要会计政策及会计估计包括遵循企业会计准则的声明、会计期间、营业周期、记账本位币、同一控制下和非同一控制下企业合并的会计处理方法、合并财务报表的编制方法等。

（四）合并财务报表项目注释

企业（母公司）应当以文字和数字描述相结合，尽可能以列表形式披露合并财务报表重要项目的构成或当期增减变动的情况，并且报表重要项目的明细金额合计，应当与报表项目金额相衔接。在披露顺序上，一般应当按照合并资产负债表、合并利润表、合并现金流量表、合并所有者权益变动表的顺序及其项目列示的顺序进行披露。

（五）合并范围的变更

合并范围的变更包括非同一控制下企业合并增减子公司情况、同一控制下企业合并增减子公司情况等。

（六）在其他主体中的权益

在其他主体中的权益包括在子公司中的权益、在子公司的所有者权益份额发生变化且仍

控制子公司的交易、在合营企业或联营企业中的权益、重要的共同经营、在未纳入合并财务报表范围的结构化主体中的权益等。

（七）与金融工具相关的风险

（八）公允价值的披露

（九）关联方及关联交易

关联方及关联交易包括本企业的母公司情况、本企业的子公司情况、本企业合营和联营企业情况、其他关联方情况、关联交易情况、关联方应收应付款项、关联方承诺等。

（十）股份支付

股份支付包括股份支付总体情况、以权益结算的股份支付情况、以现金结算的股份支付情况、股份支付的修改和终止情况等。

（十一）承诺及或有事项

承诺及或有事项包括重要承诺事项、或有事项等。

（十二）资产负债表日后事项

资产负债表日后事项包括重要的非调整事项、利润分配情况、销售退回、其他资产负债表日后事项说明等。

（十三）其他重要事项

其他重要事项包括前期会计差错更正、债务重组、资产置换、年金计划、终止经营、分部信息、其他对投资者决策有影响的重要交易和事项等。

（十四）母公司财务报表主要项目注释

企业（母公司）应当以文字和数字描述相结合，尽可能以列表形式披露母公司个别财务报表重要项目的构成或当期增减变动的情况，并且报表重要项目的明细金额合计，应当与报表项目金额相衔接。在披露顺序上，一般应当按照母公司个别资产负债表、个别利润表、个别现金流量表、个别所有者权益变动表的顺序及其项目列示的顺序进行披露。

（十五）补充资料

补充资料包括当期非经常性损益明细表、净资产收益率及每股收益、境内外会计准则下会计数据差异等。

第二十二章　会计政策、会计估计变更和差错更正

第一节　会计政策及其变更

一、会计政策的概述

（一）会计政策的定义

会计政策，是指企业在会计确认、计量和报告中所采用的原则、基础和会计处理方法。

1. 原则

会计原则包括一般原则和特定原则，会计政策所指的会计原则是指某一类会计业务的核算所应遵循的特定原则，而非所有的会计原则。

特定原则，如：借款费用是费用化还是资本化。

相关性、谨慎性、实质重于形式等属于会计信息质量要求，是统一的、不可选择的，故不属于特定原则。

2. 基础

会计基础包括会计确认基础和会计计量基础。

会计确认基础，包括权责发生制和收付实现制。

会计计量基础，主要包括历史成本、重置成本、可变现净值、现值和公允价值等。

我国企业采用权责发生制作为会计确认基础，不具备选择性，所以会计政策所指的会计基础，主要是会计计量基础。

3. 会计处理方法

具体会计处理方法，是指企业根据国家统一的会计准则制度允许选择的、对某一类会计业务的具体处理方法作出的具体选择。如：确定发出存货的计价方法，可以在先进先出法、移动加权平均法、月末一次加权平均法或者个别计价法中进行选择。

（二）常见的会计政策的情形

情形	内容
（1）发出存货成本的计量	采用先进先出法，还是采用其他计量方法
（2）固定资产的初始计量	是以购买价款作为取得的固定资产初始成本，还是以购买价款的现值为基础进行计量

情形	内容
（3）无形资产的确认	企业内部研究开发项目，开发阶段的支出是确认为无形资产，还是在发生时计入当期损益
（4）投资性房地产的后续计量	采用成本模式，还是公允价值模式计量
（5）长期股权投资的后续计量	采用成本法，还是采用权益法核算
（6）借款费用的处理	采用资本化，还是采用费用化
（7）收入的确认	收入确认所采用的会计方法
（8）政府补助的处理	采用总额法，还是净额法
（9）非货币性资产交换的计量	是以换出资产的公允价值作为确定换入资产成本的基础，还是以换出资产的账面价值作为确定换入资产成本的基础

二、会计政策变更及其条件

（一）会计政策变更

会计政策变更，是指企业对相同的交易或者事项由原来采用的会计政策改用另一会计政策的行为。

企业采用的会计政策，在每一会计期间和前后各期应当保持一致，不得随意变更。但是，满足下列条件之一的，可以变更会计政策：

（1）法律、行政法规或者国家统一的会计制度等要求变更。

（2）会计政策变更能够提供更可靠、更相关的会计信息。

（二）不属于会计政策变更的情形

下列各项不属于会计政策变更：

（1）本期发生的交易或者事项与以前相比具有本质差别而采用新的会计政策。

（2）对初次发生的或不重要的交易或者事项采用新的会计政策。

【例 22-1 · 判断题】企业因追加投资导致长期股权投资的核算由权益法转为成本法的，应当作为会计政策变更进行处理。（　　）

【解析】因追加投资导致长期股权投资的核算由权益法转为成本法的，属于本期发生的交易或者事项与以前相比具有本质差别而采用新的会计政策，应作为企业当期新事项进行处理。

【答案】×

三、会计政策变更的会计处理

（一）会计政策变更的会计处理原则

1. 企业根据法律、行政法规或者国家统一的会计制度等要求变更会计政策的，应当按照国家相关规定执行。

2. 会计政策变更能够提供更可靠、更相关的会计信息的，应当采用追溯调整法处理，将会计政策变更累积影响数调整列报前期最早期初留存收益，其他相关项目的期初余额和列报前期披露的其他比较数据也应当一并调整，但确定该项会计政策变更累积影响数不切实可行的除外。

确定会计政策变更对列报前期影响数不切实可行的，应当从可追溯调整的最早期间期初开始应用变更后的会计政策。

【例 22-2 · 判断题】 企业确定会计政策变更对列报前期影响数不切实可行的，应当从可追溯调整的最早期间期初开始应用变更后的会计政策。（　　）

【答案】 √

在当期期初确定会计政策变更对以前各期累积影响数不切实可行的，应当采用未来适用法处理。

（二）追溯调整法

追溯调整法，是指对某项交易或事项变更会计政策，视同该项交易或事项初次发生时即采用变更后的会计政策，并以此对财务报表相关项目进行调整的方法。

追溯调整法的处理步骤：

（1）计算会计政策变更的累积影响数。

（2）编制相关会计分录。

（3）调整财务报表相关项目。

（4）财务报表附注说明。

其中，会计政策变更累积影响数，是指按照变更后的会计政策对以前各期追溯计算的列报前期最早期初留存收益应有金额与现有金额之间的差额。

会计政策变更累积影响数的计算步骤：

①根据新的会计政策，重新计算受影响的前期交易或事项（追溯）。

②计算两种会计政策下的差异（计算新旧差）。

③计算差异的所得税影响金额（如要求考虑所得税，计算所得税的影响）。

④确定前期中每一期的税后差异。

⑤计算会计政策变更的累积影响数。

【例 22-3 · 多选题】 甲公司于2×23年1月1日，将投资性房地产的后续计量模式由成本模式变更为公允价值模式。变更当日，该投资性房地产账面原价为2000万元，已提折旧600万元，未计提减值准备，公允价值为1600万元，甲公司适用的所得税税率为25%，采用资产负债表债务法核算所得税，按净利润的10%提取盈余公积，税法认可该投资性房地产以历史成本计量。假定不考虑其他因素。甲公司变更投资性房地产后续计量模式时的会计处理说法中正确的有（　　）。

A. 调增盈余公积15万元

B. 调增盈余公积20万元

C. 调增利润分配——未分配利润 135 万元

D. 调增递延所得税负债 50 万元

【解析】

借：投资性房地产　1600

　投资性房地产累计折旧　600

　贷：投资性房地产　2000

　　递延所得税负债　50

　　盈余公积　15

　　利润分配——未分配利润　135

【答案】ACD

（三）未来适用法

未来适用法，是指将变更后的会计政策应用于变更日及以后发生的交易或者事项，或者在会计估计变更当期和未来期间确认会计估计变更影响数的方法。

第二节　会计估计及其变更

一、会计估计变更的概念

（一）会计估计

会计估计，是指企业对其结果不确定的交易或事项以最近可利用的信息为基础所做的判断。会计估计具有以下特点：

1. 会计估计的存在是由于经济活动中内在的不确定性所决定的。

2. 会计估计应当以最近可利用的信息或资料为基础。

3. 会计估计应当建立在可靠性的基础上。

（二）会计估计变更

会计估计变更，是指由于资产和负债的当前状况及预期经济利益和义务发生了变化，从而对资产或负债的账面价值或者资产的定期消耗金额进行调整。

（三）会计估计变更的原因

1. 企业据以进行估计的基础发生了变化。

2. 由于取得新信息、积累更多经验以及后来的发展变化，可能需要对会计估计进行修订。

（四）常见的会计估计的情形

1. 存货可变现净值的确定。

2. 固定资产的预计使用寿命、净残值和折旧方法。

3. 使用寿命有限的无形资产的预计使用寿命与净残值。

4. 确定可收回金额时，确定公允价值减去处置费用后的净额的方法，或预计未来现金流量的确定。

5. 合同履约进度的确定。

6. 公允价值的确定，如：权益工具、金融资产、采用公允价值模式计量的投资性房地产等。

7. 预计负债初始计量的最佳估计数的确定。

【例22-4·单选题】 下列各项中，属于企业会计政策变更的是（　　）。

A. 将建造合同的履约进度由50%变更为55%

B. 将固定资产的折旧方法由年数总和法变更为工作量法

C. 将无形资产的预计使用寿命由8年变更为5年

D. 将存货的计价方法由先进先出法变更为个别计价法

【解析】 选项A、B和C，属于会计估计变更。

【答案】 D

二、会计估计变更的会计处理

（一）会计估计变更的会计处理原则

企业对会计估计变更应当采用未来适用法处理。

会计估计变更仅影响变更当期的，其影响数应当在变更当期予以确认；既影响变更当期又影响未来期间的，其影响数应当在变更当期和未来期间予以确认。

（二）难以区分会计政策变更或会计估计变更的处理原则

企业难以对某项变更区分为会计政策变更或会计估计变更的，应当将其作为会计估计变更处理。

第三节　前期差错更正

一、前期差错的概述

（一）前期差错的含义

前期差错，是指由于没有运用或错误运用下列两种信息，而对前期财务报表造成省略或错报。

1. 编报前期财务报表时预期能够取得并加以考虑的可靠信息。

2. 前期财务报告批准报出时能够取得的可靠信息。

（二）前期差错的内容

前期差错通常包括：

1. 计算错误。
2. 应用会计政策错误。
3. 疏忽或曲解事实以及舞弊产生的影响。
4. 固定资产盘盈。

【例 22-5·判断题】 企业发现上一会计年度接受捐赠收到的一项固定资产尚未入账，该固定资产盘盈应按照前期差错更正进行会计处理。（ ）

【答案】 √

二、前期差错更正的会计处理

（一）前期差错更正的会计处理原则

1. 重要的前期差错的会计处理

企业应当采用追溯重述法更正重要的前期差错，但确定前期差错累积影响数不切实可行的除外。如果确定前期差错累积影响数不切实可行，可以从可追溯重述的最早期间开始调整留存收益的期初余额，并对财务报表其他相关项目的期初余额也应当一并调整，也可以采用未来适用法。

2. 不重要的前期差错的会计处理

对于不重要的前期差错，企业无须调整财务报表相关项目的期初数，直接调整当期相关项目的金额。

（二）追溯重述法

追溯重述法，是指在发现前期差错时，视同该项前期差错从未发生过，从而对财务报表相关项目进行更正的方法。

【例 22-6·多选题】 2×19 年 12 月 31 日，甲公司发现 2×17 年 12 月收到投资者投入的一项行政管理用固定资产尚未入账，投资合同约定该固定资产价值为 1000 万元（与公允价值相同）。预计使用年限为 5 年，预计净残值为零，采用年限平均法计提折旧。甲公司将漏记该固定资产事项认定为重要的前期差错。不考虑其他因素，下列关于该项会计差错更正的会计处理表述中，正确的有（ ）。

A. 增加 2×19 年度管理费用 200 万元

B. 增加固定资产原价 1000 万元

C. 增加累计折旧 400 万元

D. 减少 2×19 年年初留存收益 200 万元

【解析】 该项重要的前期差错的账务处理如下：

借：固定资产　　1000

　贷：实收资本等　　1000

借：以前年度损益调整——管理费用　200（1000/5）
　贷：累计折旧　200
借：管理费用　200
　贷：累计折旧　200
借：盈余公积　20（假定按净利润的10%提取盈余公积）
　　利润分配——未分配利润　180
　贷：以前年度损益调整——管理费用　200

综上，选项A、B、C和D均正确。

【答案】ABCD

第二十三章　资产负债表日后事项

第一节　资产负债表日后事项概述

一、资产负债表日后事项的概念

资产负债表日后事项，是指资产负债表日至财务报告批准报出日之间发生的有利或不利事项。

【提示】资产负债表日后事项不是在这个特定期间内发生的全部事项。

二、资产负债表日后事项涵盖的期间

资产负债表日后事项涵盖的期间，自资产负债表日次日起，至财务报告批准报出日止。

（一）资产负债表日

资产负债表日，是指会计年度末和会计中期期末。

会计年度，指 1 月 1 日至 12 月 31 日。

中期，包括半年度（如，2×24 年上半年）、季度（如，2×24 年第一季度）和月度（如，2×24 年 1 月）等。

（二）财务报告批准报出日

财务报告批准报出日，是指董事会或类似机构批准财务报告报出的日期。

【提示】财务报告批准报出日，不是股东大会审议批准的日期，也不是注册会计师出具审计报告的日期。

三、资产负债表日后事项的内容

资产负债表日后事项包括资产负债表日后调整事项和资产负债表日后非调整事项。

（一）资产负债表日后调整事项

资产负债表日后调整事项，是指对资产负债表日已经存在的情况提供了新的或进一步证据的事项。

企业发生的资产负债表日后调整事项，通常包括下列各项：

（1）资产负债表日后诉讼案件结案，法院判决证实了企业在资产负债表日已经存在现时义务，需要调整原先确认的与该诉讼案件相关的预计负债，或确认一项新负债。

（2）资产负债表日后取得确凿证据，表明某项资产在资产负债表日发生了减值或者需要调整该项资产原先确认的减值金额。

（3）资产负债表日后进一步确定了资产负债表日前购入资产的成本或售出资产的收入。

（4）资产负债表日后发现了财务报表舞弊或差错。

【例23-1·单选题】 甲公司2×17年度财务报告批准报出日是2×18年4月25日，甲公司发生下列事项，属于资产负债表日后调整事项的是（　　）。

A. 2×18年4月12日，发现上一年少计提存货跌价准备

B. 2×18年3月1日，定向增发股票

C. 2×18年3月7日，发生重大灾害导致一条生产线报废

D. 2×18年4月28日，因一项非专利技术纠纷，引起诉讼

【解析】 选项B和C，属于资产负债表日后非调整事项；选项D，发生在财务报告批准报出日之后，属于本期新发生的事项。

【答案】 A

（二）资产负债表日后非调整事项

资产负债表日后非调整事项，是指表明资产负债表日后发生的情况的事项，但所发生的事项与资产负债表日存在状况无关。

企业发生的资产负债表日后非调整事项，通常包括下列各项：

（1）资产负债表日后发生重大诉讼、仲裁、承诺。

（2）资产负债表日后资产价格、税收政策、外汇汇率发生重大变化。

（3）资产负债表日后因自然灾害导致资产发生重大损失。

（4）资产负债表日后发行股票和债券以及其他巨额举债。

（5）资产负债表日后资本公积转增资本。

（6）资产负债表日后发生巨额亏损。

（7）资产负债表日后发生企业合并或处置子公司。

（8）资产负债表日后，企业利润分配方案中拟分配的以及经审议批准宣告发放的股利或利润。

【例23-2·单选题】 下列各项资产负债表日后事项中，属于非调整事项的是（　　）。

A. 发现报告年度漏记固定资产折旧

B. 以资本公积转增资本

C. 发现报告年度虚增收入

D. 发现报告年度低估了应收账款的信用减值损失

【解析】 选项A、C和D均属于在资产负债表日后期间发现的报告年度差错，属于调整事项；选项B，资产负债表日后期间资本公积转增资本，属于非调整事项。

【答案】 B

第二节　资产负债表日后调整事项

一、资产负债表日后调整事项的处理原则

资产负债表日后调整事项应对资产负债表日已经编制的财务报表进行调整，调整的报表包括资产负债表、利润表及所有者权益变动表但不包括现金流量表正表。

1. 涉及损益的调整

通过“以前年度损益调整”科目核算，调整完成后，应将“以前年度损益调整”科目的贷方或借方余额，转入“利润分配——未分配利润”科目。

2. 涉及利润分配的调整

直接通过“利润分配——未分配利润”科目核算。

3. 不涉及损益或利润分配的调整

直接调整相关科目。

4. 对财务报表的调整

通过上述账务处理后，还应同时调整财务报表相关项目的数字，包括：

（1）资产负债表日编制的财务报表相关项目的期末数或本年发生数；

（2）当期编制的财务报表相关项目的期初数或上年数；

（3）经过上述调整后，如果涉及报表附注内容的，还应当调整报表附注相关项目的数字。

二、资产负债表日后调整事项的具体会计处理方法

（一）资产负债表日后诉讼案件结案，法院判决证实了企业在资产负债表日已经存在现时义务，需要调整原先确认的与该诉讼案件相关的预计负债，或确认一项新负债

1. 资产负债表日之前，企业确认预计负债

一般会计处理	借：管理费用（诉讼费） 　　营业外支出（预计很可能支付的赔偿款） 　贷：预计负债
所得税的处理	借：递延所得税资产 　贷：所得税费用

2. 资产负债表日后期间

（1）法院判决，企业不服判决，继续上诉

一般会计处理	根据重新预计结果，调整预计负债，差额涉及损益的调整，通过“以前年度损益调整”科目核算 借：以前年度损益调整 　贷：预计负债 或相反分录

所得税的处理	调整递延所得税资产余额 借：递延所得税资产 　贷：以前年度损益调整 或相反分录

（2）法院判决，企业服从判决，不再上诉

根据判决结果，确认其他应付款，冲减预计负债，差额涉及损益的调整，通过“以前年度损益调整”科目核算。

借：预计负债

　　以前年度损益调整（或贷方）

　贷：其他应付款

情形	赔偿款已经支付	赔偿款尚未支付
一般会计处理	借：其他应付款（实际赔偿金额） 　贷：银行存款 【提示】涉及现金收支项目，不调报告年度资产负债表的货币资金项目以及现金流量表正表各项目数字	—
所得税的处理	①冲回递延所得税资产 借：以前年度损益调整 　贷：递延所得税资产 ②根据实际赔偿金额确认应交所得税（假定判决发生于汇算清缴前） 借：应交税费——应交所得税 　贷：以前年度损益调整	调整递延所得税资产余额 借：递延所得税资产 　贷：以前年度损益调整 或相反分录

【提示 1】涉及损益的调整事项，发生在报告年度所得税汇算清缴之后的，应调整本年度（即报告年度的次年）应纳所得税税额。

【提示 2】针对赔偿款已经支付的情形，如果判决发生于汇算清缴之后的，应仅调整递延所得税资产余额，不调应交所得税。

所得税的会计处理为：

借：递延所得税资产

　贷：以前年度损益调整

或相反分录。

【例 23-3·单选题】甲公司 2×23 年 10 月 1 日与乙公司签订一项供销合同，由于甲公司未按照合同约定发货，致使乙公司发生重大经济损失。乙公司向法院提起诉讼，要求甲公司赔偿损失3500万元，至2×23年12月31日法院尚未判决。甲公司2×23年12月31日在资产负债表中的“预计负债”科目反映了关于该未决诉讼的预计赔偿金额2000万元，2×24年3月15日法院作出一审判决，甲公司需向乙公司支付经济损失2800万元。甲公司和乙公司均不服从判决，于3月20日上诉至二审法院。至财务报告批准报出前，法院尚未作出二审判决，甲公司认为该未决诉讼的预计赔偿金额为2500万元。甲公司2×23年财务报告批准报出日为2×24年3月31日，甲公司报告年度资产负债表中有关项目调整处理正确的是（　　）。

A. “预计负债”项目调增500万元

B. “预计负债”项目调减2000万元；“其他应付款”项目调增2800万元

C. “预计负债”项目调增600万元；“其他应付款”项目调增2800万元

D. “预计负债”项目调减2800万元；“其他应付款”项目调增800万元

【解析】 法院尚未作出最终判决，不能冲减预计负债和确认其他应付款，应根据资产负债表日后重新预计的赔偿款调整预计负债，调整金额=2500-2000=500（万元），选项A正确。

【答案】 A

（二）资产负债表日后取得确凿证据，表明某项资产在资产负债表日发生了减值或者需要调整该项资产原先确认的减值金额

1. 资产负债表日之前，对应收账款计提坏账准备

一般会计处理	借：信用减值损失 　贷：坏账准备
所得税的处理	借：递延所得税资产 　贷：所得税费用

2. 资产负债表日后期间，有证据表明应继续计提减值

一般会计处理	根据重新确定的减值金额，调整坏账准备，差额涉及损益的调整，通过“以前年度损益调整”科目核算 借：以前年度损益调整 　贷：坏账准备
所得税的处理	调整递延所得税资产余额 借：递延所得税资产 　贷：以前年度损益调整

【例23-4·多选题】 甲公司适用的企业所得税税率为25%，预计未来期间适用的企业所得税税率不会发生变化且能够产生足够的应纳税所得额用以抵减可抵扣暂时性差异，其2×18年年度财务报表批准报出日为2×19年4月15日。2×19年2月10日，甲公

司调减了2×18年计提的坏账准备100万元，该调整事项发生时，企业所得税汇算清缴尚未完成。不考虑其他因素，上述调整事项对甲公司2×18年年度财务报表项目产生的影响有（　　）。

A. 递延所得税资产减少25万元　　B. 所得税费用增加25万元

C. 应交税费增加25万元　　D. 应收账款增加100万元

【解析】该事项为资产负债表日后调整事项，相应账务处理为：

借：坏账准备　100

　贷：以前年度损益调整——信用减值损失　100

借：以前年度损益调整——所得税费用　25

　贷：递延所得税资产　25

综上，应调整减少递延所得税资产项目25万元，调整增加所得税费用项目25万元。坏账准备属于应收账款的备抵科目，冲减的坏账准备调整增加应收账款项目全额100万元。选项A、B和D正确。

【答案】ABD

（三）资产负债表日后进一步确定了资产负债表日前购入资产的成本或售出资产的收入

1. 资产负债表日之前，销售商品，确认收入、结转成本

一般会计处理	借：银行存款等 　贷：主营业务收入 借：主营业务成本 　贷：库存商品
所得税的处理	借：所得税费用 　贷：应交税费——应交所得税

2. 资产负债表日后期间，发生退货

一般会计处理	根据发生退货情况，冲减收入、成本，涉及损益的调整，通过“以前年度损益调整”科目核算 借：以前年度损益调整 　贷：银行存款等 借：库存商品 　贷：以前年度损益调整
所得税的处理	调整应缴纳的所得税（假定退货发生于汇算清缴前） 借：应交税费——应交所得税 　贷：以前年度损益调整

【例 23-5·单选题】2×23 年 12 月 5 日，甲公司销售一批商品给乙公司，取得销售收入 60 万元。2×24 年 2 月 10 日乙公司经甲公司同意后退回了该批商品。假设甲公司 2×23 年度的财务报告于 2×24 年 4 月 30 日批准报出，假定不考虑其他因素的影响，则甲公司的下列处理中正确的是（　　）。

A. 无须进行会计处理

B. 调减 2×23 年营业收入 60 万元

C. 调减 2×23 年年初未分配利润 60 万元

D. 调减 2×24 年营业收入 60 万元

【解析】报告年度销售的商品，在报告年度财务报告批准报出前退回，应调减报告年度的营业收入、营业成本以及相关的税金，本题中的报告年度是 2×23 年，所以应调减 2×23 年营业收入 60 万元。

【答案】B

（四）资产负债表日后发现了财务报表舞弊或差错

资产负债表日后期间发现属于资产负债表期间或以前期间存在的财务报表舞弊或差错，应当作为资产负债表日后调整事项，调整报告年度财务报告相关项目的数字。

第三节　资产负债表日后非调整事项

一、资产负债表日后非调整事项的处理原则

资产负债表日后发生的非调整事项，是表明资产负债表日后发生的情况的事项，与资产负债表日存在状况无关，不应当调整资产负债表日的财务报表。

二、资产负债表日后非调整事项的具体会计处理方法

对于资产负债表日后发生的非调整事项，应当在报表附注中披露每项重要的资产负债表日后非调整事项的性质、内容，及其对财务状况和经营成果的影响。无法作出估计的，应当说明原因。

第二十四章　公允价值计量

第一节　公允价值计量概述

一、公允价值的定义

公允价值，是市场参与者在计量日发生的有序交易中，出售一项资产所能收到或者转移一项负债所需支付的价格，即脱手价格。

在计量日，企业无论是否能够观察到相关资产或负债的交易价格或者其他市场信息（如类似资产或负债的报价、市场利率或其他输入值等），其公允价值计量的目标应当保持一致，即估计市场参与者在计量日的有序交易中出售一项资产或者转移一项负债的价格。

二、公允价值计量的总体要求

企业应当从市场参与者角度计量相关资产或负债的公允价值，而不应考虑企业自身持有资产、清偿或者以其他方式履行负债的意图和能力。

企业以公允价值计量相关资产或负债，应当假定计量日出售资产或转移负债的有序交易发生在主要市场（或者在不存在主要市场情况下的最有利市场）中，并且使用在当前情况下适用并且有足够可利用数据和其他信息支持的估值技术。

企业应当优先使用相同资产或负债在活跃市场的公开报价（第一层次输入值），最后再使用不可观察输入值（第三层次输入值）。企业应当根据对公允价值计量整体而言具有重要意义的输入值所属的最低层次，将公允价值计量划分为三个层次。

企业为确定相关资产或负债的公允价值，至少应当考虑下列事项：

（1）作为计量对象的相关资产或负债；

（2）发生有序交易的主要市场或者最有利市场；

（3）市场参与者；

（4）可采用的恰当的估值技术；

（5）输入值和公允价值层次。

企业以公允价值计量非金融资产的，还应当考虑该非金融资产的最佳用途和估值前提。企业以公允价值计量负债（包括金融负债和非金融负债）、企业自身权益工具的，应当假定该负债、企业自身权益工具在计量日转移给市场参与者，而非与对手方结清或以其他方式消除该负债或企业自身权益工具，并考虑不履约风险。

第二节　公允价值计量基本概念和一般应用

一、相关资产或负债

相关资产或负债，是指相关会计准则要求或允许企业以公允价值计量的资产或负债也包括企业自身权益工具。

企业以公允价值计量相关资产或负债，应当考虑该资产或负债的特征，以及是以单项还是以组合的方式对其进行计量等因素。

（一）相关资产或负债的特征

企业以公允价值计量相关资产或负债，应当考虑该资产或负债所具有的特征，例如资产的状况及所在位置、出售或使用资产的限制等。

由于企业以公允价值计量相关资产或负债是以市场为基础的，因此企业在计量该资产或负债公允价值时，对于市场参与者在计量日对相关资产或负债定价时会考虑的资产或负债特征因素，均应予以考虑。

1. 资产状况和所在位置

由于市场参与者对非金融资产定价时通常会考虑该资产的地理位置、环境、使用功能、结构、新旧程度和可使用状况等，因此企业按规定对非金融资产进行公允价值计量时，也应考虑这些特征。

企业以公允价值计量相关资产的，应当基于这些特征因素，对类似资产的可观察市场价格或其他交易信息进行适当调整，以确定该资产的公允价值。

【案例1】 2×23年1月1日，甲企业将刚开发建成的一栋写字楼用于出租，作为投资性房地产核算，并采用公允价值模式进行后续计量。2×23年12月31日，甲企业根据可获得的市场信息和相关数据，决定参考本地区同一地段的写字楼活跃市场价格，并考虑所处商圈位置、新旧程度、配套设施等因素，对本地区可比写字楼的市场交易价格进行调整，确定该写字楼在2×23年12月31日的公允价值。

2. 对资产出售或使用的限制

企业以公允价值计量相关资产，应当考虑出售或使用该资产所存在的限制因素。企业为合理确定相关资产的公允价值，应当区分该限制是针对资产持有者的，还是针对该资产本身的。

如果该限制是针对相关资产本身的，那么此类限制是该资产具有的一项特征，任何持有该资产的企业都会受到影响，市场参与者在计量日对该资产进行定价时会考虑这一特征，因此，企业以公允价值计量该资产，应当考虑该限制特征。

【案例2】 某上市公司的限售股具有在指定期间内无法在公开市场上出售的特征。市场参与者在对该上市公司限售股进行定价时将会考虑该权益工具流动性受限的因素。因此，企业以公允价值计量该权益工具时，应当对在公开市场上交易的同一发行人的未受限制的相同权益工具的报价作出相应调整，即从报价中扣除市场参与者因承担指定期间内无法在公开市场上出售该权益工具的风险而要求获得补偿的金额。

如果该限制是针对资产持有者的，那么此类限制并不是该资产的特征，只会影响当前持有该资产的企业，而其他企业可能不会受到该限制的影响，市场参与者在计量日对该资产进行定价时不会考虑该限制因素，因此，企业以公允价值计量该资产时，也不应考虑针对该资产持有者的限制因素。

【案例3】甲公司与某商业银行签订一份借款合同。根据借款合同规定，甲公司将其持有的一块土地使用权作为抵押，在偿还该债务前，甲公司不能转让该土地使用权。

在本例中，甲公司承诺在偿还该商业银行借款前不转让其持有的该土地使用权，该承诺是针对甲公司的限制，而非针对甲公司所持有的土地使用权，该限制并不会转移给其他市场参与者。因此，甲公司在确定其持有的该土地使用权的公允价值时，不应考虑该限制。

（二）计量单元

企业以公允价值计量相关资产或负债，该资产或负债可以是单项资产或负债，比如一台机器设备或一项专利权，也可以是资产组合、负债组合或者资产和负债的组合。

企业是以单项还是以组合的方式对相关资产或负债进行公允价值计量，取决于该资产或负债的计量单元。

计量单元，是指相关资产或负债以单独或者组合方式进行计量的最小单位。计量单元是针对确认目的对相关资产或负债进行汇总或者分解的水平，是该资产或负债以单独或者组合方式进行计量的最小单位。企业在确认相关资产或负债时就已经确定了该资产或负债的计量单元。

二、有序交易

企业以公允价值计量相关资产或负债。应当以市场参与者在计量日当前市场情况下出售资产或者转移负债的有序交易为基础。企业应用于相关资产或负债公允价值计量的有序交易，是在计量日前一段时期内该资产或负债具有惯常市场活动的交易，不包括被迫清算和抛售。

企业在确定一项交易是否为有序交易时，应当全面理解交易环境和有关事实。

企业应当基于可获取的信息，如市场环境变化、交易规则和习惯、价格波动幅度、交易量波动幅度、交易发生的频率、交易对手信息、交易原因、交易场所和其他能够获得的信息运用专业判断对交易行为和交易价格进行分析，以判断该交易是否为有序交易。

企业不必为确定一项交易是否为有序交易而不计成本，但不能忽视可合理获得的信息当企业成为交易一方时，通常假定该企业有充分的信息来判断该交易是否为有序交易。

企业判定相关资产或负债的交易为有序交易的，企业以公允价值计量该资产或负债时，则应当考虑该交易价格。

企业在公允价值计量过程中赋予该交易价格的权重时，应当考虑交易量、该交易的可比

性、该交易与计量日的临近程度等因素。企业判定相关资产或负债的交易为非有序交易的，企业以公允价值计量该资产或负债时，则应当赋予该交易价格较低权重或者不予考虑。

企业根据现有信息不足以判定该交易是否为有序交易的，在以公允价值计量该资产或负债时，应当考虑该交易价格，但考虑到该交易价格可能不代表公允价值，企业不应将该交易价格作为计量公允价值的唯一或主要依据，并且相对于其他已知的有序交易企业应赋予该交易较低权重。

三、主要市场或最有利市场

企业以公允价值计量相关资产或负债，应当以出售资产或者转移负债有序交易的主要市场为基础，确定该资产或负债的公允价值。不存在主要市场的，企业应当以相关资产或负债的最有利市场为基础，确定该资产或负债的公允价值。

相关资产或负债的主要市场，是指相关资产或负债交易量最大和交易活跃程度最高的市场。

相关资产或负债的最有利市场，是指在考虑交易费用和运输费用后，能够以最高金额出售相关资产或者以最低金额转移相关负债的市场。

（1）企业在识别相关资产或负债的主要市场（或者在不存在主要市场情况下的最有利市场）时，应当考虑所有可以合理取得的信息，但不必不计成本地考察所有可能的市场。通常情况下，如果不存在相反的证据，企业正常进行资产出售或者负债转移的市场可以视为主要市场（或者在不存在主要市场情况下的最有利市场）。

（2）相关资产或负债的主要市场（或者在不存在主要市场情况下的最有利市场）应当是企业可进入的市场。企业应当从自身角度，而非市场参与者角度，判定相关资产或负债的主要市场（或者在不存在主要市场情况下的最有利市场）。

（3）企业应当以主要市场上相关资产或负债的价格为基础，计量该资产或负债的公允价值。由于主要市场是资产或负债流动性最强的市场，在企业以公允价值计量相关资产或负债时，主要市场应当能够提供最具代表性的参考信息。

不管相关资产或负债的价格是直接能够观察到，还是通过其他估值技术获得，企业都应当以主要市场上相关资产或负债的价格为基础，计量该资产或负债的公允价值。即使企业能够于计量日在主要市场以外的另一个市场上，获得更高的出售价格或转移价格，企业也仍应当以主要市场上相关资产或负债的价格为基础，计量该资产或负债的公允价值。

（4）不存在主要市场或者无法确定主要市场的，企业应当以最有利市场的价格为基础计量相关资产或负债的公允价值。企业在确定最有利市场时，应当考虑交易费用、运输费用等。

企业在根据最有利市场的交易价格对相关资产或负债的公允价值进行估计时，不应当因交易费用对该价格进行调整。因为交易费用不属于相关资产或负债的特征，只与特定交易有关。

（1）交易费用是指企业发生的可直接归属于资产出售或者负债转移的费用。交易费用在进行相关资产或负债交易时不可避免。交易费用直接由交易引起，并且是企业进行交易所必需的，如果企业未决定出售资产或转移负债，该费用将不会产生。

（2）交易费用不包括运输费用。相关资产所在地理位置是该资产的特征，企业应当根据使该资产从当前位置转移到主要市场（或者在不存在主要市场情况下的最有利市场）的运输费用调整主要市场（或者在不存在主要市场情况下的最有利市场）的价格。

企业以公允价值计量相关资产或负债，即使在计量日不存在提供出售资产或转移负债价格信息的可观察市场，企业仍应当从持有资产或承担负债的市场参与者的角度进行考虑，并假设当日发生了交易。该假设的交易是估计出售资产或转移负债价格的基础。

四、市场参与者

企业以公允价值计量相关资产或负债，应当采用市场参与者在对该资产或负债定价时为实现其经济利益最大化所使用的假设。

企业应当从市场参与者角度计量相关资产或负债的公允价值，而不应考虑企业自身持有资产、清偿或者以其他方式履行负债的意图和能力。

【案例 4】 甲公司是一家日化企业，取得了竞争对手乙公司 100%股权，并对乙公司进行了吸收合并。甲公司决定不再使用乙公司的商标，所有产品统一使用甲公司的商标。乙公司商标声誉良好，对其他企业而言具有价值，能够产生经济利益。甲公司以公允价值计量该商标时，不能因自身放弃使用该商标，就将其公允价值确定为零，而是应当基于将该商标出售给熟悉情况、有意愿且有能力进行交易的其他市场参与者的价格，确定其公允价值。

企业以公允价值计量相关资产或负债，应当充分考虑当前市场参与者之间的交易，并考虑随时间变化所发生的市场参与者变动的影响。例如，当市场变得不再活跃时，企业应当考虑相关资产或负债的潜在买方与活跃市场中的潜在买方之间可能存在的差异。

1. 市场参与者的特征

市场参与者，是指在相关资产或负债的主要市场（或者在不存在主要市场情况下的最有利市场）中，相互独立的、熟悉资产或负债情况的、能够且愿意进行资产或负债交易的买方和卖方。

市场参与者应当具备下列特征：

（1）市场参与者应当相互独立，不存在《企业会计准则第 36 号——关联方披露》所述的关联方关系。

（2）市场参与者应当熟悉情况，根据可获得的信息，包括通过正常的尽职调查获取的信息，对相关资产或负债以及交易具备合理认知。

（3）市场参与者应当有能力并自愿进行相关资产或负债的交易，而非被迫或以其他强制方式进行交易。

2. 市场参与者的确定

企业在确定市场参与者时，应当考虑所计量的相关资产或负债、该资产或负债的主要市场（或者在不存在主要市场情况下的最有利市场）以及在该市场上与企业进行交易的市场参与者等因素，从总体上识别市场参与者。

企业在确定市场参与者时至少应当考虑下列因素：

（1）所计量的相关资产负债。例如，金融资产的市场参与者与非金融资产的市场参与者之间将存在较大差别。

（2）该资产或负债的主要市场（或者在不存在主要市场情况下的最有利市场）。主要市场（或者在不存在主要市场情况下的最有利市场）是基于企业角度确定的，因此与企业在同一行业的其他企业有可能是市场参与者。但市场参与者也可能来自其他行业。

（3）企业将在该市场上与之进行交易的市场参与者。

五、公允价值初始计量

企业在取得资产或者承担负债的交易中，取得该项资产所支付或承担该项负债所收到的交易价格，即进入价格。

相关资产或负债的公允价值是脱手价格，即出售该资产所能收到的价格或者转移该负债所需支付的价格。企业未必以取得资产时所支付的价格出售该资产，同样，也未必以承担负债时所收取的价格转移该负债。

虽然企业取得资产或承担负债的进入价格不一定等于该资产或负债的脱手价格，但在大多数情况下，相关资产或负债的进入价格等于其脱手价格。

六、估值技术

企业以公允价值计量相关资产或负债，应当使用在当前情况下适当、并能够获取充分数据的估值技术。企业使用估值技术的目的是，估计市场参与者在计量日当前市场情况下的有序交易中出售资产或者转移负债的价格。

估值技术通常包括市场法、收益法和成本法。企业应当根据实际情况从市场法、收益法和成本法中选择一种或多种估值技术。

1. 市场法

市场法是利用相同或类似的资产、负债或资产和负债组合的价格以及其他相关市场交易信息进行估值的技术。

（1）企业应用市场法估计相关资产或负债的公允价值时，可利用相同或类似的资产、负债或资产和负债的组合（如一项业务）的价格和其他相关市场交易信息进行估值。

（2）企业在使用市场法时，经常会用到市场参与者在相同或类似资产出售将收到或者转移相同或类似负债将支付的公开报价。

（3）企业在市场价格或其他相关市场交易信息基础上，可根据该资产或负债的特征，如当前状况、地理位置、出售和使用的限制等，对相同或类似资产或负债的市场价格进行调整，以确定该资产或负债的公允价值。

（4）企业在应用市场法时，除直接使用相同或类似资产或负债的公开报价外，还可以使用市场乘数法等估值方法。市场乘数法是一种使用来自可比企业市场数据的方法，包括上市公司比较法、交易案例比较法等。

2. 收益法

收益法是企业将未来金额转换成单一现值的估值技术。

（1）企业使用收益法时，应当反映市场参与者对现金流量或者收入和费用等未来金额的当前预期。

（2）企业使用的收益法包括现金流量折现法、多期超额收益折现法、期权定价模型等估值方法。现金流量折现法是企业在收益法中最常用到的估值方法。

（3）企业根据对风险的调整方式和现金流量类型、可以将现金流量折现法区分为两种方法，传统法（即折现率调整法）和期望现金流量法：

①传统法，是使用在估计金额范围内最有可能的现金流量和经风险调整的折现率的一种折现方法；

②期望现金流量法，是使用风险调整的期望现金流量和无风险利率，或者使用未经风险调整的期望现金流量和包含市场参与者要求的风险溢价的折现率的一种折现方法。

3. 成本法

成本法，是反映当前要求重置相关资产服务能力所需金额的估值技术，通常是指现行重置成本法。

在成本法下，企业应当根据折旧贬值情况，对市场参与者获得或构建具有相同服务能力的替代资产的成本进行调整。折旧贬值包括实体性损耗、功能性贬值以及经济性贬值。企业主要使用现行重置成本法估计与其他资产或其他资产和负债一起使用的有形资产的公允价值。

4. 估值技术的选择

企业在某些情况下使用单项估值技术是适当的，例如，企业使用相同资产或负债在活跃市场上的公开报价计量该资产或负债的公允价值。但在有些情况下，企业可能需要使用多种估值技术。

企业应当运用更多职业判断，确定恰当的估值技术。企业至少应当考虑下列因素：

（1）根据企业可获得的市场数据和其他信息，其中一种估值技术是否比其他估值技术更恰当；

（2）其中一种估值技术所使用的输入值是否更容易在市场上观察到或者只需作更少的调整；

（3）其中一种估值技术得到的估值结果区间是否在其他估值技术的估值结果区间内；

（4）市场法和收益法结果存在较大差异的，进一步分析存在较大差异的原因，例如其中一种估值技术可能使用不当，或者其中一种估值技术所使用的输入值可能不恰当等。

企业在公允价值计量中使用的估值技术一经确定，不得随意变更。

企业公允价值计量中应用的估值技术应当在前后各会计期间保持一致，除非变更估值技术或其应用方法能使计量结果在当前情况下同样或者更能代表公允价值，包括但不限于下列情况：

（1）出现新的市场；

（2）可以取得新的信息；

（3）无法再取得以前使用的信息；

（4）改进了估值技术；

（5）市场状况发生变化等。

企业变更估值技术及其应用方法的，应当按照《企业会计准则第 28 号——会计政策、会计估计变更和差错更正》的规定作为会计估计变更。

企业无论使用何种估值技术，都应当考虑当前市场状况并作出市场参与者可能进行的适当的风险调整，如对信用风险和流动性风险的调整。

七、输入值

企业以公允价值计量相关资产或负债，应当考虑市场参与者在对相关资产或负债进行定价时所使用的假设，包括有关风险的假设，例如，所用特定估值技术的内在风险等。市场参与者所使用的假设即为输入值，可分为可观察输入值和不可观察输入值。

（1）可观察输入值，是指能够从市场数据中取得的输入值。

该输入值反映了市场参与者在对相关资产或负债定价时所使用的假设。企业通常可以从交易所市场、做市商市场、经纪人市场、直接交易市场获得可观察输入值。

（2）不可观察输入值，是指不能从市场数据中取得的输入值。

该输入值应当根据可获得的市场参与者在对相关资产或负债定价时所使用假设的最佳信息确定。

企业使用估值技术时，应当优先使用可观察输入值，仅当相关可观察输入值无法取得或取得不切实可行时才使用不可观察输入值。当企业为估计相关资产或负债公允价值必须使用一些不可观察输入值时，如果市场参与者在对该资产或负债的公允价值计量会用到这些不可观察输入值，那么企业也应当使用这些不可观察输入值。

无论企业在以公允价值计量相关资产或负债过程中是否使用不可观察输入值，其公允价值计量的目的仍是基于市场参与者角度确定在当前市场条件下计量日有序交易中该资产或负债的脱手价格。

八、公允价值层次

为提高公允价值计量和相关披露的一致性和可比性，企业应当将估值技术所使用的输入值划分为三个层次，并最优先使用活跃市场上相同资产或负债未经调整的报价（第一层次输入值），最后使用不可观察输入值（第三层次输入值）。

1. 第一层次输入值是在计量日能够取得的相同资产或负债在活跃市场上未经调整的报价。

活跃市场，是指相关资产或负债的交易量和交易频率足以持续提供定价信息的市场。相同资产或负债在活跃市场的公开报价提供了公允价值最可靠的证据。

在活跃市场中企业应当能够易于且可定期从交易所、交易商、经纪人、行业组织、定价机构或监管机构等获得相关资产或负债的报价。企业从活跃市场获得的这些报价，应当能够代表在公平交易基础上实际并经常发生的市场交易。但并非所有的市场报价都能作为第一层次输入值。

2. 第二层次输入值是除第一层次输入值外相关资产或负债直接或间接可观察的输入值，如活跃市场中类似资产或负债的报价、非活跃市场中相同或类似资产或负债的报价、除报价以外的其他可观察输入值等。

对于具有合同期限的相关资产或负债，第二层次输入值必须在其几乎整个期限内是可观察的。企业以公允价值计量的相关资产或负债时，类似资产或负债的报价为该资产或负债的公允价值计量提供了依据，但企业需要对该报价进行调整。

企业应当根据相关资产或负债的特征，对第二层次输入值进行调整。这些特征包括资产状况或所在位置、输入值与可比资产或负债的相关程度、可观察输入值所在市场的交易量和活跃程度等。

企业使用重要的不可观察输入值对相对公允价值计量整体而言重大的第二层次输入值进行调整的，公允价值计量结果应当划分为第三层次。

3. 第三层次输入值是相关资产或负债的不可观察输入值。

企业只有在相关资产或负债不存在市场交易活动，或者市场交易活动很少导致相关可观察输入值难以取得的情况下。才能使用第三层次输入值，即不可观察输入值。

企业使用不可观察输入值仍应当反映市场参与者给资产或负债定价时使用的假设，包括有关风险的假设，例如，特定估值技术及其输入值的固有风险的假设等。

企业在确定不可观察输入值时，应当使用在当前情况下可以合理取得的最佳信息，包括所有可合理取得的市场参与者假设。

企业应当根据相关资产或负债输入值的可观察性和重要性，判定该公允价值计量所属的层次。企业在考虑相关资产或负债特征的基础上判断输入值的重要性，进行重要性评估时，应当考虑公允价值计量本身，而不是考虑公允价值的变动以及这些变动的会计处理。

公允价值计量结果所属的层次，由对公允价值计量整体而言重要的输入值所属的最低层次决定，而不是估值技术本身。

企业使用第三方估值机构或者第三方报价机构（例如经纪人、做市商等）提供的出价或要价计量相关资产或负债公允价值的，应当确保该第三方报价机构提供的出价或要价遵循了公允价值计量准则要求。

企业应当综合考虑相关资产或负债所处市场的特点、交易是否活跃、是否有足够数量的报价方、报价方是否权威、报价是否持续等因素，对出价和要价的质量进行判断。企业即使使用了第三方报价机构提供的估值，也不应简单将该公允价值计量结果划入第三层次输入值。

第三节　非金融资产、负债和企业自身权益工具的公允价值计量

一、非金融资产的公允价值计量

（一）非金融资产的最佳用途

企业以公允价值计量非金融资产，应当考虑市场参与者通过直接将该资产用于最佳用途

产生经济利益的能力，或者通过将该资产出售给能够用于最佳用途的其他市场参与者的方式产生经济利益的能力。

最佳用途，是指市场参与者实现一项非金融资产或其所属的一组资产和负债的价值最大化时该非金融资产的用途。

最佳用途是评估行业在非金融资产（例如，房地产等）评估中所使用的估值概念，也称为最高最佳使用。企业判定非金融资产的最佳用途，应当考虑该用途是否为法律上允许、实物上可能以及财务上可行的使用方式。

（1）企业判断非金融资产的用途在法律上是否允许，应当考虑市场参与者在对该非金融资产定价时所考虑的资产使用在法律上的限制。

（2）企业判断非金融资产的用途在实物上是否可能，应当考虑市场参与者在对该非金融资产定价时所考虑的资产实物特征。

（3）企业判断非金融资产的用途在财务上是否可行，应当考虑在法律上允许且实物上可能的情况下、市场参与者通过使用该非金融资产能否产生足够的收益或现金流量，从而补偿将该非金融资产用于这一用途所发生的成本之后，仍然能够满足市场参与者所要求的投资于该非金融资产的回报。

（4）企业应当从市场参与者的角度确定非金融资产的最佳用途，即使企业已经或者计划将非金融资产用于不同于市场参与者的用途。

通常情况下，企业对非金融资产的当前用途可视为最佳用途，除非市场因素或者其他因素表明市场参与者按照其他用途使用该非金融资产可以实现价值最大化。

【案例 5】甲软件公司拥有一组资产，包括收费软件资产（向客户收取许可证费用）和配套使用的数据库支持系统，这两项资产结合使用。2×23 年，由于市场上出现新的可替代软件，甲公司可收取的许可证费用大幅减少。因此，甲公司需要对该资产组进行减值测试。由于没有证据表明这些资产的当前用途并非其最佳用途，甲公司确定这些资产的最佳用途是其当前用途，并且每一项资产将主要通过与其他资产结合使用来为市场参与者提供最大价值。

（二）非金融资产的估值前提

企业以公允价值计量非金融资产，应当在最佳用途的基础上确定该非金融资产的估值前提，即单独使用该非金融资产还是将其与其他资产或负债组合使用。

（1）通过单独使用实现非金融资产最佳用途的，该非金融资产的公允价值应当是将该资产出售给同样单独使用该资产的市场参与者的当前交易价格。

（2）通过与其他资产组合使用或者与其他资产和负债组合使用实现非金融资产最佳用途的。该非金融资产的公允价值应当是将该资产出售给以同样组合方式使用资产的市场参与者的当前交易价格，并且假定市场参与者可以取得组合中的其他资产和负债。其中，负债包括企业为筹集营运资金产生的负债，但不包括企业为组合之外的资产筹集资金所产生的负债。

企业以公允价值计量非金融资产时，即使通过与其他资产组合使用或与其他资产和负债组合使用实现该非金融资产最佳用途的，该资产也必须按照与其他会计准则规定的计量单元相一致的方式（可能是单项资产）出售，因为假定市场参与者已取得使该资产正常运作的组合中其他资产和负债。

【案例6】甲公司在非同一控制下的企业合并中取得一台精密设备，该设备是被购买方生产流水线上的专用设备。该设备需要与流水线上其他设备一起组合使用来实现最佳用途，在此基础上，甲公司采用收益法对整个流水线进行估值。甲公司按照一定标准，将该公允价值分配到各组成部分，最终确定该精密设备的公允价值。该精密设备作为单项资产，是其他准则所规定的计量单元，因此，甲公司遵循最佳用途，以组合为基础进行估值，但在计量时按照计量单元，将组合的估值分配至各单项资产，以确定该精密设备的公允价值。

企业以公允价值计量与其他资产（如安装或配置）或与其他资产及负债（如一项业务）组合使用的非金融资产时，估值前提对该非金融资产公允价值的影响因下列情况而有所不同：

（1）非金融资产与其他资产或其他资产和负债组合使用前提下的公允价值，与该非金融资产单独使用前提下的公允价值可能相等。例如，企业以公允价值对持续运营的业务进行计量时，需要对业务的整体进行估值。

由于市场参与者都能获得业务中每一项资产或负债的协同效应，所以无论资产单独使用还是与其他资产或其他资产和负债组合使用，协同效应都会影响各项资产和负债的公允价值。

（2）非金融资产与其他资产或其他资产和负债组合使用前提下的公允价值，可通过对单独使用的该非金融资产价值进行调整反映。例如，非金融资产是一项机器设备，其公允价值计量基于类似机器（没有为使用进行安装或配置）的可观察价格确定，并就运输和安装成本进行调整，从而在公允价值计量中反映了机器的当前状况和位置。

（3）非金融资产与其他资产或其他资产和负债组合使用前提下的公允价值，可通过市场参与者在资产公允价值计量中采用的假设反映。例如，非金融资产是特殊的存货（在产品），市场参与者将会将存货转化为产成品，该存货的公允价值将假设市场参与者已经获取或能够获取将存货转化为产成品所需的任何特殊机器设备。

（4）非金融资产与其他资产或其他资产和负债组合使用前提下的公允价值，可通过估值技术反映。例如，在使用多期超额收益法计量无形资产的公允价值时，该估值技术特别考虑了无形资产所在组合中的其他配套资产和相关负债的贡献。

（5）在少数情况下，非金融资产与其他资产或其他资产和负债组合使用前提下的公允价值，可通过分配资产组合的公允价值，获得近似于公允价值的金额。

二、负债和企业自身权益工具的公允价值计量

企业以公允价值计量负债，应当假定在计量日将该负债转移给市场参与者，而且该负债在转移后继续存在，由作为受让方的市场参与者履行义务。

企业以公允价值计量自身权益工具，应当假定在计量日将该自身权益工具转移给市场参与者，而且该自身权益工具在转移后继续存在，并由作为受让方的市场参与者取得与该工具相关的权利承担相应的义务。

在任何情况下，企业都应当最优先使用相关的可观察输入值，只有在相关可观察输入值无法取得或取得不切实可行的情况下，才可以使用不可观察输入值，以实现公允价值计量目标，即估计在计量日市场参与者之间按照当前市场情况转移一项负债或权益工具的有序交易中的价格。

（一）确定负债或企业自身权益工具公允价值的方法

存在相同或类似负债或企业自身权益工具可观察市场报价的，企业应当以该报价为基础确定负债或企业自身权益工具的公允价值。

但在很多情况下，由于法律限制或企业未打算转移负债或企业自身权益工具等原因，企业可能无法获得转移相同或类似负债或企业自身权益工具的公开报价。在这样的情形下，企业应当确定该负债或自身权益工具是否被其他方作为资产持有。

（二）不履约风险

不履约风险，是指企业不履行义务的风险，包括但不限于企业自身信用风险。

企业以公允价值计量相关负债，应当考虑不履约风险，并假定不履约风险在负债转移前后保持不变。

企业以公允价值计量相关负债时，应该考虑其信用风险（信用状况）的影响，以及其他可能影响负债是否履行的因素。这些影响可能因不同负债而有所不同，例如，该负债是否是一项偿付现金的义务（金融负债）或者一项提供商品或服务的义务（非金融负债），或者存在与该负债相关的信用增级条款。

企业以公允价值计量相关负债，应当基于该负债计量单元考虑不履约风险对负债公允价值的影响。

负债附有不可分割的第三方信用增级（如第三方的债务担保），并且该信用增级与负债是分别进行会计处理的，企业估计该负债公允价值时不应考虑该信用增级的影响，而仅应当考虑企业自身的信用状况。

（三）负债或企业自身权益工具转移受限

企业以公允价值计量负债或自身权益工具，并且该负债或自身权益工具存在限制转移因素的，如果企业在公允价值计量的输入值中已经考虑了这些因素，则不应再单独设置相关输入值，也不应对其他输入值进行相关调整。

第二十五章　政府会计

第一节　政府会计概述

政府会计是会计体系的重要分支，它是运用会计专门方法对政府及其组成主体（如政府所属的行政事业单位等）的财务状况、运行情况、预算执行等情况进行全面核算、监督和报告。

一、政府会计核算模式

政府会计由预算会计和财务会计构成，实行“双功能、双基础、双报告”的核算模式。

1. “双功能”，指政府会计应当实现预算会计和财务会计双重功能。

①预算会计通过预算收入、预算支出与预算结余三个要素，对政府会计主体预算执行过程中发生的全部预算收入和全部预算支出进行会计核算，主要反映和监督预算收支执行情况。

②财务会计通过资产、负债、净资产、收入和费用五个要素，对政府会计主体发生的各项经济业务或者事项进行会计核算，主要反映和监督政府会计主体的财务状况、运行情况等。

2. “双基础”，指预算会计实行收付实现制（国务院另有规定的，从其规定），财务会计实行权责发生制。

3. “双报告”，指政府会计主体应当编制决算报告和财务报告。

①决算报告的编制主要以收付实现制为基础，以预算会计核算生成的数据为准。

②财务报告的编制主要以权责发生制为基础，以财务会计核算生成的数据为准。

在“双功能、双基础、双报告”的核算模式下，政府预算会计和财务会计是“适度分离并相互衔接”的关系。

“适度分离”指预算会计和财务会计功能不同、核算基础不同、生成报告不同。

“相互衔接”指预算会计和财务会计是在同一套账（而非两套账）中，对政府会计主体的经济业务或事项实现两个功能的会计核算，预算会计要素和财务会计要素相互协调，决算报告和财务报告相互补充，共同反映政府会计主体的预算执行信息和财务信息。

“双功能、双基础、双报告”的核算模式下，政府单位应当对预算会计和财务会计进行平行记账。单位对于纳入部门预算管理的现金收支业务，在采用财务会计核算的同时应当进行预算会计核算；对于其他业务，仅需进行财务会计核算。

二、政府会计要素及其确认和计量

政府会计要素包括预算会计要素和财务会计要素。预算会计要素包括预算收入、预算支出和预算结余；财务会计要素包括资产、负债、净资产、收入和费用。

（一）预算会计要素

1. 预算收入

预算收入是指政府会计主体在预算年度内依法取得的并纳入预算管理的现金流入。预算收入一般在实际收到时予以确认，以实际收到的金额计量。

2. 预算支出

预算支出是指政府会计主体在预算年度内依法发生并纳入预算管理的现金流出。预算支出一般在实际支付时予以确认，以实际支付的金额计量。

3. 预算结余

预算结余是指政府会计主体预算年度内预算收入扣除预算支出后的资金余额，以及历年滚存的资金余额。

预算结余包括结余资金和结转资金。结余资金是指年度预算执行终了，预算收入实际完成数扣除预算支出和结转资金后剩余的资金。结转资金是指预算安排项目的支出年终尚未执行完毕或者因故未执行，且下年需要按原用途继续使用的资金。

（二）财务会计要素

1. 资产

（1）资产的定义和分类

资产是指政府会计主体过去的经济业务或者事项形成的，由政府会计主体控制的，预期能够产生服务潜力或者带来经济利益流入的经济资源。政府会计主体的资产按照流动性，分为流动资产和非流动资产。

（2）资产的确认和计量

符合政府资产定义的经济资源，在同时满足以下条件时，应确认为资产：

①与该经济资源相关的服务潜力很可能实现或者经济利益很可能流入政府会计主体。

②该经济资源的成本或者价值能够可靠地计量。

政府资产的计量属性主要包括历史成本、重置成本、现值、公允价值和名义金额。

政府会计主体在对资产进行计量时，一般应当采用历史成本。采用重置成本、现值、公允价值计量的，应当保证所确定的资产金额能够持续、可靠计量。无法采用历史成本、重置成本、现值和公允价值计量属性的，应采用名义金额（即人民币 1 元）计量。

2. 负债

（1）负债的定义和分类

负债是指政府会计主体过去的经济业务或者事项形成的，预期会导致经济资源流出政府会计主体的现时义务。政府会计主体的负债按照流动性，分为流动负债和非流动负债。

（2）负债的确认和计量

符合政府负债定义的义务，在同时满足以下条件时，应确认为负债：

①履行该义务很可能导致含有服务潜力或者经济利益的经济资源流出政府会计主体；

②该义务的金额能够可靠地计量。

政府负债的计量属性主要包括历史成本、现值和公允价值。

政府会计主体在对负债进行计量时，一般应当采用历史成本。采用现值、公允价值计量的，应当保证所确定的负债金额能够持续、可靠计量。

3. 净资产

净资产是指政府会计主体资产扣除负债后的净额，其金额取决于资产和负债的计量。

4. 收入

收入是指报告期内导致政府会计主体净资产增加的、含有服务潜力或者经济利益的经济资源的流入。

收入的确认应当同时满足以下条件：

（1）与收入相关的含有服务潜力或者经济利益的经济资源很可能流入政府会计主体；

（2）含有服务潜力或者经济利益的经济资源流入会导致政府会计主体资产增加或者负债减少；

（3）流入金额能够可靠地计量。

5. 费用

费用是指报告期内导致政府会计主体净资产减少的、含有服务潜力或者经济利益的经济资源的流出。

费用的确认应当同时满足以下条件：

（1）与费用相关的含有服务潜力或者经济利益的经济资源很可能流出政府会计主体；

（2）含有服务潜力或者经济利益的经济资源流出会导致政府会计主体资产减少或者负债增加；

（3）流出金额能够可靠地计量。

三、政府决算报告和财务报告

（一）政府决算报告

1. 政府决算报告：是综合反映政府会计主体年度预算收支执行结果的文件。

2. 政府决算报告的目标：向决算报告使用者提供与政府预算执行情况有关的信息，综合反映政府会计主体预算收支的年度执行结果，服务于决算报告使用者进行监督和管理，并为编制后续年度预算提供参考和依据。

3. 政府决算报告的构成：决算报表以及其他应当在决算报告中反映的相关信息和资料。

政府单位的预算会计报表是单位通过预算会计核算直接形成的报表，是决算报表的主要信息来源。

预算会计报表至少包括：预算收入支出表、预算结转结余变动表、财政拨款预算收入支出表。

（二）政府财务报告

1. 政府财务报告：是反映政府会计主体某一特定日期的财务状况和某一会计期间的运行情况和现金流量等信息的文件。

2. 政府财务报告的目标：向财务报告使用者提供与政府财务状况、运行情况和现金流量等有关的信息，反映政府会计主体公共受托责任履行情况，服务于财务报告使用者作出决策或者进行监督和管理。

3. 政府财务报告的构成：财务报表以及其他应当在财务报告中披露的相关信息和资料。财务报表包括会计报表和附注。

（1）会计报表一般包括：资产负债表、收入费用表、净资产变动表、现金流量表（可根据实际情况自行选择编制）。

（2）附注是对在资产负债表、收入费用表等报表中列示项目所作的进一步说明，以及对未能在这些报表中列示项目的说明。

政府财务报告主要分为政府部门财务报告和政府综合财务报告。

①政府部门编制部门财务报告，反映本部门的财务状况和运行情况。

②财政部门编制政府综合财务报告，反映政府整体的财务状况、运行情况和财政中长期可持续性。

第二节 政府单位特定业务的会计核算

政府单位财务会计的原理和方法与企业会计基本一致，但与企业会计不同的是，政府单位会计核算应当具备财务会计与预算会计双重功能，实现财务会计与预算会计适度分离并相互衔接，全面、清晰地反映单位财务信息和预算执行信息。

一、政府单位会计核算的基本特点

政府单位会计核算应当具备财务会计与预算会计双重功能。

1. 预算会计

政府单位预算会计通过预算收入、预算支出和预算结余三个要素，全面反映单位预算收支执行情况。

预算收入类科目包括：财政拨款预算收入、事业预算收入、上级补助预算收入、附属单位上缴预算收入、经营预算收入、债务预算收入、非同级财政拨款预算收入、投资预算收益、其他预算收入。

预算支出类科目包括：行政支出、事业支出、经营支出、上缴上级支出、对附属单位补助支出、投资支出、债务还本支出、其他支出。

预算会计等式：预算收入-预算支出=预算结余

为了在预算会计三要素中实现会计复式记账，在日常核算时，单位应当设置“资金结存”科目，核算纳入部门预算管理的资金的流入、流出、调整和滚存等情况。根据资金支付方式及资金形态，“资金结存”科目应设置“零余额账户用款额度”“货币资金”“财政应返还额度”三个明细科目。

年末预算收支结转后“资金结存”科目借方余额与预算结余类科目合计贷方余额相等。

2. 财务会计

政府单位财务会计通过资产、负债、净资产、收入、费用五个要素、全面反映单位财务状况，运行情况等。

反映单位财务状况的会计等式：资产-负债=净资产

反映单位运行情况的会计等式：收入-费用=本期盈余

本期盈余经分配后最终转入净资产。

收入类科目包括：财政拨款收入、事业收入、上级补助收入、附属单位上缴收入、经营收入、非同级财政拨款收入、投资收益、捐赠收入、利息收入、租金收入、其他收入。

费用类科目包括：业务活动费用、单位管理费用、经营费用、资产处置费用、上缴上级费用、对附属单位补助费用、所得税费用、其他费用。

“业务活动费用”科目核算单位为实现其职能目标、依法履职或开展专业业务活动及其辅助活动所发生的各项费用。

“单位管理费用”科目核算事业单位本级行政及后勤管理部门开展管理活动发生的各项费用，包括单位行政及后勤管理部门发生的人员经费、公用经费、资产折旧（摊销）等费用，以及由单位统一负担的离退休人员经费、工会经费、诉讼费、中介费等。

3. 双重功能

政府单位对于纳入部门预算管理的现金收支业务，在采用财务会计核算的同时应当进行预算会计核算；对于其他业务，仅需进行财务会计核算。

这里的现金，是指单位的库存现金以及其他可以随时用于支付的款项，包括库存现金、银行存款、其他货币资金、零余额账户用款额度、财政应返还额度，以及通过财政直接支付方式支付的款项。

对于不涉及现金收支的业务，仅需要进行财务会计处理，不需要进行预算会计处理；对于单位受托代理的现金以及应上缴财政的现金等现金收支业务，由于不纳入部门预算管理，也只进行财务会计处理，不需要进行预算会计处理。

政府单位财务会计核算中关于应交增值税的会计处理与企业会计基本相同，但是在预算会计处理中，预算收入和预算支出包含了销项税额和进项税额，实际缴纳增值税时计入预算支出。

二、财政拨款收支业务

财政拨款收支业务是绝大多数单位的主要业务，“财政拨款（预算）收入”科目核算单位从同级财政部门取得的各类财政拨款。实行国库集中支付的政府单位，财政资金的支付方式包括财政直接支付和财政授权支付。

（一）财政直接支付业务

<table>
<tr><th>事项</th><th>财务会计</th><th>预算会计</th></tr>
<tr><td rowspan="2">单位收到相关支付凭证</td><td colspan="2">按支付凭证所列金额</td></tr>
<tr><td>借：库存物品、固定资产、应付职工薪酬、业务活动费用、单位管理费用等
贷：财政拨款收入</td><td>借：行政支出、事业支出等
贷：财政拨款预算收入</td></tr>
<tr><td rowspan="2">年末</td><td colspan="2">本年度财政直接支付预算指标数大于当年财政直接支付实际支出数的金额</td></tr>
<tr><td>借：财政应返还额度
贷：财政拨款收入</td><td>借：资金结存——财政应返还额度
贷：财政拨款预算收入</td></tr>
<tr><td>下年度恢复财政直接支付额度后，发生实际支出时</td><td>借：库存物品、固定资产、应付职工薪酬、业务活动费用、单位管理费用等
贷：财政应返还额度</td><td>借：行政支出、事业支出等
贷：资金结存——财政应返还额度</td></tr>
</table>

【例 25-1 · 单选题】 2×21 年 1 月 10 日，甲行政单位以恢复的上年度财政直接支付额度向乙公司采购一台价款为 3 万元的办公设备并立即投入使用，并于 1 月 15 日收到财政直接支付入账通知书。不考虑其他因素，甲行政单位对上述业务进行会计处理的表述中，错误的是（　　）。

A. 在财务会计中增加固定资产 3 万元

B. 在财务会计中增加财政拨款收入 3 万元

C. 在预算会计中减少资金结存 3 万元

D. 在预算会计中增加行政支出 3 万元

【解析】 相关会计分录如下：

预算会计

借：行政支出　　3

　贷：资金结存——财政应返还额度　　3

财务会计

借：固定资产　　3

　贷：财政应返还额度　　3

【答案】 B

（二）财政授权支付业务

事项	财务会计	预算会计
政府单位收到相关支付凭证	根据支付凭证所列数额	
	借：零余额账户用款额度 　贷：财政拨款收入	借：资金结存——零余额账户用款额度 　贷：财政拨款预算收入
按规定支用额度	借：库存物品、固定资产、应付职工薪酬、业务活动费用、单位管理费用等 　贷：零余额账户用款额度	借：行政支出、事业支出等 　贷：资金结存——零余额账户用款额度
年末，依据代理银行提供的对账单作注销额度的相关账务处理	借：财政应返还额度 　贷：零余额账户用款额度	借：资金结存——财政应返还额度 　贷：资金结存——零余额账户用款额度
下年初恢复额度	借：零余额账户用款额度 　贷：财政应返还额度	借：资金结存——零余额账户用款额度 　贷：资金结存——财政应返还额度
年末，政府单位本年度财政授权支付预算指标数大于零余额账户用款额度下达数	根据未下达的用款额度	
	借：财政应返还额度 　贷：财政拨款收入	借：资金结存——财政应返还额度 　贷：财政拨款预算收入
下年度收到财政部门批复的上年末未下达零余额账户用款额度	借：零余额账户用款额度 　贷：财政应返还额度	借：资金结存——零余额账户用款额度 　贷：资金结存——财政应返还额度

（三）预算管理一体化的相关会计处理

在部分实行预算管理一体化的地区和部门：

（1）国库集中支付不再区分财政直接支付和财政授权支付。

（2）单位的会计处理与财政直接支付方式下类似，不再使用“零余额账户用款额度”科目。

（3）“财政应返还额度”科目和“资金结存——财政应返还额度”科目不再设置“财政直接支付”“财政授权支付”明细科目。

三、非财政拨款收支业务

单位的收支业务除了财政拨款收支业务之外，还包括事业活动、经营活动等形成的收支。

（一）事业（预算）收入

事业收入是指事业单位开展专业业务活动及其辅助活动实现的收入，不包括从同级财政部门取得的各类财政拨款。

<table>
<tr><th colspan="2">事项</th><th>财务会计</th><th>预算会计</th></tr>
<tr><td rowspan="3">采用财政专户返还方式</td><td>实际收到或应收应上缴财政专户的事业收入时</td><td>借：银行存款、应收账款等
贷：应缴财政款</td><td>—</td></tr>
<tr><td>向财政专户上缴款项时</td><td>借：应缴财政款
贷：银行存款等</td><td>—</td></tr>
<tr><td>收到从财政专户返还的款项时</td><td>借：银行存款等
贷：事业收入</td><td>借：资金结存——货币资金
贷：事业预算收入</td></tr>
<tr><td rowspan="2">采用预收款方式</td><td>实际收到款项时</td><td>借：银行存款等
贷：预收账款</td><td>借：资金结存——货币资金
贷：事业预算收入</td></tr>
<tr><td>按合同完成进度确认事业收入时</td><td>借：预收账款
贷：事业收入</td><td>—</td></tr>
<tr><td rowspan="2">采用应收款方式</td><td>根据合同完成进度计算本期应收的款项</td><td>借：应收账款
贷：事业收入</td><td>—</td></tr>
<tr><td>实际收到款项时</td><td>借：银行存款等
贷：应收账款</td><td>借：资金结存——货币资金
贷：事业预算收入</td></tr>
<tr><td>其他方式下</td><td>实际收到款项时</td><td>借：银行存款、库存现金等
贷：事业收入</td><td>借：资金结存——货币资金
贷：事业预算收入</td></tr>
<tr><td>事业活动中涉及增值税业务</td><td colspan="3">事业收入按照实际收到的金额扣除增值税销项税之后的金额入账，事业预算收入按照实际收到的金额入账</td></tr>
<tr><td colspan="4">【提示1】事业单位对于因开展专业业务活动及其辅助活动取得的非同级财政拨款收入应当通过“事业收入”和“事业预算收入”下的“非同级财政拨款”明细科目核算
【提示2】对于其他非同级财政拨款收入，应当通过“非同级财政拨款收入”科目核算</td></tr>
</table>

（二）捐赠（预算）收入和支出

1. 捐赠（预算）收入的核算

捐赠收入指单位接受其他单位或者个人捐赠取得的收入，包括现金捐赠和非现金捐赠收入。捐赠预算收入指单位接受的现金资产。

<table>
<tr><th>事项</th><th>财务会计</th><th>预算会计</th></tr>
<tr><td rowspan="2">接受捐赠的货币资金</td><td colspan="2">按照实际收到的金额</td></tr>
<tr><td>借：银行存款、库存现金等
贷：捐赠收入</td><td>借：资金结存——货币资金
贷：其他预算收入——捐赠预算收入</td></tr>
<tr><td>接受捐赠的存货、固定资产等非现金资产</td><td>借：库存物品、固定资产等（确定的成本）
贷：银行存款等（相关税费支出）
捐赠收入（差额）</td><td>借：其他支出（支付的相关税费等）
贷：资金结存——货币资金</td></tr>
<tr><td colspan="3">【提示1】单位取得捐赠的货币资金按规定应当上缴财政的，应当按照“应缴财政款”科目相关规定进行财务会计处理，预算会计不作处理
【提示2】单位接受捐赠人委托转赠的资产，应当按照受托代理业务相关规定进行财务会计处理，预算会计不作处理</td></tr>
</table>

2. 捐赠（支出）费用的核算

<table>
<tr><th>事项</th><th>财务会计</th><th>预算会计</th></tr>
<tr><td>单位对外捐赠现金资产</td><td>借：其他费用
贷：银行存款等</td><td>借：其他支出
贷：资金结存——货币资金</td></tr>
<tr><td>单位对外捐赠库存物品、固定资产等非现金资产</td><td>将资产的账面价值转入“资产处置费用”科目</td><td>如未支付相关费用则预算会计不作账务处理</td></tr>
<tr><td>单位作为主管部门或上级单位向其附属单位分配受赠的货币资金</td><td colspan="2">按照“对附属单位补助费用（支出）”科目相关规定处理</td></tr>
<tr><td>单位按规定向其附属单位以外的其他单位分配受赠的货币资金</td><td colspan="2">按照“其他费用（支出）”科目相关规定处理</td></tr>
<tr><td>单位向政府会计主体分配受赠的非现金资产</td><td colspan="2">按照“无偿调拨净资产”科目相关规定处理</td></tr>
<tr><td>单位向非政府会计主体分配受赠的非现金资产</td><td colspan="2">按照“资产处置费用”科目相关规定处理</td></tr>
</table>

四、预算结转结余及分配业务

单位在预算会计中应当严格区分财政拨款结转结余和非财政拨款结转结余。

（一）财政拨款结转结余

财政拨款结转结余不参与事业单位的结余分配，单独设置“财政拨款结转”和“财政拨款结余”科目核算。

1. 财政拨款结转的核算

“财政拨款结转”科目核算单位取得的同级财政拨款结转资金的调整、结转和滚存情况。

事项	财务会计	预算会计
年末	—	借：财政拨款预算收入 　贷：财政拨款结转——本年收支结转 借：财政拨款结转——本年收支结转 　贷：各项支出（各项支出中的财政拨款支出本年发生额）
从其他单位调入财政拨款结转资金	借：零余额账户用款额度、财政应返还额度等 　贷：累计盈余	借：资金结存——财政应返还额度、零余额账户用款额度、货币资金 　贷：财政拨款结转——归集调入
按规定上缴（或注销）、调出财政拨款结转资金	借：累计盈余 　贷：零余额账户用款额度、财政应返还额度等	借：财政拨款结转——归集上缴、归集调出 　贷：资金结存——财政应返还额度、零余额账户用款额度、货币资金
差错调整	借：零余额账户用款额度、银行存款等 　贷：以前年度盈余调整 或相反分录	借：资金结存——财政应返还额度、零余额账户用款额度、货币资金 　贷：财政拨款结转——年初余额调整 或相反分录
财政拨款结余资金改变用途	—	借：财政拨款结余——单位内部调剂 　贷：财政拨款结转——单位内部调剂
年末，冲销有关明细科目余额	—	将“财政拨款结转——本年收支结转、年初余额调整、归集调入、归集调出、归集上缴、单位内部调剂”余额转入“财政拨款结转——累计结转”
年末，将符合财政拨款结余性质的项目余额转入财政拨款结余	—	借：财政拨款结转——累计结转 　贷：财政拨款结余——结转转入

2. 财政拨款结余的核算

“财政拨款结余”核算单位取得的同级财政拨款项目支出结余资金的调整、结转和滚存情况。

事项	财务会计	预算会计
年末，将符合财政拨款结余性质的项目余额转入财政拨款结余	—	借：财政拨款结转——累计结转 　贷：财政拨款结余——结转转入
财政拨款结余资金改变用途	—	借：财政拨款结余——单位内部调剂 　贷：财政拨款结转——单位内部调剂
上缴或注销	借：累计盈余 　贷：零余额账户用款额度、财政应返还额度等	借：财政拨款结余——归集上缴 　贷：资金结存——财政应返还额度、零余额账户用款额度、货币资金
差错调整	借：零余额账户用款额度、银行存款等 　贷：以前年度盈余调整 或相反分录	借：资金结存——财政应返还额度、零余额账户用款额度、货币资金 　贷：财政拨款结余——年初余额调整 或相反分录
年末，冲销有关明细科目余额	—	将本科目（年初余额调整、归集上缴、单位内部调剂、结转转入）余额转入本科目（累计结余）

（二）非财政拨款结转结余

非财政拨款结转结余通过设置“非财政拨款结转”“非财政拨款结余”“专用结余”“经营结余”“非财政拨款结余分配”等科目核算。

1. 非财政拨款结转的核算

非财政拨款结转资金是指单位除财政拨款收支、经营收支以外的各非同级财政拨款专项资金收入与其相关支出相抵后剩余滚存的、须按规定用途使用的结转资金。

事项	财务会计	预算会计
年末	—	借：事业预算收入、上级补助预算收入、附属单位上缴预算收入、非同级财政拨款预算收入、债务预算收入、其他预算收入（专项资金收入） 　贷：非财政拨款结转——本年收支结转 借：非财政拨款结转——本年收支结转 　贷：行政支出、事业支出、其他支出（专项资金支出）

事项	财务会计	预算会计
从科研项目预算收入中提取项目间接费用或管理费时	借：单位管理费用 贷：预提费用——项目间接费用或管理费	借：非财政拨款结转——项目间接费用或管理费 贷：非财政拨款结余——项目间接费用或管理费
差错更正	借：银行存款等 贷：以前年度盈余调整 或相反分录	借：资金结存——货币资金 贷：非财政拨款结转——年初余额调整 或相反分录
按照规定缴回	借：累计盈余 贷：银行存款等	借：非财政拨款结转——缴回资金 贷：资金结存——货币资金
年末，冲销有关明细科目余额	—	将“非财政拨款结转——年初余额调整、项目间接费用或管理费、缴回资金、本年收支结转”科目余额转入“非财政拨款结转——累计结转”科目
年末，留归本单位使用的非财政拨款专项（项目已完成）剩余资金转入非财政拨款结余	—	借：非财政拨款结转——累计结转 贷：非财政拨款结余——结转转入

2. 非财政拨款结余的核算

非财政拨款结余指单位历年滚存的非限定用途的非同级财政拨款结余资金，主要为非财政拨款结余扣除结余分配后滚存的金额。

事项	财务会计	预算会计
年末，将留归本单位使用的非财政拨款专项（项目已完成）剩余资金转入非财政拨款结余	—	借：非财政拨款结转——累计结转 贷：非财政拨款结余——结转转入
实际缴纳企业所得税	借：其他应交税费——单位应交所得税 贷：银行存款等	借：非财政拨款结余——累计结余 贷：资金结存——货币资金
差错更正	借：银行存款等 贷：以前年度盈余调整 或相反分录	借：资金结存——货币资金 贷：非财政拨款结余——年初余额调整 或相反分录

事项	财务会计	预算会计
年末，冲销有关明细科目余额	—	将"非财政拨款结余——年初余额调整、项目间接费用或管理费、结转转入"科目余额结转入"非财政拨款结余——累计结余"科目
年末，事业单位将"非财政拨款结余分配"科目余额转入非财政拨款结余	—	借：非财政拨款结余——累计结余 　贷：非财政拨款结余分配 或相反分录
年末，行政单位将"其他结余"科目余额转入非财政拨款结余	—	借：非财政拨款结余——累计结余 　贷：其他结余 或相反分录

3. 专用结余的核算

专用结余是指事业单位按照规定从非财政拨款结余中提取的具有专门用途的资金。

"专用结余"科目，核算专用结余资金的变动和滚存情况。

事项	财务会计	预算会计
从本年度非财政拨款结余或经营结余中提取基金	借：本年盈余分配 　贷：专用基金	借：非财政拨款结余分配 　贷：专用结余
根据规定使用从非财政拨款结余或经营结余中提取的专用基金时（按照使用金额）	借：业务活动费用等 　贷：银行存款	借：事业支出等 　贷：资金结存——货币资金
年末	—	借：专用结余 　贷：事业支出等

4. 经营结余的核算

"经营结余"科目核算事业单位本年度经营活动收支相抵后余额弥补以前年度经营亏损后的余额。

情形		分录
期末	根据经营预算收入本期发生额	借：经营预算收入 　贷：经营结余
	根据经营支出本期发生额（不包括使用专用结余的支出）	借：经营结余 　贷：经营支出
"经营结余"科目为贷方余额		借：经营结余 　贷：非财政拨款结余分配
"经营结余"科目为借方余额		经营亏损，不予结转

5. 其他结余的核算

“其他结余”科目核算单位本年度除财政拨款收支、非同级财政专项资金收支和经营收支以外各项收支（不包括使用专用结余的支出）相抵后的余额。

年末，行政单位将“其他结余”科目余额转入“非财政拨款结余——累计结余”科目；事业单位将“其他结余”科目余额转入“非财政拨款结余分配”科目。

6. 非财政拨款结余分配的核算

“非财政拨款结余分配”科目核算事业单位本年度非财政拨款结余分配的情况和结果。

（1）年末，事业单位应将“其他结余”科目余额和“经营结余”科目贷方余额转入“非财政拨款结余分配”科目。

（2）根据有关规定提取专用基金：

财务会计	预算会计
借：本年盈余分配 　贷：专用基金	借：非财政拨款结余分配 　贷：专用结余

（3）最后将“非财政拨款结余分配”科目余额转入非财政拨款结余。

五、净资产业务

单位财务会计中净资产的来源主要包括累计实现的盈余和无偿调拨的净资产。

在日常核算中，单位应当在财务会计中设置“累计盈余”“专用基金”“无偿调拨净资产”“权益法调整”和“本期盈余”“本年盈余分配”“以前年度盈余调整”等科目。

（一）本期盈余及本年盈余分配

1. 本期盈余的核算

本期盈余反映单位本期各项收入、费用相抵后的余额。

期末，单位应当将各类收入科目和各类费用科目本期发生额（不包括使用专用基金的费用）转入本期盈余。年末，单位应当将“本期盈余”科目余额转入“本年盈余分配”科目。

2. 本年盈余分配的核算

“本年盈余分配”科目，反映单位本年度盈余分配的情况和结果。

年末，单位应当将“本期盈余”科目余额转入本科目。根据有关规定从本年度非财政拨款结余或经营结余中提取专用基金的，按照预算会计下计算的提取金额，借记“本年盈余分配”科目，贷记“专用基金”科目。然后，将“本年盈余分配”科目余额转入“累计盈余”科目。

（二）专用基金

专用基金是指事业单位按照规定提取或设置的具有专门用途的净资产，主要包括职工福利基金、科技成果转化基金等。

事业单位在财务会计下应当设置“专用基金”科目，核算专用基金的取得和使用情况。

事业单位从本年度非财政拨款结余或经营结余中提取专用基金的，在财务会计“专用基金”科目核算的同时，还应在预算会计“专用结余”科目进行核算。

（三）无偿调拨净资产

按照行政事业单位资产管理相关规定，经批准政府单位之间可以无偿调拨资产。

通常情况下，无偿调拨非现金资产不涉及资金业务，因此不需要进行预算会计核算（除非以现金支付相关费用等）。“无偿调拨净资产”科目核算单位无偿调入或调出非现金资产所引起的净资产变动金额。年末，单位应将“无偿调拨净资产”科目余额转入累计盈余。

（四）权益法调整

“权益法调整”科目核算事业单位持有的长期股权投资采用权益法核算时，按照被投资单位除净损益和利润分配以外的所有者权益变动份额调整长期股权投资账面余额而计入净资产的金额。

年末，按照被投资单位除净损益和利润分配以外的所有者权益变动应享有（或应分担）的份额，借记或贷记“长期股权投资——其他权益变动”科目，贷记或借记“权益法调整”科目。处置长期股权投资时，按照原计入净资产的相应部分金额，借记或贷记“权益法调整”科目，贷记或借记“投资收益”科目。

（五）以前年度盈余调整

“以前年度盈余调整”科目核算单位本年度发生的调整以前年度盈余的事项，包括本年度发生的重要前期差错更正涉及调整以前年度盈余的事项。

单位对相关事项调整后，应当及时将“以前年度盈余调整”科目余额转入累计盈余，借记或贷记“累计盈余”科目，贷记或借记“以前年度盈余调整”科目。

（六）累计盈余

累计盈余反映单位历年实现的盈余扣除盈余分配后滚存的金额，以及因无偿调入调出资产产生的净资产变动额。

年末，将“本年盈余分配”科目的余额转入累计盈余，借记或贷记“本年盈余分配”科目，贷记或借记“累计盈余”科目；将“无偿调拨净资产”科目的余额转入累计盈余，借记或贷记“无偿调拨净资产”科目，贷记或借记“累计盈余”科目。

按照规定上缴、缴回、单位间调剂结转结余资金产生的净资产变动额，以及对以前年度盈余的调整金额，也通过“累计盈余”科目核算。

六、资产业务

（一）资产业务的几个共性内容

1. 资产取得

单位资产取得的方式包括外购、自行加工或自行建造、接受捐赠、无偿调入、置换换入、租赁等。资产在取得时按照成本进行初始计量，并分别不同取得方式进行会计处理。

项目	成本计量
外购的资产	其成本通常包括购买价款、相关税费（不包括按规定可抵扣的增值税进项税额）、以及使得资产达到目前场所和状态或交付使用前所发生的归属于该项资产的其他费用
自行加工或自行建造的资产	其成本包括该项资产至验收入库或交付使用前所发生的全部必要支出
接受捐赠的非现金资产	单位对于接受捐赠的资产，其成本能够确定的，应当按照确定的成本减去相关税费后的净额计入捐赠收入。资产成本不能确定的，单独设置备查簿进行登记，相关税费等计入当期费用
	接受捐赠的非现金资产成本的确定方法如下： （1）按照有关凭据注明的金额加上相关税费等确定 （2）没有相关凭据可供取得，但按规定经过资产评估的，其成本按照评估价值加上相关税费等确定 （3）没有相关凭据可供取得、也未经资产评估的，其成本比照同类或类似资产的市场价格加上相关税费等确定 【提示】有确凿证据表明凭据上注明的金额高于受赠资产同类或类似资产的市场价格30%或达不到其70%的，则应当以同类或类似资产的市场价格确定成本 （4）没有相关凭据且未经资产评估、同类或类似资产的市场价格也无法可靠取得的，按照名义金额（人民币1元）入账
	【提示】投资和公共基础设施、政府储备物资、保障性住房、文物文化资产等资产，初始成本只能按照以上（1）～（3）层次进行计量，不能采用名义金额计量
无偿调入的资产	其成本按照调出方账面价值加上相关税费等确定。单位对于无偿调入的资产，应当按照无偿调入资产的成本减去相关税费后的金额计入无偿调拨净资产
置换取得的资产	其成本按照换出资产的评估价值，加上支付的补价或减去收到的补价，加上为换入资产发生的其他相关支出确定

【例25-2·单选题】 2×20年12月1日，甲事业单位从乙事业单位无偿调入一项专利权，该专利权在乙事业单位的账面原值为100万元，累计摊销金额为20万元。在该专利权调入过程中，甲事业单位支付了2万元的过户登记费。不考虑其他因素，甲事业单位该专利权的初始入账金额为（　　）万元。

A. 102　　B. 80　　C. 82　　D. 100

【解析】 甲事业单位该专利权的初始入账金额＝调出方账面价值（100－20）＋相关税费2＝82（万元），选项C正确。

【答案】 C

2. 资产处置

资产处置的形式按照规定包括无偿调拨、出售、出让、转让、置换、对外捐赠、报废、毁损以及货币性资产损失核销等。单位应当按规定报经批准后对资产进行处置。

通常情况下，单位应当将被处置资产账面价值转销计入资产处置费用，并按照“收支两条线”将处置净收益上缴财政。如按规定将资产处置净收益纳入单位预算管理的，应将净收益计入当期收入。

对于资产盘盈、盘亏、报废或毁损的，应当在报经批准前将相关资产账面价值转入“待处理财产损溢”，待报经批准后再进行资产处置。

对于无偿调出的资产，单位应当在转销被处置资产账面价值时冲减无偿调拨净资产。对于置换换出的资产，应当与换入资产一同进行相关会计处理。

（二）固定资产

固定资产，是指单位为满足自身开展业务活动或其他活动需要而控制的，使用年限超过1年（不含1年）、单位价值在规定标准以上，并在使用过程中基本保持原有物质形态的资产，一般包括房屋及构筑物、专用设备、通用设备等。

单位价值虽未达到规定标准，但是使用年限超过1年（不含1年）的大批同类物资，如图书、家具、用具、装具等，应当确认为固定资产。

情形	核算方法
购入需要安装的固定资产	先通过“在建工程”科目核算，安装完毕交付使用时再转入“固定资产”科目核算
以借入、经营租赁租入方式取得的固定资产	不通过“固定资产”科目核算，应当设置备查簿进行登记
采用融资租入方式取得的固定资产	在“固定资产”科目下设置“融资租入固定资产”明细科目核算
经批准在境外购买具有所有权的土地	在“固定资产”科目下设置“境外土地”明细科目，进行相应明细核算

单位应当按月对固定资产计提折旧，下列固定资产除外：（1）文物和陈列品；（2）动植物；（3）图书、档案；（4）单独计价入账的土地；（5）以名义金额计量的固定资产。

单位应当根据相关规定以及固定资产的性质和使用情况，合理确定固定资产的折旧年限。单位盘盈、无偿调入、接受捐赠以及置换的固定资产，应当考虑该项资产的新旧程度，按照其尚可使用的年限计提折旧。

固定资产应当按月计提折旧，当月增加的固定资产，当月开始计提折旧；当月减少的固定资产，当月不再计提折旧。固定资产提足折旧后，无论能否继续使用，均不再计提折旧；提前报废的固定资产，也不再补提折旧。已提足折旧的固定资产，可以继续使用的，应当继续使用，规范实物管理。

（三）长期股权投资

长期投资是事业单位取得的持有时间超过 1 年（不含 1 年）的债权和股权性质的投资。

为了核算长期投资业务，事业单位应当在财务会计中设置“长期股权投资”“长期债券投资”“投资收益”“权益法调整”等科目，在预算会计中设置“投资支出”“投资预算收益”等科目。

长期股权投资采用权益法核算的，应当在“长期股权投资”科目下按照“成本”“损益调整”“其他权益变动”设置明细科目。

1. 取得长期股权投资的处理

长期股权投资在取得时，应当按照实际成本作为初始投资成本。

事项	财务会计	预算会计
以现金取得的长期股权投资	借：长期股权投资/长期股权投资——成本 应收股利（实际支付价款中包含的已宣告但尚未发放的现金股利或利润） 贷：银行存款等（实际支付的价款）	借：投资支出（实际支付的价款） 贷：资金结存——货币资金
收到取得投资时实际支付价款中所包含的已宣告但尚未发放的现金股利或利润	借：银行存款 贷：应收股利	借：资金结存——货币资金 贷：投资支出等
以现金以外的其他资产置换取得长期股权投资（如固定资产）	借：长期股权投资（固定资产的评估价值和相关税费的合计金额） 固定资产累计折旧 资产处置费用（借方差额） 贷：固定资产 银行存款、其他应交税费（支付的相关税费） 其他收入（贷方差额）	按支付的相关税费： 借：其他支出 贷：资金结存——货币资金
以未入账的无形资产取得的长期股权投资	借：长期股权投资（评估价值和相关税费的合计金额） 贷：银行存款、其他应交税费（支付的相关税费） 其他收入（差额）	按支付的相关税费： 借：其他支出 贷：资金结存——货币资金

2. 长期股权投资持有期间的处理

长期股权投资在持有期间，通常应当采用权益法进行核算。事业单位无权决定被投资单位的财务和经营政策或无权参与被投资单位的财务和经营政策决策的，应当采用成本法进行核算。

（1）成本法，是指投资按照投资成本计量的方法。

（2）权益法，是指投资最初以投资成本计量，以后根据事业单位在被投资单位所享有的所有者权益份额的变动对投资的账面余额进行调整的方法。

<table>
<tr><th colspan="2">事项</th><th>财务会计</th><th>预算会计</th></tr>
<tr><td rowspan="2">成本法</td><td>被投资单位宣告发放现金股利或利润</td><td>借：应收股利
贷：投资收益</td><td>—</td></tr>
<tr><td>收到被投资单位发放的现金股利或利润</td><td>借：银行存款等
贷：应收股利</td><td>借：资金结存——货币资金
贷：投资预算收益</td></tr>
<tr><td rowspan="5">权益法</td><td>被投资单位实现净利润</td><td>借：长期股权投资——损益调整
贷：投资收益</td><td>—</td></tr>
<tr><td>被投资单位发生净亏损</td><td>借：投资收益
贷：长期股权投资——损益调整
【提示】以“长期股权投资”科目的账面余额减记至零为限，事业单位负有承担额外损失义务的除外</td><td>—</td></tr>
<tr><td>被投资单位宣告发放现金股利或利润</td><td>借：应收股利
贷：长期股权投资——损益调整</td><td>—</td></tr>
<tr><td>收到被投资单位发放的现金股利或利润</td><td>借：银行存款等
贷：应收股利</td><td>借：资金结存——货币资金
贷：投资预算收益</td></tr>
<tr><td>被投资单位除净损益和利润分配以外的所有者权益变动</td><td>借：长期股权投资——其他权益变动
贷：权益法调整
或相反分录</td><td>—</td></tr>
</table>

【例 25-3·单选题】 2×19 年 1 月 1 日，甲事业单位以银行存款 2000 万元取得乙公司 40%的有表决权股份，对该股权投资采用权益法核算。2×19 年度乙公司实现净利润 500 万元；2×20 年 3 月 1 日，乙公司宣告分派现金股利 200 万元；2×20 年 3 月 20 日，乙公司支付了现金股利。2×20 年度乙公司发生亏损 100 万元。不考虑其他因素，甲事业单位 2×20 年 12 月 31 日长期股权投资的账面余额为（ ）万元。

A. 2000　　　　B. 2120

C. 2080　　　　D. 2200

【解析】相关会计分录如下：

2×19年1月1日以银行存款取得长期股权投资

借：长期股权投资——成本　2000

　贷：银行存款　2000

同时，

借：投资支出　2000

　贷：资金结存——货币资金　2000

2×19年12月31日确认对乙公司投资收益

借：长期股权投资——损益调整　200（500×40%）

　贷：投资收益　200

2×20年3月1日确认乙公司宣告分派现金股利中应享有的份额

借：应收股利　80（200×40%）

　贷：长期股权投资——损益调整　80

宣告分派股利后“长期股权投资——乙公司”科目的账面余额＝2000＋200－80＝2120（万元）。

2×20年3月20日，实际收到乙公司发放的现金股利

借：银行存款　80

　贷：应收股利　80

同时，

借：资金结存——货币资金　80

　贷：投资预算收益　80

2×20年12月31日，确认对乙公司的投资损失

借：投资收益　40（100×40%）

　贷：长期股权投资——损益调整　40

2×20年12月31日“长期股权投资”科目的账面余额＝2120－40＝2080（万元）。

【答案】 C

（四）公共基础设施和政府储备物资

公共基础设施和政府储备物资属于政府单位为满足社会公共需求而控制的资产。不同于政府单位以自身占有、使用方式控制的固定资产和库存物品，这类资产是政府单位以管理方式控制的、供社会公众使用的经济资源，主要包括公共基础设施、政府储备物资、文物文化资产、保障性住房等。

1. 公共基础设施

公共基础设施是指政府单位为满足社会公共需求而控制的，同时具有以下特征的有形资产：（1）是一个有形资产系统或网络的组成部分；（2）具有特定用途；（3）一般不可移动。

公共基础设施主要包括市政基础设施、交通基础设施、水利基础设施和其他公共基础设施。

独立于公共基础设施、不构成公共基础设施使用不可缺少组成部分的管理维护用房屋建筑物、设备、车辆等，应当确认为固定资产。

为了核算公共基础设施，政府单位应当设置“公共基础设施”和“公共基础设施累计折旧（摊销）”科目。

公共基础设施在取得时，应当按照其成本入账，其账务处理与固定资产基本相同，按月计提公共基础设施折旧时，按照应计提的折旧额：

借：业务活动费用

　贷：公共基础设施累计折旧（摊销）

处置公共基础设施时：

借：资产处置费用/无偿调拨净资产/待处理财产损溢

　　公共基础设施累计折旧（摊销）

　贷：公共基础设施

2. 政府储备物资

政府储备物资是指政府单位为满足实施国家安全与发展战略、进行抗灾救灾、应对公共突发事件等特定公共需求而控制的，同时具有下列特征的有形资产：（1）在应对可能发生的特定事件或情形时动用；（2）其购入、存储保管、更新（轮换）、动用等由政府及相关部门发布的专门管理制度规范。

为了核算政府储备物资，政府单位应当设置“政府储备物资”科目，根据需要可在该科目下设置“在库”“发出”等明细科目。

政府储备物资在取得时，应当按照其成本入账，会计处理与库存物品基本一致。

事项	处理方法
因动用而发出无须收回的政府储备物资	按照发出物资的账面余额，计入业务活动费用
因动用而发出需要收回或者预期可能收回的政府储备物资	在按规定的质量验收标准收回物资时，将未收回物资的账面余额予以转销计入业务活动费用
因行政管理主体变动等原因而将政府储备物资调拨给其他主体	按照无偿调出政府储备物资的账面余额冲减无偿调拨净资产
对外销售政府储备物资并将销售收入纳入单位预算统一管理	将发出物资的账面余额计入业务活动费用，将实现的销售收入计入当期收入
对外销售政府储备物资并按照规定将销售净收入上缴财政	将取得销售价款时大于所承担的相关税费后的差额确认为应缴财政款

七、负债业务

（一）应缴财政款

单位应缴财政款是指单位取得或应收的按照规定应当上缴财政的款项，包括应缴国库的款项和应缴财政专户的款项。

单位取得或应收按照规定应缴财政的款项时，借记“银行存款”“应收账款”等科目，贷记“应缴财政款”科目。单位上缴应缴财政的款项时，按照实际上缴的金额，借记“应缴财政款”科目，贷记“银行存款”科目。由于应缴财政的款项不属于纳入部门预算管理的现金收支，因此不进行预算会计处理。

【提示】单位按照国家税法等有关规定应当缴纳的各种税费，通过“应交增值税”“其他应交税费”科目核算，不通过“应缴财政款”科目核算。

（二）应付职工薪酬

单位的应付职工薪酬是指按照有关规定应付给职工（含长期聘用人员）及为职工支付的各种薪酬，包括基本工资、国家统一规定的津贴补贴、规范津贴补贴（绩效工资）、改革性补贴、社会保险费（如职工基本养老保险费、职业年金、基本医疗保险费等）、住房公积金等。

为核算应付职工薪酬业务，单位应当设置“应付职工薪酬”科目。该科目应当根据国家有关规定按照“基本工资（含离退休费）”“国家统一规定的津贴补贴”“规范津贴补贴（绩效工资）”“改革性补贴”“社会保险费”“住房公积金”“其他个人收入”等进行明细核算。

（三）借款

借款是事业单位从银行或其他金融机构等借入的款项。事业单位应当在与债权人签订借款合同或协议并取得举借资金时，按照借款本金确认负债。

事业单位为了核算借款，应当在财务会计下设置“短期借款”“长期借款”“应付利息”等科目，在预算会计下设置“债务预算收入”和“债务还本支出”科目。其中，事业单位借入的期限在1年以内（含1年）的借款，通过“短期借款”科目核算；借入的期限超过1年（不含1年）的借款，通过“长期借款”科目核算，“长期借款”科目下应当设置“本金”和“应计利息”明细科目。

1. 取得借款

财务会计	预算会计
借：银行存款 　贷：短期借款 　　　长期借款——本金	借：资金结存——货币资金 　贷：债务预算收入

2. 计提借款利息

事业单位应当按照借款本金和合同或协议约定的利率按期计提借款利息。

（1）为购建固定资产等工程项目借入的专门借款的利息

事业单位为购建固定资产等工程项目借入专门借款的，对于发生的专门借款利息，应当按照借款利息减去尚未动用的借款资金产生的利息收入后的金额，属于工程项目建设期间发生的，计入工程成本；不属于工程项目建设期间发生的，计入当期费用。

工程项目建设期间发生非正常中断且中断时间连续超过3个月（含3个月）的，事业单位应当将非正常中断期间的借款费用计入当期费用。如果中断是使工程项目达到交付使用所必需的程序，则中断期间所发生的借款费用仍应计入工程成本。

（2）其他借款利息及偿还

事业单位除工程项目专门借款以外的其他借款计提的利息，应当计入当期费用。

事项	财务会计	预算会计
按期计提其他借款利息	借：其他费用 　贷：应付利息 　　　长期借款——应计利息	—
待实际支付短期借款利息或分期付息长期借款利息时	借：应付利息 　贷：银行存款	借：其他支出 　贷：资金结存——货币资金
偿还借款	借：短期借款、长期借款——本金 　　长期借款——应计利息 　贷：银行存款	借：债务还本支出 　　其他支出 　贷：资金结存——货币资金

八、受托代理业务

受托代理资产是指政府单位接受委托方委托管理的各项资产，包括受托指定转赠的物资、受托存储保管的物资和罚没物资等。

政府单位对受托代理资产不拥有控制权，因此受托代理资产并不符合基本准则所规定的资产的定义及确认标准，但为了全面核算和反映政府单位的经济业务，政府单位应当设置“受托代理资产”“受托代理负债”科目，对受托代理业务进行核算。

（一）受托转赠物资

事项	财务会计	预算会计
接受委托人委托需要转赠给受赠人的物资	借：受托代理资产 　贷：受托代理负债	—
将受托转赠物资交付受赠人	借：受托代理负债 　贷：受托代理资产	—

事项	财务会计	预算会计
转赠物资的委托人取消了对捐赠物资的转赠要求，且不再收回捐赠物资	借：受托代理负债 　贷：受托代理资产 借：库存物品、固定资产等 　贷：其他收入	—

【提示】政府单位收到的受托代理资产为现金和银行存款的，不通过“受托代理资产”科目核算，应当通过“库存现金”“银行存款”科目进行核算。

（二）罚没物资

事项	财务会计	预算会计
取得罚没物资时	借：受托代理资产 　贷：受托代理负债	—
按照规定处置罚没物资时	借：受托代理负债 　贷：受托代理资产 处置时取得款项的 借：银行存款等 　贷：应缴财政款	—

九、PPP 项目合同

（一）PPP 项目合同的确认和计量

1. PPP 项目合同，是指政府方与社会资本方依法依规就 PPP 项目合作所订立的合同，该合同应具有如下两个特征（简称“双特征”）：

（1）社会资本方在合同约定的运营期间内代表政府方使用 PPP 项目资产提供公共产品和服务；

（2）社会资本方在合同约定的期间内就其提供的公共产品和服务获得补偿。

PPP 项目资产，是指 PPP 项目合同中确定的用来提供公共产品和服务的资产。该资产有以下两方面来源：

①由社会资本方投资建造或者从第三方购买，或者是社会资本方的现有资产；

②政府方现有资产，或者对政府方现有资产进行改建、扩建。

2. 政府方确认的 PPP 项目合同应当满足以下两个条件（简称“双控制”）：

（1）政府方控制或管制社会资本方使用 PPP 项目资产必须提供的公共产品和服务的类型、对象和价格；

（2）PPP 项目合同终止时，政府方通过所有权、收益权或其他形式控制 PPP 项目资产的重大剩余权益。

3. 符合“双特征、双控制”的 PPP 项目资产，在同时满足以下条件时，应当由政府方予以确认：

（1）与该资产相关的服务潜力很可能实现或者经济利益很可能流入；

（2）该资产的成本或者价值能够可靠地计量。

政府方在取得 PPP 项目资产时一般应当按照成本进行初始计量；按规定需要进行资产评估的，应当按照评估价值进行初始计量。

（二）主要账务处理

1. PPP 项目资产取得时的账务处理

<table>
<tr><th colspan="2">情形</th><th>账务处理</th></tr>
<tr><td colspan="2">社会资本方投资建造形成</td><td>按自建造开始至验收合格交付使用前所发生的全部必要支出
借：PPP 项目资产
　贷：PPP 项目净资产</td></tr>
<tr><td colspan="2">社会资本方从第三方购买形成</td><td>按购买价款、相关税费以及验收合格交付使用前发生的可归属于该项资产的运输费、装卸费、安装费和专业人员服务费等
借：PPP 项目资产
　贷：PPP 项目净资产</td></tr>
<tr><td colspan="2">使用社会资本方现有资产形成</td><td>按评估价值
借：PPP 项目资产
　贷：PPP 项目净资产</td></tr>
<tr><td rowspan="2">使用政府方现有资产形成</td><td>无须进行资产评估</td><td>借：PPP 项目资产（账面价值）
　　公共基础设施累计折旧（摊销）等
　贷：公共基础设施等</td></tr>
<tr><td>需要进行资产评估</td><td>借：PPP 项目资产（评估价值）
　　公共基础设施累计折旧（摊销）等
　　其他费用(资产评估价值小于账面价值的差额)
　贷：公共基础设施等（账面余额）
　　　其他收入(资产评估价值大于账面价值的差额)</td></tr>
<tr><td colspan="2">社会资本方对政府方原有资产进行改建、扩建形成</td><td>按改建、扩建前的账面价值加上改建、扩建发生的支出，扣除资产被替换部分账面价值后的金额确认 PPP 项目资产
借：PPP 项目资产
　　公共基础设施累计折旧（摊销）等
　贷：公共基础设施等（账面余额）
　　　PPP 项目净资产（初始入账金额与原有资产账面价值的差额）</td></tr>
</table>

2. PPP 项目资产在项目运营期间的账务处理

情形	账务处理
为增加 PPP 项目资产的使用效能或延长其使用年限而发生的后续支出	借：PPP 项目资产（相关支出扣除资产被替换部分账面价值的差额） 贷：PPP 项目净资产
政府方初始确认的 PPP 项目净资产金额等于PPP 项目资产初始入账金额的，按月计提 PPP 项目资产折旧（摊销）	借：PPP 项目净资产 贷：PPP 项目资产累计折旧（摊销）
政府方初始确认的 PPP 项目净资产金额小于PPP 项目资产初始入账金额的，按月计提 PPP 项目资产折旧（摊销）	借：PPP 项目净资产 业务活动费用等（差额） 贷：PPP 项目资产累计折旧（摊销）
【提示】对于为维护 PPP 项目资产的正常使用而发生的日常维修、养护等后续支出，不计入PPP 项目资产的成本	

3. PPP 项目合同终止时的账务处理

事项		账务处理
PPP 项目合同终止时，PPP 项目资产按规定移交至政府方	无须进行资产评估	借：公共基础设施等（资产的账面价值） PPP 项目资产累计折旧（摊销） 贷：PPP 项目资产
	需要进行资产评估	借：公共基础设施等（资产评估价值） PPP 项目资产累计折旧（摊销） 其他费用（资产评估价值小于账面价值的差额） 贷：PPP 项目资产 其他收入（资产评估价值大于账面价值的差额）
PPP 项目合同终止时，政府方应当将尚未冲减完的 PPP 项目净资产账面余额转入累计盈余		借：PPP 项目净资产 贷：累计盈余

十、部门（单位）合并财务报表

部门（单位）合并财务报表，是指以政府部门（单位）本级作为合并主体，将部门（单位）本级及其合并范围内全部被合并主体的财务报表进行合并后形成的，反映部门（单位）整体财务状况与运行情况的财务报表。

（一）合并范围

部门（单位）合并财务报表的合并范围一般应当以财政预算拨款关系为基础予以确定。

有下级预算单位的部门（单位）为合并主体，其下级预算单位为被合并主体。

合并主体应当将其全部被合并主体纳入合并财务报表的合并范围。通常情况下，纳入本部门预决算管理的行政事业单位和社会组织（包括社会团体、基金会和社会服务机构，下同）都应当纳入本部门（单位）合并财务报表范围。

1. 除满足一般原则的会计主体外，以下会计主体也应当纳入部门（单位）合并财务报表范围：

（1）部门（单位）所属的未纳入部门预决算管理的事业单位。

（2）部门（单位）所属的纳入企业财务管理体系执行企业类会计准则制度的事业单位。

（3）财政部规定的应当纳入部门（单位）合并财务报表范围的其他会计主体。

2. 以下会计主体不纳入部门（单位）合并财务报表范围：

（1）部门（单位）所属的企业，以及所属企业下属的事业单位。

（2）与行政机关脱钩的行业协会商会。

（3）部门（单位）财务部门按规定单独建账核算的会计主体，如工会经费、党费、团费和土地储备资金、住房公积金等资金（基金）会计主体。

（4）挂靠部门（单位）的没有财政预算拨款关系的社会组织以及非法人性质的学术团体、研究会等。

【例 25-4 · 多选题】 下列各项中，应纳入政府部门合并财务报表范围的有（　　）。

A. 与本部门没有财政预算拨款关系的挂靠单位

B. 纳入本部门预决算管理的行政事业单位和社会组织

C. 与本部门脱钩的行业协会

D. 本部门所属未纳入预决算管理的事业单位

【解析】 以下会计主体不纳入政府部门合并财务报表范围：(1) 部门（单位）所属的企业，以及所属企业下属的事业单位。(2) 与行政机关脱钩的行业协会商会。(3) 部门（单位）财务部门按规定单独建账核算的会计主体。(4) 挂靠部门（单位）的没有财政预算拨款关系的社会组织以及非法人性质的学术团体、研究会等。综上，选项 A 和 C 不正确，选项 B 和 D 正确。

【答案】 BD

（二）合并程序

部门（单位）合并资产负债表应当以部门（单位）本级和其被合并主体符合上述有关编制基础和统一会计政策要求的个别资产负债表或合并资产负债表为基础，在抵销内部业务或事项对合并资产负债表的影响后，由部门（单位）本级合并编制。

1. 编制部门（单位）合并资产负债表时，需要抵销的内部业务或事项包括部门（单位）本级和其被合并主体之间、被合并主体相互之间的债权（含应收款项坏账准备，下同）、债务项目，以及其他业务或事项对部门（单位）合并资产负债表的影响。

2. 部门（单位）合并收入费用表应当以部门（单位）本级和其被合并主体符合上述有关编制基础和统一会计政策要求的个别收入费用表或合并收入费用表为基础，在抵销内部业务或事项对合并收入费用表的影响后，由部门（单位）本级合并编制。编制部门（单位）合并收入费用表时，需要抵销的内部业务或事项包括部门（单位）本级和其被合并主体之间，被合并主体相互之间的收入、费用项目。

（三）合并财务报表格式

部门（单位）合并资产负债表的格式参见《政府单位会计制度》规定的资产负债表格式。部门（单位）合并收入费用表中“本期收入”类项目的列示参见《政府单位会计制度》规定的收入费用表格式，但“本期费用”类项目应当按照费用的性质进行分类列示，具体参见《政府单位会计制度》规定的财务报表附注中“本期费用按经济分类的披露格式”。

第二十六章 民间非营利组织会计

第一节 民间非营利组织会计概述

一、民间非营利组织的概念和特征

我国的民间非营利组织包括依照国家法律、行政法规登记的社会团体、基金会、民办非企业单位（社会服务机构）、宗教活动场所，以及境外非政府组织在中国境内依法登记设立的代表机构等。

（一）民间非营利组织的概念

民间非营利组织是指通过筹集社会民间资金举办的、不以营利为目的，从事教育、科技、文化、卫生、宗教等社会公益事业，提供公共产品的社会服务组织。

民间非营利组织作为与政府和企业并列的“第三部门”，是市场经济体系的有机组成部分。

（二）民间非营利组织的特征

特征	内容
该组织不以营利为宗旨和目的	强调民间非营利组织的非营利性，这与企业的营利性有本质的区别 【提示】强调民间非营利组织的非营利性，并不排除其因提供商品或者社会服务而获取相应收入或者收取合理费用，只要这些活动的所得最终用于组织的非营利事业
资源提供者向该组织投入资源不取得经济回报	强调民间非营利组织的资金或者其他资源提供者不能从民间非营利组织中获取回报，即《民法典》所规定的“不向出资人、设立人或者会员分配所取得利润”。如果出资者等可以从组织中获取回报，应当将其视为企业
资源提供者不享有该组织的所有权	强调资金或者其他资源提供者在将资源投入民间非营利组织后不再享有相关所有者权益，如与所有者权益有关的资产出售、转让、处置权以及清算时剩余财产的分配权等 这一特征既将民间非营利组织与企业区分开来，也将其与各行政事业单位区分开来，因为行政事业单位尽管也属于非营利组织，但是国家对这些组织及其净资产拥有所有权

二、民间非营利组织会计的概念和特点

（一）民间非营利组织会计的概念

民间非营利组织会计是对民间非营利组织的财务收支活动进行连续、系统、综合的记录、计量和报告，以价值指标客观地反映业务活动过程，从而为业务管理和其他相关的管理工作提供信息的活动。《民间非营利组织会计制度》的发布，统一了民间非营利组织应遵循的会计标准，要求民间非营利组织必须按照该制度的规定进行会计核算，编制财务报告。

（二）民间非营利组织会计的特点

特点	内容
以权责发生制为会计核算基础	权责发生制较收付实现制更有助于民间非营利组织加强资产、负债的管理，提高民间非营利组织会计信息质量，增强其会计信息的有用性
在采用历史成本计价的基础上，引入公允价值计量基础	公允价值的引入是由民间非营利组织的特殊业务活动所决定的，如通过接受捐赠等业务取得的资产，可能很难或者根本无法确定其实际成本，此时以历史成本原则就无法满足对资产计量的要求。采用公允价值则可以解决资产计量问题
会计要素不包括所有者权益和利润，而是设置净资产	民间非营利组织资源提供者既不享有组织的所有权，也不取得经济回报，所以会计要素不包括所有者权益和利润

三、民间非营利组织会计核算的基本原则

《民间非营利组织会计制度》要求民间非营利组织在进行会计核算时，应当遵循客观性原则、相关性原则、实质重于形式原则、一贯性原则、可比性原则、及时性原则、可理解性原则、配比性原则、历史成本原则、谨慎性原则、划分费用性支出与资本性支出原则以及重要性原则等基本原则。

四、民间非营利组织的会计要素

民间非营利组织的会计要素划分为反映财务状况的会计要素和反映业务活动情况的会计要素。反映财务状况的会计要素包括资产、负债和净资产，其会计等式为：资产－负债＝净资产；反映业务活动情况的会计要素包括收入和费用，其会计等式为：收入－费用＝净资产变动额。

1. 反映财务状况的会计要素：资产、负债、净资产

（1）资产是指过去的交易或者事项形成并由民间非营利组织拥有或者控制的资源，该资源预期会给民间非营利组织带来经济利益或者服务潜力，包括流动资产、长期投资、固定资产、无形资产和受托代理资产等。

（2）负债是指过去的交易或者事项形成的现时义务，履行该义务预期会导致含有经济利

益或者服务潜力的资源流出民间非营利组织，包括流动负债、长期负债和受托代理负债等。

（3）净资产是指民间非营利组织的资产减去负债后的余额，包括限定性净资产和非限定性净资产。

2. 反映业务活动情况的会计要素：收入、费用

（1）收入是指民间非营利组织开展业务活动取得的、导致本期净资产增加的经济利益或者服务潜力的流入。包括捐赠收入、会费收入、提供服务收入、政府补助收入、投资收益、商品销售收入等主要业务活动收入和其他收入。

（2）费用是指民间非营利组织为开展业务活动所发生的、导致本期净资产减少的经济利益或者服务潜力的流出，包括业务活动成本、管理费用、筹资费用和其他费用等。

五、民间非营利组织财务会计报告的构成

民间非营利组织的会计报表至少应当包括资产负债表、业务活动表和现金流量表三张基本报表，同时民间非营利组织还应当编制会计报表附注，在会计报表附注中侧重披露编制会计报表所采用的会计政策、已经在会计报表中得到反映的重要项目的具体说明和未在会计报表中得到反映的重要信息的说明等内容。

第二节　民间非营利组织特定业务的会计核算

民间非营利组织会计的原理和方法与企业会计基本一致，但与企业不同的是，民间非营利组织的非交换交易业务（例如捐赠）较多、不存在所有者权益、不分配利润等。

一、捐赠收入

（一）捐赠收入的概念

捐赠通常是指某个单位或个人（捐赠人）自愿地将现金或其他资产无偿地转让给另一单位或个人（受赠人），或者无偿地清偿或取消该单位或个人（受赠人）的负债。这里的其他资产包括债券、股票、产品、材料、设备、房屋、无形资产和劳务等。

在实务中，民间非营利组织既可能作为受赠人，接受其他单位或个人的捐赠；也可能作为捐赠人，对其他单位或个人作出捐赠。

捐赠一般具有以下三个基本特征：

（1）捐赠是无偿转让资产或者清偿或取消负债，属于非交换交易；

（2）捐赠是自愿地转让资产或者清偿或取消负债，从而将捐赠与纳税、征收罚款等其他非交换交易区分开来；

（3）捐赠交易中资产或劳务的转让不属于所有者的投入或向所有者的分配。

判断某项交易是否是捐赠时，还需要注意以下几点：

①应当将捐赠与受托代理交易等类似交易区分开来；

②可能某项交易的一部分属于捐赠交易，另一部分属于其他性质的交易；

③应当将政府补助收入与捐赠收入区分开来，分别核算和反映。

捐赠收入是指民间非营利组织接受其他单位或者个人捐赠所取得的收入。

为了对捐赠进行正确的核算，民间非营利组织应当区分捐赠与捐赠承诺。捐赠承诺是指捐赠现金或其他资产的书面协议或口头约定等。由于捐赠承诺不满足非交换交易收入的确认条件，民间非营利组织对于捐赠承诺，不应予以确认，但可以在会计报表附注中作相关披露。

需要注意的是，劳务捐赠是捐赠的一种，即捐赠人自愿地向受赠人无偿提供劳务。民间非营利组织对于其接受的劳务捐赠，不予确认，但应当在会计报表附注中作相关披露。

（二）捐赠收入金额的确定

对于民间非营利组织接受捐赠的现金资产，应当按照实际收到的金额入账。

对于民间非营利组织接受捐赠的非现金资产，如接受捐赠的短期投资、存货、长期投资、固定资产和无形资产等，应当按照以下方法确定其入账价值：

（1）如果捐赠方提供了有关凭据（如发票、报关单、有关协议等）的，应当按照凭据上标明的金额作为入账价值。如果凭据上标明的金额与受赠资产公允价值相差较大，受赠资产应当以其公允价值作为其入账价值。

（2）如果捐赠方没有提供有关凭据的，受赠资产应当以其公允价值作为入账价值。

公允价值的确定顺序如下：

①如果同类或者类似资产存在活跃市场的，应当按照同类或者类似资产的市场价格确定公允价值。

②如果同类或类似资产不存在活跃市场，或者无法找到同类或者类似资产的，应当采用合理的计价方法确定资产的公允价值。

其中，“市场价格”一般指取得资产当日捐赠方自产物资的出厂价、捐赠方所销售物资的销售价、政府指导价、知名大型电商平台同类或者类似商品价格等，“合理的计价方法”包括由第三方机构进行估价等。

（三）捐赠收入的核算

民间非营利组织对于捐赠收入，应按照捐赠人对捐赠资产是否设置了限制，分别按照限定性收入和非限定性收入进行核算。

如果捐赠人对捐赠资产的使用设置了时间限制或者（和）用途限制，则确认的相关捐赠收入为限定性捐赠收入。

如果捐赠方对捐赠资产的使用没有设置时间限制或用途限制，则确认的相关捐赠收入为非限定性捐赠收入。

民间非营利组织为了核算其接受其他单位或者个人捐赠所取得的收入，应当设置“捐赠收入”科目；并按照捐赠收入是否存在限制，在“捐赠收入”科目下设置“限定性收入”和“非限定性收入”明细科目分别核算限定性捐赠收入和非限定性捐赠收入。

如果民间非营利组织存在多个捐赠项目，还可以结合具体情况，在“限定性收入”和“非限定性收入”明细科目下按照捐赠项目设置相应的明细科目。

“捐赠收入”科目的贷方反映当期捐赠收入的实际发生额。在会计期末，应当将该科目中“非限定性收入”明细科目当期净发生额转入“非限定性净资产”科目，将该科目中“限定性收入”明细科目当期净发生额转入“限定性净资产”科目。期末结转后该科目应无余额。

1. 接受捐赠时，按照应确认的金额

借：现金/银行存款/短期投资/存货/长期股权投资/长期债权投资/固定资产/无形资产等

　贷：捐赠收入——限定性收入

　　　　　　——非限定性收入

对于接受的附条件捐赠，如果存在需要偿还全部或部分捐赠资产或者相应金额的现时义务时（如因无法满足捐赠所附条件而必须将部分捐赠款退还给捐赠人时），按照需要偿还的金额：

借：管理费用

　贷：其他应付款

2. 如果限定性捐赠收入的限制在确认收入的当期得以解除，应当将其转为非限定性捐赠收入

借：捐赠收入——限定性收入

　贷：捐赠收入——非限定性收入

3. 期末，将“捐赠收入”科目各明细科目的余额分别转入限定性净资产和非限定性净资产

借：捐赠收入——限定性收入

　贷：限定性净资产

借：捐赠收入——非限定性收入

　贷：非限定性净资产

二、受托代理业务

（一）受托代理业务的概念

受托代理业务是指民间非营利组织从委托方收到受托资产，并按照委托人的意愿将资产转赠给指定的其他组织或者个人的受托代理过程。

民间非营利组织在业务活动中，有时会充当中间人的角色，帮助捐赠人将款项或其他资产转赠给其他单位或个人。在这种业务活动中，民间非营利组织通常只是从委托方取得现金或其他资产，然后按照委托人的意愿将这些资产转赠给委托人指定的第三方，或者按照有关规定将资产转交给指定的其他组织或者个人。

民间非营利组织本身在此业务活动过程中没有权力改变上述资产的用途或者变更受益人。民间非营利组织接受委托方委托从事受托代理业务而收到的资产即为受托代理资产。民间非营利组织因从事受托代理业务、接受受托代理资产而产生的负债即为受托代理负债。

（二）受托代理业务的界定

受托代理业务是指有明确的转赠或者转交协议，或者虽然无协议但同时满足以下条件的业务：

（1）民间非营利组织在取得资产的同时即产生了向具体受益人转赠或转交资产的现时义务，不会导致自身净资产的增加。因为在受托代理业务中，民间非营利组织并不是受托代理资产的最终受益人，只是代受益人保管这些资产，对于资产以及资产带来的收益不具有控制权。

（2）民间非营利组织仅起到中介而非主导发起作用，帮助委托人将资产转赠或转交给指定的受益人，并且没有权利改变受益人，也没有权利改变资产的用途。在受托代理业务中，受托代理资产的受益人是由委托人具体指定的，民间非营利组织没有变更的权力。

（3）委托人已明确指出了具体受益人个人的姓名或受益单位的名称，包括从民间非营利组织提供的名单中指定一个或若干个受益人。

（三）受托代理业务的核算

根据《民间非营利组织会计制度》的规定，对于受托代理业务，民间非营利组织应当比照接受捐赠资产的原则确认和计量受托代理资产，同时应当按照其金额确认相应的受托代理负债。

民间非营利组织需要设置两个会计科目，即“受托代理资产”和“受托代理负债”科目，分别核算民间非营利组织接受委托方委托从事受托代理业务而收到的资产与因从事受托代理业务、接受受托代理资产而产生的负债。

民间非营利组织应当设置受托代理资产登记簿，加强对受托代理资产的管理；同时应当在“受托代理资产”和“受托代理负债”科目下，按照指定的受赠组织或个人设置明细账，进行明细核算。

“受托代理资产”科目的期末借方余额，反映民间非营利组织期末尚未转出的受托代理资产价值。

“受托代理负债”科目的期末贷方余额，反映民间非营利组织尚未清偿的受托代理负债。

（1）收到受托代理资产时，应当按照应确认的受托代理资产的入账金额：

借：受托代理资产

　贷：受托代理负债

其中，受托代理资产的入账价值应当比照接受捐赠资产确定。

（2）在转赠或者转出受托代理资产时，应当按照转出受托代理资产的账面余额：

借：受托代理负债

　贷：受托代理资产

收到的受托代理资产如果为现金、银行存款或其他货币资金，可以不通过“受托代理资产”科目核算，而在“现金”“银行存款”“其他货币资金”科目下设置“受托代理资产”明细科目进行核算。

即在取得这些受托代理资产时：

借：现金——受托代理资产

　　银行存款——受托代理资产

　　其他货币资金——受托代理资产

　贷：受托代理负债

在转赠或者转出受托代理资产时：

借：受托代理负债

　贷：现金——受托代理资产

　　　银行存款——受托代理资产

　　　其他货币资金——受托代理资产

【例 26-1·单选题】民间非营利组织发生的下列业务中，不影响其资产负债表净资产项目列报金额的是（　　）。

A. 收到个人会员缴纳的当期会费

B. 收到甲公司捐赠的款项

C. 收到现销自办刊物的款项

D. 收到乙公司委托向丙学校捐赠的款项

【解析】民间非营利组织收到乙公司委托向丙学校捐赠的款项，属于受托代理业务，收到时借记“现金”或“银行存款”科目，贷记“受托代理负债”科目，在资产负债表中，资产和负债同时增加，净资产=资产-负债，所以不影响净资产项目列报的金额，选项 D 正确。

【答案】D

三、业务活动成本

业务活动成本是指民间非营利组织为了实现其业务活动目标、开展某项目活动或者提供服务所发生的费用。

（1）如果民间非营利组织从事的项目、提供的服务或者开展的业务比较单一，可以将相关费用全部归集在“业务活动成本”科目下进行核算。

（2）如果民间非营利组织从事的项目、提供的服务或者开展的业务种类较多，应当在“业务活动成本”科目下设置相应的明细科目，分项目、服务或者业务大类进行明细核算。

（3）如果民间非营利组织的某些费用是属于业务活动、管理活动和筹资活动等共同发生的，而且不能直接归属于某一类活动，则应当将这些费用按照合理的方法在各项活动中进行分配。

此外，如果民间非营利组织接受政府提供的专项资金补助，可以在“政府补助收入——限定性收入”科目下设置“专项补助收入”进行核算；同时，在“业务活动成本”科目下设置“专项补助成本”，归集当期为专项资金补助项目发生的所有费用。

“业务活动成本”科目的借方反映当期业务活动成本的实际发生额。在会计期末，应当将该科目当期借方发生额转入“非限定性净资产”科目，期末结转后该科目应无余额。

民间非营利组织发生的业务活动成本，应当按照其发生额计入当期费用。

业务活动成本的主要账务处理如下：

（1）发生的业务活动成本

借：业务活动成本

　贷：现金/银行存款/存货/应付账款等

（2）会计期末

借：非限定性净资产

　贷：业务活动成本

四、净资产

（一）净资产的分类

按照是否受到限制，民间非营利组织的净资产分为限定性净资产和非限定性净资产。

如果资产或者资产所产生的经济利益（如资产的投资收益和利息等）的使用受到资产提供者或者国家有关法律、行政法规所设置的时间限制或（和）用途限制，由此形成的净资产即为限定性净资产。国家有关法律、行政法规对净资产的使用直接设置限制的，该受限制的净资产也应作为限定性净资产。除此之外的其他净资产应作为非限定性净资产。

（1）时间限制是由资产提供者或者国家有关法律、行政法规要求民间非营利组织在收到资产后的特定时期之内或特定日期之后使用该资产，或者对资产的使用设置了永久限制。

（2）用途限制是指资产提供者或者国家有关法律、行政法规要求民间非营利组织将收到的资产用于某一特定的用途。

资产或净资产是否存在制度中所指的限制，需要根据净资产的概念进行判断。在界定限定性净资产时，需要注意以下几点：

（1）限制是由民间非营利组织之外的资源提供者或者国家有关法律、行政法规作出的，民间非营利组织为此承担了遵循这些限制的责任。民间非营利组织的董事会、理事会或类似权力机构对净资产的使用所作的限定性决策、决议或拨款限额等，属于民间非营利组织内部管理上对资产使用所作的限制，不属于所界定的限定性净资产，因为这种限制是该组织可以自行决定撤销或变更的。

（2）资源提供者或者国家有关法律、行政法规所设置的限制只有在比民间非营利组织的宗旨、目的或章程等对资产使用要求更为具体时，才能成为制度所指的限制。

（3）在实务中，时间限制和用途限制常常是同时存在的，民间非营利组织应当能够判断是否存在时间限制或用途限制，或者两种限制同时存在。

（4）有些时候，资源提供者并没有明确规定资产使用的时间或用途，但是如果当时的情形足以推定资源提供者对资产的限制，也应当将相应净资产界定为限定性净资产。

（5）虽然大部分的限定性净资产是由于其相应的资产或者资产所产生经济利益的使用受到限制而形成的（除了国家有关法律、行政法规对净资产直接设置限制之外），但是，对资产所设置的限制通常最终影响的是净资产而非特定资产的使用。在特殊情况下也存在限制会影响特定资产的使用。

【例 26-2·多选题】 甲小学系一所捐资举办的公益性学校。2×21 年 6 月，甲小学发生的下列各项业务活动中，将增加其限定性净资产的有（　　）。

A. 收到政府部门实拨的教学设备采购补助款 50 万元

B. 收到用于学校科研竞赛奖励的现金捐款 10 万元

C. 收到捐赠的一批价值为 5 万元的学生用助听器

D. 收到被指定用于学生午餐补贴的现金捐款 100 万元

【答案】 ABCD

（二）注册资金的核算

执行《民间非营利组织会计制度》的社会团体、基金会、社会服务机构设立时取得的注册资金，应当直接计入净资产。

（1）注册资金的使用受到时间限制或用途限制的，在取得时直接计入限定性净资产。

（2）其使用没有受到时间限制和用途限制的，在取得时直接计入非限定性净资产。

社会团体、基金会、社会服务机构变更登记注册资金属于自愿采取的登记事项变更，并不引起资产和净资产的变动，无须进行会计处理。

（三）期末限定性净资产的核算

民间非营利组织应当设置“限定性净资产”科目核算本单位的限定性净资产，并可根据本单位的具体情况和实际需要，在“限定性净资产”科目下设置相应的二级科目和明细科目。

民间非营利组织限定性净资产的主要来源是获得了限定性收入（主要是限定性捐赠收入和政府补助收入）。

期末，民间非营利组织应当将当期限定性收入的贷方余额转为限定性净资产，即将各收入科目中所属的限定性收入明细科目的贷方余额转入“限定性净资产”科目的贷方：

借：捐赠收入——限定性收入、政府补助收入——限定性收入等

　贷：限定性净资产

（四）期末非限定性净资产的核算

民间非营利组织的净资产中除了限定性净资产之外的其他净资产，即为非限定性净资产。如果资源提供者对所提供的资产（以及资产所产生的经济利益）的使用没有设置限制，由此形成的净资产就属于非限定性净资产。

民间非营利组织从事按照等价交换原则销售商品、提供服务等交换交易时，由于所获得的收入大于成本而积累的净资产，通常也属于非限定性净资产（除非资产提供者和国家法律、行政法规对资产的这些收入设置了限制）。

民间非营利组织应当设置“非限定性净资产”科目来核算本单位的非限定性净资产，并可以根据本单位的具体情况和实际需要，在“非限定性净资产”科目下设置相应的二级科目和明细科目。

1. 期末结转非限定性收入

期末，民间非营利组织应当将捐赠收入、会费收入、提供服务收入、政府补助收入、商品销售收入、投资收益和其他收入等各项收入科目中非限定性收入明细科目的期末余额转入非限定性净资产。

借：捐赠收入——非限定性收入

　　会费收入——非限定性收入

　　提供服务收入——非限定性收入

　　政府补助收入——非限定性收入

　　商品销售收入——非限定性收入

　　投资收益——非限定性收入

　　其他收入——非限定性收入

　贷：非限定性净资产

2. 期末结转成本费用项目

在会计期末，民间非营利组织应当将业务活动成本、管理费用、筹资费用和其他费用的期末余额均结转至非限定性净资产。

借：非限定性净资产

　贷：业务活动成本

　　　管理费用

　　　筹资费用

　　　其他费用

【例 26-3 · 多选题】 甲基金会系民间非营利组织。2×21 年 12 月 1 日，甲基金会与乙公司签订了一份捐赠协议。协议约定，乙公司向甲基金会捐赠 100 万元，用于购买防疫物资以资助社区的防疫工作。2×21 年 12 月 10 日，甲基金会收到乙公司捐赠的 100 万元，并于当日购买 80 万元防疫物资发放给有关社区。2×21 年 12 月 31 日，甲基金会与乙公司签订补充协议，节余的 20 万元捐赠款由甲基金会自由支配。不考虑其他因素，下列各项关于甲基金会对捐赠收入会计处理的表述中，正确的有（　　）。

A. 2×21 年 12 月 31 日，确认限定性净资产 100 万元

B. 2×21 年 12 月 10 日，收到捐款时确认捐赠收入 100 万元

C. 2×21 年 12 月 10 日，发放物资时确认业务活动成本 80 万元

D. 2×21 年 12 月 1 日，无须进行账务处理

【解析】 2×21 年 12 月 1 日不满足捐赠收入的确认条件，不需要进行账务处理。

2×21 年 12 月 10 日收到捐赠款时

借：银行存款等　　100

　贷：捐赠收入——限定性收入　　100

2×21年12月10日购买防疫物资时

借：业务活动成本　80

　贷：银行存款　80

借：捐赠收入——限定性收入　80

　贷：捐赠收入——非限定性收入　80

2×21年12月31日

借：捐赠收入——限定性收入　20

　贷：捐赠收入——非限定性收入　20

借：捐赠收入——非限定性收入　100

　贷：非限定性净资产　100

借：非限定性净资产　80

　贷：业务活动成本　80

【答案】 BCD

（五）净资产的重分类

如果限定性净资产的限制已经解除，应当对净资产进行重新分类。

民间非营利组织应当区分限制解除的不同情况，确定将限定性净资产转为非限定性净资产的金额。

（1）对于因资产提供者或者国家有关法律、行政法规要求在收到资产后的特定时期之内使用该项资产而形成的限定性净资产，应当在相应期间之内按照实际使用的相关资产金额转为非限定性净资产。

（2）对于因资产提供者或者国家有关法律、行政法规要求在收到资产后的特定日期之后使用该项资产而形成的限定性净资产，应当在该特定日期全额转为非限定性净资产。

（3）对于因资产提供者或者国家有关法律、行政法规设置用途限制而形成的限定性净资产，应当在使用时按照实际用于规定用途的相关资产金额转为非限定性净资产。

其中，对固定资产、无形资产仅设置用途限制的，应当自取得该资产开始，按照计提折旧或计提摊销的金额，分期将相关限定性净资产转为非限定性净资产。在处置固定资产、无形资产时，应当将尚未重分类的相关限定性净资产全额转为非限定性净资产。

（4）如果资产提供者或者国家有关法律、行政法规要求民间非营利组织在特定时期之内或特定日期之后将限定性净资产用于特定用途，应当在相应期间之内或相应日期之后按照实际用于规定用途的相关资产金额转为非限定性净资产。

其中，要求在收到固定资产、无形资产后的某个特定时期之内将该项资产用于特定用途的，应当在该规定时期内，对相关限定性净资产金额按期平均分摊，转为非限定性净资产。

要求在收到固定资产、无形资产后的某个特定日期之后将该项资产用于特定用途的，应当在特定日期之后，自资产用于规定用途开始，在资产预计剩余使用年限内，对相关限定性净资产金额按期平均分摊，转为非限定性净资产。

与限定性净资产相关的固定资产、无形资产，应当按照制度规定计提折旧或计提摊销。

（5）对于资产提供者或者国家有关法律、行政法规撤销对限定性净资产所设置限制的，应当在撤销时全额转为非限定性净资产。

将限定性净资产转为非限定性净资产：

借：限定性净资产

　贷：非限定性净资产

【提示】有些情况下，资源提供者或者国家法律、行政法规会对以前期间未设置限制的资产增加时间限制或用途限制，应将非限定性净资产转入限定性净资产。

借：非限定性净资产

　贷：限定性净资产